# Energiewende einfach erklärt

Wolfgang Ströbele

# Energiewende einfach erklärt

Von guten Absichten und unbequemen Fakten

Wolfgang Ströbele
Westfälische Wilhelms-Universität Münster
Münster, Deutschland

ISBN 978-3-658-36690-2      ISBN 978-3-658-36691-9 (eBook)
https://doi.org/10.1007/978-3-658-36691-9

Die Deutsche Nationalbibliothek verzeichnet diese Publikation in der Deutschen Nationalbibliografie; detaillierte bibliografische Daten sind im Internet über http://dnb.d-nb.de abrufbar.

Springer Gabler
© Der/die Herausgeber bzw. der/die Autor(en), exklusiv lizenziert an Springer Fachmedien Wiesbaden GmbH, ein Teil von Springer Nature 2022, korrigierte Publikation 2022
Das Werk einschließlich aller seiner Teile ist urheberrechtlich geschützt. Jede Verwertung, die nicht ausdrücklich vom Urheberrechtsgesetz zugelassen ist, bedarf der vorherigen Zustimmung des Verlags. Das gilt insbesondere für Vervielfältigungen, Bearbeitungen, Übersetzungen, Mikroverfilmungen und die Einspeicherung und Verarbeitung in elektronischen Systemen.
Die Wiedergabe von allgemein beschreibenden Bezeichnungen, Marken, Unternehmensnamen etc. in diesem Werk bedeutet nicht, dass diese frei durch jedermann benutzt werden dürfen. Die Berechtigung zur Benutzung unterliegt, auch ohne gesonderten Hinweis hierzu, den Regeln des Markenrechts. Die Rechte des jeweiligen Zeicheninhabers sind zu beachten.
Der Verlag, die Autoren und die Herausgeber gehen davon aus, dass die Angaben und Informationen in diesem Werk zum Zeitpunkt der Veröffentlichung vollständig und korrekt sind. Weder der Verlag, noch die Autoren oder die Herausgeber übernehmen, ausdrücklich oder implizit, Gewähr für den Inhalt des Werkes, etwaige Fehler oder Äußerungen. Der Verlag bleibt im Hinblick auf geografische Zuordnungen und Gebietsbezeichnungen in veröffentlichten Karten und Institutionsadressen neutral.

Lektorat/Planung: Nora Valussi
Springer Gabler ist ein Imprint der eingetragenen Gesellschaft Springer Fachmedien Wiesbaden GmbH und ist ein Teil von Springer Nature.
Die Anschrift der Gesellschaft ist: Abraham-Lincoln-Str. 46, 65189 Wiesbaden, Germany

*für Laurenz*

# Vorwort

*„Wir halten diese implizit eingeschlagene Richtung* (der Energiepolitik, WS) *auf eine* **Brütertechnologie** *für die ungünstigste Option. Nach unserer Beurteilung sollten* **regenerative Energiequellen** *höchste Priorität ... bekommen. Gleichzeitig sind die notwendigen Komplementärtechnologien (Kohlehydrierung, Wasserstofferzeugung) zu forcieren und notwendige Infrastrukturplanungen einzuleiten."* (**März 1977**)[1]

Den Anstoß für dieses Büchlein gab mir mein im März 2008 geborener Enkel Laurenz vor einiger Zeit: Als interessierter Junge zeigte er Sympathien und Interesse für Themen wie die von „Fridays for future". Einerseits freue ich mich über das Interesse eines Jungen an Themen der Zeit. Andererseits spürte ich auch eine Verpflichtung, auf die Komplexität der nötigen Politik hinzuweisen, denn als Opa will ich sachkundiger Diskussionspartner und ab und zu auch als derzeit etwas besser informierter Mensch ein Erklärer komplizierterer Dinge sein: Manchmal mit recht gutem Erfolg, was natürlich vor allem für meinen Enkel Laurenz spricht! Für einzelne Themenbereiche entwarf ich dazu eine Zettelsammlung, woraus sich schließlich das vorliegende Buch ergab. Dieses wendet sich ausdrücklich nicht an Wissenschaftler, sondern an interessierte Bürger*innen und Laien jeder Altersstufe. Auch wenn darin eine möglichst verständliche Sprache benutzt wird, so lassen sich leider manche auch formal anspruchsvollere Punkte bei dieser Thematik nicht immer vermeiden.

---

[1] Rolf Bauerschmidt, Wolfgang Ströbele: Strategien einer alternativen Energiepolitik, WSI-Mitteilungen, 03/1977, Seite 65–89; Zitat: S. 86 f. Der Artikel entstand an den 4 Tagen zwischen Weihnachten und Sylvester 1976; natürlich nach längeren vorbereitenden Konzept- und Detailarbeiten über mehrere Monate vor dem damaligen Hintergrund starker Befürchtungen vor einer Öl- und Erdgasknappheit ab etwa 2010.

Zur Sache: Die im Sommer 2011 eingeleitete deutsche Energiewende verfolgt heute gleichzeitig drei Haupt-Ziele:

1) Deutschland will bis Jahresende 2022 aus der Nutzung der Kernenergie, i. e. Stromerzeugung mittels der kontrollierten Kernspaltung, aussteigen.
2) Zeitlich versetzt soll bis zum Jahre 2038 schrittweise auf die Stromerzeugung aus Stein- und Braunkohlekraftwerken praktisch verzichtet werden.
3) Bis zum Jahr 2045 will Deutschland die „Klimaneutralität" erreichen. Dafür ist ein großes Bündel von möglichst gut zueinander passenden Maßnahmen umzusetzen, was von neuen Techniken (*Energiesparen*) der Nutzer, einer Vervielfachung der Gesamtstromerzeugung gegenüber heute – natürlich aus erneuerbaren Quellen - und Ablösen von Benzin, Diesel, Heizöl und Erdgas durch neue $CO_2$-freie Energieträger wie EE-Strom, Wasserstoff, andere Wärmequellen, synthetische Treibstoffe etc. reicht.

Dieser fast völlige Verzicht auf kohlenstoffhaltige Energieträger, um damit die bisherigen $CO_2$-Emissionen in einer Größenordnung von bereits heute ca. 1,8 % des Gesamtwerts der Welt extrem zu reduzieren, ist auf seine Logik bezüglich der beabsichtigten Wirkungen zu überprüfen. Jede heute in der Politik oder Wissenschaft tätige vernünftige Person weiß, dass Deutschland alleine keinesfalls das Weltklima retten kann, zumal noch andere Einfluss-Größen außer $CO_2$ wirksam sind.

Selbst wenn Deutschland alleine nicht die „Welt retten kann", so könnte doch die gelungene technische deutsche Lösung der Welt als Vorbild dienen: Eine Demonstration erfolgreicher neuer Lösungen ließe dann andere Länder begeistert nachfolgen. Erste notwendige Bedingung für einen Erfolg dieser löblichen Absicht wäre natürlich eine möglichst fachkundige analytische Durchdringung der riesengroßen Bandbreite an Anforderungen, welche sich aus dem geplanten raschen vollständigen Umbau des gesamten Energiesystems auf Angebots- und Nachfrageseite innerhalb von 25 Jahren ergeben. Das erforderte die permanente Begleitung durch ein kompetentes Team von Naturwissenschaftlern, Ingenieuren, Ökonomen und anderen Experten.

Ein warnendes Beispiel gab der Regierende Bürgermeister von Berlin, Klaus Wowereit: Er konnte zwar nach 2006 den neuen Flughafen BER mit Ideen bspw. zur „stylischen Gestaltung" der Abfertigungshalle voranbringen. Danach scheiterte sein Team aber durch unzureichendes Verständnis der enormen technischen Komplexität eines Großflughafens und galt dann als Beispiel für „PPP", d. h. Pleiten, Pech und Pannen. Das Projekt wurde demzufolge deutlich teurer und auch sehr viel später als geplant fertig gestellt.

# Vorwort

Aus der Sicht des Autors ist dummerweise die bisherige Energiewende-Politik bis 2021 ähnlich eher durch gute Absichten, jedoch deutlich weniger durch Sachkompetenz und auch wenig Mut zur Ehrlichkeit bezüglich der sachlichen Dimensionen, Größenordnungen und auch Zeithorizonte geprägt. Diese Gesamtsicht ergibt sich den geneigten Leser*innen aus den folgenden 20 Kapiteln. Nützt die bisher praktizierte deutsche Energiewende-Politik de facto damit mittelfristig unabsichtlich weniger „FFF", sondern doch eher „PPP"? Letzteres wäre eindeutig das schlechtere Ende.

Die Energiewende-Politik setzt bisher auf die starke Steigerung der Stromerzeugung aus erneuerbaren Quellen wie Photovoltaik oder Windenergie. Hierbei übersah sie bisher oft vier wichtige einzigartige spezielle Eigenschaften und auch derzeitige Größenordnungen des elektrischen Stroms. Diese werden im Kap. 7 erklärt. Aus dieser Fehleinschätzung entstehen die wachsenden Risiken und Nebenwirkungen, weil wichtige Sachfragen über einen langen Zeithorizont nicht mit ausreichender Sachkenntnis und bald benötigten neuen technischen Lösungen bearbeitet werden. Dabei hat elektrischer Strom bis 2020 einen Anteil von nur etwa 20,5 % am gesamten Endenergieverbrauch. Die übrigen 79,5 % sind bspw. Kokskohle für Eisen- und Stahlindustrie, Kraftstoffe für Verkehr oder andere Energieträger wie Heizöl, Erdgas oder einige Holzpellets für Heizung und Warmwasser in Wohngebäuden, Büros und Fabrikhallen etc.

Die absehbar langfristig nötigen Änderungen bei Energienutzern und den sogenannten „Produzenten", samt Verteil- und Puffersystemen stellen somit ein erheblich größeres Projekt als eine Sommer-Wanderung auf den Brocken im Harz dar: Diese sind vielmehr eher vergleichbar mit dem Projekt einer Matterhorn-Besteigung oder gar des Mount Everest.

Auch wenn das obige Zitat die grundsätzlich positive Einstellung des Autors zur Nutzung erneuerbarer Energien zeigt, rechtfertigt eine noch so gute Absicht weder politisch belanglosen „Schönschwätz",[2] noch Planlosigkeit oder gar Stümperei.

Dieses kleine Kompendium beruht auf meinen über 40-jährigen Erfahrungen mit umfangreichem Fakten- und Analyse-Hintergrund sowie umfangreicher Modellierungsarbeiten zum auch theoretisch schnell anspruchsvollen Themenbereich „Energie-, Ressourcen- und Umweltökonomik": Daher wird auf detaillierte Zitate zu „Selbstverständlichkeiten etwas umfangreicherer Allgemeinbildung" wie etwa die Lösung von Differentialgleichungen, mittlere Entfernung zwischen Sonne und Erde, Unterschied zwischen Kilowatt (kW) und Kilowattstunde (kWh), Zusammensetzung der Lufthülle und ähnlichen für jeden mit dieser

---

[2] Schwäbisches Wort, das Ministerpräsident Winfried Kretschmann verwendete.

Thematik grob Vertrauten verzichtet.[3] Dafür gibt es eine Vielzahl seriöser Lexika oder Fachbücher. Leider ist nicht immer die Internet-Quelle „Wikipedia" dafür geeignet – wie später klar wird.

Der Autor war über vier Jahrzehnte in universitärer Forschung und Lehre zu ökonomischer Theorie, Umwelt-, Ressourcen- und Energieökonomik, vier Jahre um 1990 Sprecher eines Graduierten-Kollegs „Umwelt- und Ressourcenökonomik", seit 1998 als Koautor des Lehrbuchs zu „Energiewirtschaft" (4. Auflage 2020) und auch in der Praxis vielfach als Berater tätig, bspw. ab 10/2005–12/2014 bei der Bundesnetzagentur in Bonn als Experte für „Energiewirtschaft", bei einigen Stadtwerken für Fernwärmeausbau oder bei einer Studie zur Wirtschaftlichkeit der nuklearen Wiederaufarbeitungsanlage. Er betreute auch die eine oder andere Dissertation zu Themen der Energiewirtschaft. Ein wenig Sachkompetenz zu Energiefragen traut er sich deshalb zu.

Lübeck-Travemünde, Deutschland  Wolfgang Ströbele
Oktober 2021

---

Die Originalversion dieses Buches wurde revidiert. Ein Erratum ist verfügbar unter https://doi.org/10.1007/978-3-658-36691-9_23

---

[3] Geneigte Leser mögen für spezielle Probleme im Lehrbuch „Energiewirtschaft" (4. Auflage, 2020) von A. Löschel u. a. nachlesen. Elementare Grundlagen der Ökonomie finden sich in W. Ströbele: „Wirtschaftswissen …".

# Inhaltsverzeichnis

1 Ohne Sonnenenergie kein irdisches Leben – Klimaänderungen I natürlichen Ursprungs.................................... 1
2 Ein bisschen Thermodynamik............................. 11
3 Energieeinheiten: Kilowatt ist nicht Kilowattstunde!........ 15
4 Verbrennungsprozesse und ihre Folgen.................... 21
5 „Umpflügen der Erde" der wachsenden Menschheit – Klimaänderung I............................................. 29
6 Entdeckung fossiler Energieträger: Kohle, Öl, Erdgas....... 37
7 Elektrizität: Ein ganz besonderer Energieträger............. 49
8 Kernenergie: $CO_2$-frei mit eigenen Problemen.............. 59
9 Größenordnungen des Energieverbrauchs in Deutschland..... 69
10 $CO_2$ und andere Treibhausgase – menschengemachte Klimaänderung II............................................ 79
11 Denkbare Ursachen des seit 1850 beobachteten Klimawandels?.... 87
12 Der EU-$CO_2$-Emissionshandel seit 2005.................... 95
13 Die Vorgeschichte der deutschen Energiewende: Von 1970 bis 2011.......................................103
14 Erneuerbare Stromerzeugung: Fundament der Energiewende......115

| | | |
|---|---|---|
| 15 | Volatile Stromerzeugung aus Wind und Sonne | 121 |
| 16 | Die E-Mobilität: Batterie- oder Wasserstoff-E-Auto | 129 |
| 17 | Umstellung der Wärmeversorgung auf erneuerbare Energien | 137 |
| 18 | Notwendigkeit neuer Techniken, deren Größenordnungen und Zeitachse | 141 |
| 19 | Ökonomische Größenordnungen – Ist „die Ökonomie" Schuld am Elend der Welt? | 153 |
| 20 | Medien: Breite Fachinformation oder „Fake News" | 167 |
| 21 | Resümee in drei Teilen: Was können wir wie sicher wissen? | 173 |

Erratum zu: Energiewende einfach erklärt ....................... E1

Literatur – zitiert bzw. zur Vertiefung ............................. 189

# Über den Autor

**Prof. emer. Dr. Wolfgang Ströbele** wurde 03/1948 in Schwendi (Baden-Württemberg) geboren. Nach dem Abitur Ende September 1966 in Hannover studierte er ab 10/1966 Mathematik mit einem sehr umfangreich absolvierten „Nebenfach" Volkswirtschaftslehre in Hannover, Stockholm und Göttingen. Noch während des Studiums arbeitete er als Programmierer mit mehreren Programmiersprachen. 04/1972 Abschluss als Diplom-Mathematiker an der Universität Göttingen. Die Promotion (1975) und Habilitation in Volkswirtschaftslehre (1981) folgte an der Universität Hannover. 10/1981 Professur für Volkswirtschaftstheorie zuerst an der CvO-Universität in Oldenburg, ab 09/1995–07/2013 an der WWU in Münster. Um 1990 war er vier Jahre lang Sprecher des Graduierten-Kollegs „Umwelt- und Ressourcenökonomik". Zudem führte er insgesamt 16 große Universitäts-Forschungsprojekte sowohl zu diesen Themen als auch Energiewirtschaft mit Förderung durch öffentliche Institutionen wie der DFG oder der Stiftung Volkswagenwerk (heute: VolkswagenStiftung) durch.

Außerhalb der Universität war er Berater von Verbänden, Unternehmen, Parlamenten und bspw. der Bundesnetzagentur (dort 9 ¼ Jahre) für das Fachgebiet Energiewirtschaft. Seit der 1. Auflage 1998 ist er Ko-Autor des Lehrbuchs „Energiewirtschaft" (4. Auflage 2020) u. a. Er veröffentlichte über 100 wissenschaftliche Arbeiten.

# 1 Ohne Sonnenenergie kein irdisches Leben – Klimaänderungen I natürlichen Ursprungs

Vielleicht erwarten Sie jetzt sofort eine heiße eher politische Diskussion zu Vor- und Nachteilen in der „Energiewende"-Politik seit dem Sommer 2011. Gemach: Um die interessanten Punkte bei derart komplexen Themen zu sehen, benötigt man leider vorab einiges an Grundlagenwissen. Dieses ist für Nicht-Experten in Technik und Naturwissenschaften leider nur schrittweise zu erschließen. Mangels „guter Brille" des Hintergrundwissens könnte man jedoch viele reale Probleme substanziell vielleicht gar nicht wahrnehmen.

Genau darin könnte ja eines der Grundprobleme der real praktizierten Energiewende-Politik seit 10 Jahren liegen: Unter Beiseitelassen sehr wichtiger naturwissenschaftlicher Grundlagen des Energie- und Stromsystems werden Entscheidungen getroffen, die sich etwa bei „Schlechtwetter" als geradezu fahrlässig mit üblen Konsequenzen erweisen können.

Auch wenn Sie jetzt etwas erstaunt sind: Lassen Sie sich bitte gleich zu Beginn dieses Buches auf fünf eher naturwissenschaftliche Punkte, davon als ersten auf folgendes natürlich unrealistisches Gedankenexperiment ein:

a) Stellen Sie sich rein hypothetisch vor, dass in drei Monaten die Sonne, d. h. ein riesiger rund 150 Millionen Kilometer von unserer Erde entfernter vor sich hin explodierender „Fusionsreaktor", abrupt aufhörte, unseren Planeten Erde mit Licht zu versorgen. Auch wenn dies seit zig Millionen Jahren im Laufe von 24 Stunden immer nur auf dem Teil der Erde geschieht, an dem gerade „Tag herrscht", d. h. dass es dadurch hell ist und meistens auch wärmer, so ist dieses „bisschen Licht" von der Sonne doch die Hauptenergiequelle der Erde: Deren geringfügig schwankende Energiezufuhr ist über 10.000-mal so groß wie die gesamte menschliche heutige „Energieerzeugung" durch Kohle-, Öl- oder

Erdgasverbrennung sowie Kernenergiestromerzeugung durch heute fast 8 Milliarden Menschen. Praktisch das ganze Leben aller Grünpflanzen und höherer Tiere (Menschen, andere Säugetiere, Vögel, Reptilien, Fische, ...) wäre beim Ausfall der Sonne schlagartig zu Ende. Wenn dann einige Außerirdische in zehntausend Jahren diesen großen ziemlich toten Gesteinsbrocken „Erde" zufällig besuchten, fänden sie höchstens noch einige rätselhafte Spuren, die ihnen unerklärlich vorkommen müssten.

Bei weiter gründlichem Nachdenken darüber stellt man fest, dass nicht nur wir selbst, sondern auch unsere Lebensmittel (Brot, Butter, Gemüse, Fleisch, ...) und der Wasserkreislauf mit Verdunstung, Transport und Abregnen von Süßwasser auf die ständige Zufuhr von Sonnen-Energie angewiesen sind: Nur Licht und $CO_2$ erlauben die Fotosynthese der Pflanzen. Die (Land-)Pflanzen benutzen das $CO_2$ der Luft, Mineralien und Wasser, um mit Sonnenlicht und des Kohlenstoffatoms („C") daraus Kohlenhydrate (Glukose) und netto Sauerstoff („$O_2$") zu erzeugen. Bei Dunkelheit emittieren auch Pflanzen ein wenig $CO_2$. Ohne die gespeicherte Sonnenenergie in den Pflanzen hätten Gnus, Antilopen und Zebras, aber auch Rinder, Hühner oder Meisen nichts zu fressen und damit würden wiederum auch sämtliche Tiere in der Nahrungspyramide über ihnen wie Wölfe, Geparde, Hyänen oder Löwen sowie erst recht die pflanzen- und fleischverwertenden Menschen keine Nahrung finden etc. Das ganze uns bekannte Ökosystem des Planeten sowie alles menschliche Leben als Teil davon bräche ohne die ständige Sonnenenergie-Zufuhr zusammen.

Jedes Lebewesen, ob Pflanze oder Tier, benötigt nämlich grundsätzlich eine Energiezufuhr „von außen", um die nötige Antriebskraft für Wärme, einen Sprint oder andere Bewegung oder auch simpel Stabilität eines Baumes zu erhalten. Als zusätzliche Energiequellen der Menschheit dienten schon seit Jahrtausenden Wasser- und Windkraft, tierische oder auch menschliche Arbeitskraft wie bei den Römern zu Kaiser Augustus Zeiten mit Sklaven oder Sträflingen.

Sie kennen sicherlich den ganz alten Witz, dass der Bootsmann auf der römischen Galeere zwei Nachrichten für die Ruderer ankündigt. Die gute Nachricht lautet: „Es gibt doppelte Ration zum Frühstück." Die schlechte hingegen: „Der Kapitän will vor Mittag Wasserski laufen." Sowohl Tiere als auch Menschen brauchten nämlich Nahrung, Wasser und Sauerstoff, um physikalisch „Arbeit" zu leisten: Hier heißt das: Kräftig zu rudern!

Selbst die von uns Menschen seit 150–300 Jahren immer intensiver genutzten Energiequellen wie etwa hochwertige Steinkohle für Eisenverhüttung (seit 1709), Öl zunächst für Beleuchtung, dann als Kraftstoff für zunächst Auto- und Schiffsmotoren oder für Heiz- und andere Wärmezwecke (seit 1859) sowie

Erdgas (regional unterschiedlich ab dem Jahr 1920 bzw. 1960) sind nichts weiteres als über sehr viele Millionen Jahre gespeicherte „Sonnenenergie", welche bspw. als Pflanzenreste oder Milliarden Tonnen kleinster Kieselalgen sehr lange vor der Verrottung bewahrt und unter Druck verändert wurden und der Menschheit in ihrer heutigen Form als Kohlen- oder Kohlenwasserstoffe (wie Öl, Erdgas) nutzbare fossile Energieträger als gespeichertes „Erbe früherer Sonneneinstrahlungen über viele Millionen von Jahren" der Menschheit zur Verfügung stehen.

Bei deren Verbrennung entsteht aus den beteiligten Wasserstoffkomponenten harmloses Wasser, aus den Kohlenstoff-Komponenten jedoch das Gas $CO_2$, was bisher in der Atmosphäre landete und bei intakten Ökosystemen größtenteils zu neuer dauerhaft gespeicherter Biomasse „umgearbeitet" wurde. Heute bereitet uns die $CO_2$-Ansammlung zunehmend Sorgen wegen deren längerfristig möglichen Auswirkungen.

b) Nun betrachten Sie den Planeten Erde, der gottlob wie ein munteres Kleinkind von drei Jahren nicht still sitzen kann. Unser Planet dreht sich ja einmal am Tag (genauer in 23 Stunden, 56 Minuten und 4 Sekunden) um die eigene Achse. Ein auf dem 40.075 Kilometer langen Äquator stillstehender Mensch erreicht somit (gegenüber einem fixen Punkt im Weltraum) eine geradezu irre Geschwindigkeit von rund 1674 km/h wie ein Überschall-Düsenjäger, wovon die Person natürlich nichts merkt, da sich Häuser, Bäume, Berge, … genauso mit ihr auch bewegen. Diese ständige Rotation der Erde sorgt für den etwa 24-stündigen regelmäßigen Wechsel von Tag und Nacht.

Außerdem lenkt diese Rotation auf der Nordhalbkugel Mitte März oder Mitte September – wenn die Sonne etwa genau über dem Äquator steht – die anfangs „eigentlich" genau in Nord-Süd-Richtung zum Äquator hinströmenden Winde etwas seitlich (nach rechts) aus, was den Nord-Ost-Passat ergibt und auf der Südhalbkugel aus einem Süd-Nord-Wind einen (nach links) abgelenkten Süd-Ost-Passat erzeugt etc. Die Erdrotation bringt somit auf der Erdoberfläche eigene Kräfte (hier beispielhaft die Coriolis-Kraft mit seitlicher Ablenkung der Passatwinde) ins Spiel.

c) Zudem ist die Erde keine „perfekte Kugel", wie es uns der übliche Globus suggeriert, sondern an ihren beiden Polen leicht „abgeplattet" und auch ansonsten eher beinahe wie eine fast runde, aber leicht zerbeulte Mandarine geformt. Ihr Umfang ist am Äquator rund 40.075 km, wobei der Abstand der Pole zum Äquator rund 10.002 km beträgt: Der Erdumfang entlang eines Längenkreises (Meridian) weist somit nur 40.008 km auf. Für unser normales Alltagsleben ist dies praktisch zu 99,99 % belanglos.

Die Nordhalbkugel umfasst jedoch mit fast 40 % Anteil ihrer Fläche deutlich mehr an Landmassen, welche ja durchschnittlich schwerer als Wasser sind und wegen ihrer Ausdehnung in die Höhe mehr Masse haben, während die Ozeane und Wasserflächen dort nur knapp 61 % ausmachen. Auf der Südhalbkugel sind die Landanteile nur 19 %, die Wasseranteile hingegen 81 % – wobei sogar ein beträchtlich großer Anteil der Landmasse auf den Kontinent Antarktis entfällt, ein sehr großes praktisch unbewohntes Gebiet rund um den Südpol, das zudem zu rund 98 % dauerhaft zusätzlich mit großen Eismassen bedeckt ist. Mit rund 14,2 Millionen km$^2$ ist diese Landfläche größer als Europa und erst recht größer als die von Australien. Ihr höchster Berg, der Mount Vinson überragt mit 5140 Metern Höhe den höchsten Berg der Alpen, den Mont Blanc mit 4807 Metern um rund 330 Meter.

Auf der Nordhalbkugel ohne das Polgebiet und auch rund um den Südpol ist somit eine sehr große und damit auch vom Gewicht her bedeutende Masse versammelt. Diese regional ungleiche Massenverteilung entspricht also erst recht nicht der einer gleichmäßig geformten Kugel, sondern hat von der Massenverteilung her einen „leichten Schlag".

Auf der Nordhalbkugel vereisen die nördlichen Meere normalerweise von Spätherbst bis Frühjahr. Mit der Ausnahme Grönlands, auf dem ebenfalls sehr große Eismassen liegen, sind diese winterlichen Eismassen zu einem großen Anteil schwimmendes Eis, dessen Gewicht jedoch so viel Wasser verdrängt wie es wiegt. Das Eis um den Südpol liegt hingegen auf Land.

Nach neuesten Erkenntnissen ist nicht einmal der glühende Erdkern, der zu rund 95 % aus Eisen und Nickel besteht, perfekt „rund", sondern weist ebenfalls einige „Beulen" auf: Noch eine Quelle für etwas unrunden Lauf.

Die Computer-Modellierung des ungleichen regionalen Massen-Verteilungseffekts (auch unterhalb der Wasserlinie der Ozeane) auf das gleichmäßige „Rundlaufen" der Erde dürfte ebenfalls recht schwierig sein. Auf jeden Fall wäre eine „Approximation der Erde als „Kugel" höchstens als erster stark vereinfachender Analyseschritt angemessen, denn damit würden automatisch in der Modellrechnung eventuell doch einige potenziell wichtige (In-)Stabilitätskomponenten eines komplizierten dynamischen Systems in der Betrachtung weggelassen.

d) Die Umlaufebene der Erde um die Sonne entspricht einem flachen fast kreisförmigen leicht ovalen großen „Teller" (wissenschaftlich: Ekliptik), auf dessen äußerstem Rand die Erde in 365 Tagen, 5 Stunden, 48 Minuten und 46 Sekunden (also knapp 365¼) Tagen um die Sonne (fast in der Mitte des Tellers) kreist. Warum stürzt der doch recht kleine Planet Erde nicht auf die Sonne mit ihrer riesigen Anziehungskraft? Diese spezielle Umlaufbahn kommt seit vielen

Millionen Jahren durch das ständige Gleichgewicht von Gravitation (Anziehungskraft) und Trägheit (Fliehkraft) zustande. Ersteres würde die Erde sofort in Richtung Sonne „abstürzen" lassen; letzteres würde die „viel zu schnelle" Erde gern wie ein mit 130 km/h rasendes Auto aus der Kurve „wegschleudern".

Das Gleichgewicht zwischen diesen beiden Kräften ergibt die Umlaufbahn, auf der die Erde schließlich heute rund in 365,242 Tagen pro Jahr die Sonne umrundet. Darum gibt es auch das Kalendersystem der „Schaltjahre" mit einem 29. Februar fast jedes vierte Jahr. Ausnahmen sind glatte Jahr-Hunderte 1400, 1500, 1700, 1800, 1900, ... sofern diese nicht durch „400" teilbar sind, wie das Jahr 2000, was auf Grund dieser Extraregel doch ein Schaltjahr war: Das nächste solch ein Jahr wäre das Jahr 2400.

Stünde jetzt hypothetisch die Erdachse auch noch senkrecht zu dieser (Umlauf-)Ebene, würde die Sonne jeden Tag genau die gleiche sich drehende Zone der Erde mit Sonnenlicht versorgen. Die Gebiete nahe der beiden Pole wären praktisch immer dunkel und sehr kalt, während es in Äquatornähe immer die gleich intensive Sonneneinstrahlung gäbe. Rund um den Äquator wäre es somit konstant am heißesten, was durchweg aufsteigende Luftmassen und damit auch konstante bodennahe Ausgleichsluftströmungen (Nord-Süd bzw. Süd-Nord-Passatwinde) auslösen würde. Jahreszeitlich verschiedene Lebensbedingungen wie wärmeres Wetter und Blüte im Frühling und Ernte im Herbst gäbe es somit auch nicht.

Die Erdachse steht jedoch nicht senkrecht auf ihrem „Drehteller", sondern mit einer seitlichen Neigung von derzeit durchschnittlich ca. 23,45° zu ihrer Senkrechten, so dass die Nordhalbkugel vom 21. März bis 21. September dadurch intensiver von der Sonne erreicht wird und in den übrigen Monaten weniger; auf der Südhalbkugel ist umgekehrt etwa von Oktober bis Mitte März Sommerhalbjahr. Eine derart wohlgelungene Schiefe der Erdachse ist der Grund für unsere Jahreszeiten. Dies kann man sogar verständigen Kindern mit einer Taschen- oder Stehlampe als Ersatz für die „Sonne" und einem Globus, der die Sonne einmal auf einer „Tellerbahn" im Jahr umrundet, wunderbar erklären: Das Licht scheint im Laufe des Jahres auf verschiedene Bereiche der Nord- und Südhalbkugel und erwärmt diese je nach Jahreszeit unterschiedlich gut bzw. schlecht.

Natürlich nur scheinbar aus der Sicht eines Erdbewohners wandert dadurch die Sonne mit ihrem jeweiligen Höchststand zwischen dem nördlichen (am 21. Juni) und südlichen Wendekreis (21. Dezember) hin und her: Diesem Höchststand folgt die jeweilige „innertropische Konvergenzzone", denn die dadurch verursachte unterschiedliche Erwärmung in den jeweiligen Breiten löst diese sich wiederholende systematische Verlagerung der gesamten äquatornahen

Windsysteme aus. Somit bewegt sich das gesamte nördliche und südliche Passatsystem im Jahresrhythmus abwechselnd nord- und südwärts. Der wechselnde Sonnenstand ist die Antriebskraft der etwa für die Landwirtschaft wichtigen sehr ergiebigen Monsunregen und wechselnden Trocken- und Regenzeiten in Afrika und in Süd- und Südost-Asien und Südamerika und Nordaustralien.

Dummerweise ist diese leicht schief gekippte Erdachse nicht immer konstant schief, sondern vollzieht in sehr langfristigen Zyklen eine geringe „Wackelei" mit verschiedenen sich überlagernden Regelmäßigkeiten: Dadurch erklären sich beispielsweise massive Klimaveränderungen wie die seit Hunderttausenden von Jahren wiederholt auftretenden Eiszeiten. Umgekehrt können auch wechselnd riesige Eismassen auf Grönland und nördlichen Landmassen oder der Antarktis und andere mittelfristige Größen wie Einfluss der anderen Planeten o. ä. die „Wackelei" verstärken oder vorübergehen abschwächen. Vor etwa 11.000 Jahren endete die letzte Eiszeit. Bei uns in Europa schmolzen riesige Gletscher, die Skandinavien, Norddeutschland und große Teile Osteuropas bedeckt hatten.

Kleinere natürliche „Wackeleien" (auch teils mit Wanderungen des Nordpols verbunden) und unterschiedliche Sonnenaktivitäten können auch den regelmäßigen Wechsel zwischen wärmeren und kälteren Zeiten über je 450–500 Jahre seit Kaiser Augustus Zeiten mit erklären. So besiedelten einige Jahre nach 1000 n.Chr. wegen verschiedener Untaten ihres Anführers und Raufbolds Erik dem Roten zwei Gruppen von Wikingern die Südwestspitze und eine weiter nordwestlich liegende Küstenebene Grönlands und betrieben dort die nächsten etwa 200 Jahre Ackerbau und Viehzucht. Seine Nachkommen betrat en mit einer kleinen Gruppe Wikinger auch tatsächlich lange vor Kolumbus den heutigen Kontinent Nordamerika im Bereich des heute östlichen Kanadas, was diese in Reiseberichten festhielten.

Diese Warmzeit war etwa gegen 1370 zu Ende und wurde sukzessive durch eine „kleine Zwischeneiszeit", die etwa bis 1850 dauerte, abgelöst. Diese ab 1480 teils besonders drastische Abkühlung war auch ein zusätzlicher Faktor für immer schlechtere Ernten und Auslöser erster Unruhen, sowie letztlich auch der Bauernkriege zu Luthers Zeiten nach 1520. Regelmäßig waren etwa im 17. und 18. Jahrhundert auch die holländischen Grachten über mehrere Wochen dick zugefroren, wie bspw. Gemälde alter Meister oder weithin bekannte Schlittschuhrennen zeigen.

Seit 1850 wurde es somit auch aus ganz natürlichen Gründen nach und nach wieder etwas wärmer: Nach Kaltzeiten kommen eben irgendwann auch wieder Warmzeiten – und irgendwann auch das Ende von Schlittschuhwettkämpfen auf den Entwässerungskanälen der Niederlande!

Und wenn Erdoberfläche und Atmosphäre wärmer werden, so erwärmt sich auch das Wasser im Meer. Dabei dehnt es sich aus: Der Meeresspiegel muss dann zwangsläufig steigen, denn das Gewicht des Wassers hat nicht zugenommen – es kann sich nur an der Wasseroberfläche ausbreiten und tendenziell flach liegende Küstenbereiche überschwemmen. Gleichzeitig ist dann ja auch etwas „mehr Wärme-Energie" in der Atmosphäre, so dass Stürme und damit Überschwemmungen wahrscheinlicher werden.

Dies kann durch das Abschmelzen der Gletscher und von bislang auf Land liegenden Eismassen noch langfristig verstärkt werden.

e) Die Erde hat seit über 4 Milliarden Jahren einen Mond in heutzutage etwa durchschnittlich 384.400 km Entfernung als Begleiter. Mond und Erde kreisen wiederum umeinander (natürlich als „Paar" gemeinsam auf der Umlaufbahn um die Sonne) um einen gemeinsamen Masse-Mittelpunkt, der wegen der Größenverhältnisse faktisch ziemlich nahe beim Erdmittelpunkt liegt. Eine Erdumrundung dauert für den Mond knapp 12,5 Stunden. Da einerseits die Anziehungskraft des Mondes große Wassermassen der Erde anzieht und andererseits die besonders starke Zentrifugalkraft (wegen des etwas längeren Hebels vom Erde-Mond-Drehpunkt aus gesehen) auf der dem Mond abgewandten Erd-Seite große Wassermengen etwas stärker nach außen schleudert, gibt es jeweils zwei umlaufende Ebbe- und Flut-Gebiete und der sogenannte Tidenabstand von Flut zu Flut beträgt etwa gut zwölf Stunden; zwischen Ebbe und Flut rund sechs Stunden – was an der Nordseeküste wohl schon manches Kindergarten- oder zumindest jedes Schulkind weiß.

Sieht man diese oben bisher genannten fünf Punkte als ganzes System, kann man als Mensch höchst erfreut feststellen: Die Menschheit hat bisher sehr großes „Glück gehabt"! Unser Planet genau in dieser Konstellation wie etwa die ausreichende Entfernung von dem „Fusionsreaktor" mit seinem radioaktivem Fallout, aber gleichzeitig auch nahe genug für ausreichende Erwärmung, eine zwar dünne, uns aber gut schützende Atmosphäre mit Sauerstoff und $CO_2$ sowie einigen weiteren nützlichen Gasen, um eine „gute" Temperatur außerhalb der Polgebiete zu erlauben, ausreichender Verfügbarkeit von Wasser mit dessen „verrückten" Eigenschaften wie „Ausdehnung bei Temperaturen kälter oder auch wärmer als 4 °C" und die optimal geneigte Erdachse, die uns die wechselnden Jahreszeiten schenkt, zudem durch den Mond bewegtes Wasser in Ebbe und Flut etc. hat eine einzigartig gute Konstellation ergeben: Diese und weitere Faktoren wie etwa das Magnetfeld der Erde und anderes mehr machen nur die Erde für pflanzliches und tierisches und damit auch menschliches Leben geeignet.

Alle Antriebskräfte für jegliche Lebensvorgänge wie Erwärmung des Körpers, Bewegung der Muskeln, Veränderung des Ortes durch Steigen oder Laufen, aber auch so selbstverständliche Dinge wie Nahrung oder Nutzung von Wasserkraft und Wind verdanken wir generell Energiequellen von „außerhalb" unseres Lebensbereichs: Praktisch alle Menschen verbringen ihr Leben auf der dünnen Erdkruste ± 11 km, wobei die größten Höhen durch Flugzeuge, die tiefsten Werte durch Tiefsee-Tauchboote jeweils mit stabilen Druckkammern erreicht werden. Ausnahmen sind Raketen oder die internationale Raumstation ISS in rund 360 km Höhe. Wo sind nun solche „äußeren" Energiequellen für das Leben auf der Erde?

Für diese irdisch begrenzte Lebenswelt leistet über viele Millionen Jahre diesen wichtigen Service unser Zentralgestirn – die Sonne zu über 99,9 % des gesamten Energieumsatzes. Daneben gibt es noch zwei weitere „aus der Sicht der Erdoberfläche äußere" deutlich kleinere Energiequellen: Das nach wie vor glühend heiße Erdinnere verschiebt auch heute ständig sehr langsam Kontinente und Gebirge und löst Erdbeben und Vulkanismus aus, wobei sich an speziellen Stellen wie bspw. Island das heiße Erdinnere in Form von Geysiren nutzen lässt.

Eine weitere „äußere" Energiequelle leitet sich aus den regelmäßigen Gezeiten Ebbe und Flut ab, die dank des Mondes stattfinden. Durch diesen „Energieverbrauch" des gesamten Planetensystems werden in einigen Milliarden Jahren die Sonne und ihre Planeten untergehen. Jedoch passieren auch harmlosere Dinge zwischendurch: Die Erdrotation um sich selbst wird etwa von Jahr zu Jahr ganz geringfügig langsamer: Es besteht aber noch lange kein Grund, deswegen den Kalender zu ändern!

Daraus ergibt sich ein sehr komplexes Bild einer natürlichen Dynamik von Luft- und Wassermassen: Durch Winde und die großräumigen Formen des Ozeanufers zum Festland sowie durch Temperaturunterschiede ergeben sich oberflächennah starke Meeresströmungen (wie etwa der Golfstrom aus der warmen Karibik in Richtung kühler Nordosten; auch als „Zentralheizung Europas" bekannt), die dann nach Abkühlung in die Tiefe des Meeres sinken und als entgegen gerichtete Tiefen-Strömung zurückfließen.

Ähnliche Ausgleichsbewegungen zwischen aufsteigender warmer Luft und absinkender kühler Luft bewirken die großen Windsysteme der Erde. Durch verdunstetes Wasser entstehen (Süßwasser-)Wolken, welche mit den Winden an ganz anderer Stelle in Form von Niederschlägen etwa als Regen oder Schnee wieder auf dem Boden ankommen. Dieses Wasser fließt dann durch verschiedene Gesteins- und Bodenschichten und löst dabei einige Mineralstoffe auf und nimmt sie mit: Trinkwasser für Mensch und Tiere ist entstanden und entsteht jeweils bei intakten Böden immer neu!

Auf dem Festland lösen Wind und Wasser sowie Temperaturwechsel langsame Prozesse der Erosion auf, welche Gebirge nach Millionen Jahren kleiner werden lassen. Umgekehrt werden durch die bewegten Erdplatten laufend neue Gebirge aufgefaltet: Viele Gipfel und Hänge etwa in den beliebten Skigebieten der Dolomiten entstammen Sedimentgesteinen von Meeren vor vielen Jahrmillionen. Da die afrikanische Platte von Süden her langsam nach Norden wandert, werden dort kleinere Platten aufgefaltet, was über sehr lange Prozesse die Alpen in ihrer heutigen Form entstehen ließ: Dank dieser Prozesse kamen ursprünglich unter Wasser liegende Schichten heute als über 2–3000 Meter hohe Berge wieder hoch.

Eine große in Richtung Osten abtauchende pazifische tektonische Platte drückt auf der Westseite des gesamten amerikanischen Kontinents diese Seite Nord- und Südamerikas nach oben: Die „Rocky Mountains" und die „Anden" werden dadurch ständig aufgebaut. Ebenso die Inselgruppe des heutigen US-Bundesstaates Hawaii, die durch die Ostwanderung der pazifischen Platte entstand, welche über einen großen vulkanischen Hotspot immer wieder Vulkanausbrüche mit der Bildung neuer Inseln erlebte. Da wegen einer „Ausbeulung" über dem Hotspot die jeweils frisch entstanden Inseln deutlich höher aus dem Meer ragten als „normal", sanken die älteren Inseln zum Teil sogar wieder unter die Wasserlinie ab, was jedoch nicht an einem „steigenden Meeresspiegel" lag: Ein sehr langsamer ständig laufender „Kreislauf der Gesteine" mit aufsteigenden und absinkenden Platten verändert somit über viele hunderte von Millionen Jahre das Gesicht der Erde.

Auch ohne die Menschen, die es ja erdgeschichtlich erst „seit Kurzem" gibt, veränderten sich über viele Millionen Jahre Landschaften und Klima unseres Planeten. Es kam auch durch die ganz natürliche Dynamik zu sehr dramatisch wirkenden Veränderungen, wie etwa erdgeschichtlich „kürzlich" zur Trennung von ehemals miteinander verbundenen Ozeanen nach der Schließung der mittelamerikanischen Landbrücke vor etwa 5 Millionen Jahren. Diese trennte die ursprünglich für lange Zeit verbundenen Ozeane Atlantik und Pazifik voreinander, was nach dem Schließen durch den Abbruch bisheriger Meeresströmungen auch einen heftigen Klimawandel auslöste.

Erst seitdem gibt es die bisherige „Zentralheizung" für Europa in Form des Golfstroms aus dem sehr warmen Golf von Mexiko nach Nordwesten bis in die nördliche Nordsee samt der entgegen gerichteten Tiefenströmung von Nord nach Süd mit kühlem Tiefen-Wasser im Atlantik. Ebenso gab es seitdem regelmäßig wiederholt andere Formen der Eis-, Kalt- und Warmzeiten in sehr langen Zyklen.

**Fazit**
Die von Kleinstlebewesen, Pflanzen und Tieren sowie Menschen bewohnte Erdoberfläche verfügt seit einigen Milliarden Jahren über drei natürliche Energiequellen:

- Die Sonneneinstrahlung sorgt für einen Energiezufluss durch ihr Licht, welcher über 10.000-mal so groß ist wie die gesamte vom Menschen inszenierte sogenannte „Energie-Erzeugung" jeglicher Art,
- das glühend heiße Erdinnere, welches ganz langsame Plattenverschiebungen, dadurch Erdbeben und Vulkanismus auslöst, wobei die Geothermie an der Erdoberfläche unter 0,025 % der Sonneneinstrahlung bewirkt,
- die Gezeitenbewegungen der Meere, die durch das gemeinsame Rotieren von Mond und Erde umeinander entstehen und rund 0,002 % der irdischen Sonneneinstrahlung beiträgt.

Zum Vergleich:

Die anthropogen (vom Menschen) genutzten technischen Energiequellen liegen in der Größenordnung von unter 0,010 % des gesamten irdischen natürlichen Energieaufkommens und

- leiten sich entweder direkt aus den oben genannten und ausgelösten Prozessen (wie Winde, Wasserkraft oder Pflanzenwachstum) ab,
- oder diese beruhen überwiegend auf den für sehr lange gespeicherten Resten früherer solcher Prozesse, die uns heute noch als Lagerstätten von Stein- oder Braunkohle oder Kohlenwasserstoffen wie Erdgas oder Mineralöl zur Verfügung stehen. Diese werden durch Verbrennung dezimiert.
- Die Kernspaltung wird global in noch geringem Umfang seit einigen Jahrzehnten genutzt.

# Ein bisschen Thermodynamik

2

Auch wenn die meisten Menschen in ihrem Alltag explizit kaum oder eher selten etwas von den Hauptsätzen der Thermodynamik gehört haben, sind deren Hauptaussagen im Prinzip für jedermann einzusehen. Es geht ganz einfach um naheliegende Aussagen wie: „Von nichts kommt nichts!"

Ein anschauliches Beispiel zeigt dies: Ein Radfahrer, der nicht in die Pedale tritt, kann zum Vorwärtskommen des Geräts auf einer vor ihm liegenden längeren Gefällstrecke zwar die Erdanziehungskraft als Antriebshilfe ausnutzen. Bereits auf ebener Straße muss er jedoch normal treten, schon weil ihn auf Erden der Roll- und Luftwiderstand bremst. Falls es jedoch bergauf geht, muss er sowohl sein eigenes Gewicht und das des Fahrrads bewegen (kinetische Energie), als auch die nunmehr gegen ihn gerichtete Erdanziehungskraft überwinden (mit resultierendem Zugewinn an neuer Energie der Höhenlage), was nochmals deutlich höhere Anstrengung kostet.

Man schaue sich einfach eine Fernsehübertragung einer Etappe der Tour-de-France an, die mit einer Bergankunft endet. Die Energiequelle für seine Muskeln beruht auf seiner Nahrung wie Brot, Butter, Marmelade, Käse und Spaghetti, also einer für ihn als menschliche Person „von außen" kommenden Energiezufuhr: Die eingenommenen und im Blut als „Treibstoff" verfügbaren Kalorien verbrennen in den Muskelzellen, welche einer Vielzahl kleinster „Motoren" entsprechen. Die dort geleistete Arbeit ermöglicht der Person, kraftvoll in die Pedale zu treten. Dieses Bild ist zwar keine präzise theoretische Physik, jedoch eine anschauliche Darstellung des Grundprinzips!

Genauer im Sinne einer klar strukturierten Wissenschaft formulieren Physiker dies wie folgt als „Hauptsätze der Thermodynamik":

Wenn zwei miteinander verbundene energetische Systeme (etwa gleich warme Räume A und B mit je 21 °C). mit einem dritten im Gleichgewicht sind (Raum C ebenfalls mit 21 °C, jeweils mit offenen Türen), so stehen sie auch zueinander in einem Gleichgewicht. Wenn man eine bisher geschlossene Tür zwischen Raum A und B öffnet, so ändert sich an den Temperaturen ebenfalls nichts. Das ist die Kernaussage des nullten Hauptsatzes der Thermodynamik. Diese etwas merkwürdige Nummerierung ergab sich historisch ganz einfach: Die Physiker begannen mit dem etwas schwierigeren 1. Hauptsatz, und sie fügten den nullten später hinzu, weil sie dieses scheinbar triviale Argument doch für ihre Axiomatik brauchten.

Der erste Hauptsatz der Thermodynamik besagt etwas ähnlich Einsichtiges. Auf normales umgangssprachliches Deutsch heißt er: Energie wird weder gewonnen, noch zerstört. Stattdessen wird sie in andere Energie-Formen umgewandelt. Wenn bspw. die Moleküle des Wassers der Niagara-Fälle auf der Grenze zwischen USA und Kanada im Oberlauf 18 °C warm sind, so werden sie unten nach ihrem Absturz über die Kante auf rund 19 °C erwärmt. Aus der ersten Form der „Energie der Höhe" – welche man auch über ein Wasserrad hätte leiten können, um durch Antrieb eines Wasserrads bzw. einer Turbine und dann eines Generators die Energieform „Elektrizität" zu gewinnen – was faktisch dort auch für einen Teil der großen Wassermassen in einiger Entfernung geschieht – ist im Unterlauf eine andere Energieform, nämlich Erwärmung der Wassermoleküle geworden.

Der zweite Hauptsatz der Thermodynamik beschreibt die bei Umwandlungen von Energie (z. B. Kraft) in andere Formen immer auftretenden Verluste (z. B. als Wärme), welche auf qualitativ weniger hochwertigem Niveau, etwa auf fast Umgebungstemperatur anfallen. Handelt es sich dabei um den heißen Dampf hinter einer Turbine zum Antrieb eines Generators zur Stromerzeugung, kann dieser ursprünglich 575 °C heiße Dampf unter Druck bspw. noch deutlich über 125 °C warm sein: Im Winterhalbjahr ist diese technisch „minderwertige" Wärme immer noch ideal zum Heizen von Wohngebäuden, Büros und Fabriken geeignet. Dies bezeichnet man als Kraft-Wärme-Kopplung, die nach Verteilung durch ein Rohrsystem auch „Fernwärme" heißt.

Der zweite Hauptsatz in einer physikalischen Formulierung besagt, dass es unmöglich ist, eine periodisch arbeitende Maschine zu konstruieren, die weiter nichts bewirkt als ständige Hebung einer Last und Abkühlung eines Wärmereservoirs: Durch die realiter auftretenden unvermeidbaren Verluste der „Energiequalität" kann ein solcher nicht ewig laufen. Sonst könnte der Tour-de-France-Radfahrer seine primären Anstrengungen bei einer mehrere Kilometer langen Steigung hinterher praktisch komplett bei der nächsten Abfahrt „zurückgewinnen". Stattdessen hat er seinen Körper auf der Steigung derart erhitzt und dabei Wärme an die Luft abgegeben, dass er große Mengen Wasser trinken muss, um sein dafür erfolg-

## 2 Ein bisschen Thermodynamik

tes Schwitzen wieder auszugleichen. Für ihn ist dieser Energieanteil jedoch nach der Bergankunft „weg" und nicht mehr verfügbar! Deshalb muss er für die morgige Etappe viel essen!

Erst recht kann eine solche Maschine ohne weitere Energiezufuhr keine Arbeit leisten wie etwa den Transport von 100 kg Gewicht (Masse M) in endlicher Zeit von einem Ort zum 100 km entfernten anderen mit Geschwindigkeit v (nötig: kinetische Energie = $a \cdot M \cdot v^2$) oder vom Erdgeschoß in das 6. Stockwerk eines Hochhauses mit Höhe h (nötig: Energie der Höhe oder sogenannte „potenzielle Energie" = $b \cdot M \cdot h$): Wenn ein Zementsack mit 25 kg Gewicht aus dem 1. Stock auf mich fällt, könnte ich dies mit einigen Verletzungen überleben. Fällt der gleiche Sack aus dem 6. Stock auf mich, hat die Erdanziehungskraft seine Energie der Höhe während des Falls in so starke Beschleunigung ungesetzt, dass ich durch dessen jetzt sehr viel höhere entstehende kinetische Energie der Bewegung tot bin. Die Energie der Lage des Zementsacks im 6. Stock ist eben deutlich höher als die im 1. Stock.

Sollten Sie hingegen einer Person begegnen, die vorgibt, ein „Perpetuum mobile" erfunden zu haben, welches angeblich sogar ohne ständige Energiezufuhr von außen Arbeit leistet, dann sollte Sie diese Person als erstes nach ihrem „faulen Trick" oder dann als zweites nach den Lottozahlen für nächsten Samstag fragen. Im schlimmsten Fall müsste diese Person wegen eines „krankhaften Dunning-Kruger Syndroms" behandelt werden, denn ein solches Perpetuum mobile ist auf Erden physikalisch unmöglich. Man muss bezüglich der sachlichen Grundlagen sehr verwirrt oder einfach nur schlecht informiert sein, um eine Maschine erfinden zu wollen, die ohne energetischen Input dennoch Arbeit leistet.

Mit gutem Grund könnte man hingegen auf eine andere, nur auf den ersten Blick scheinbar verrückte Vermutung für ein ernsthaftes Folgeproblem kommen: Durch Kernenergie oder Kohlekraftwerke erzeugen wir Strom und aus dem dafür nötigen Dampf wird letzten Endes unweigerlich Wärme auf fast Umgebungsniveau – ebenso kommt warmes Abgas aus Automotoren etc. Warum erhitzt sich dann die Erdoberfläche bzw. Atmosphäre nach Jahrzehnten nicht massiv? Dasselbe würde ja auch für das regelmäßige Einstrahlen von Sonnenlicht auf die Erde gelten, was ja auch Ozeane oder Landmassen deutlich erwärmt? Wo bleibt diese ständige Wärmezufuhr? Warum sterben nicht Tiere und Pflanzen irgendwann den unvermeidlichen „Wärmetod"?

Die Antwort darauf ist: Unser Planet Erde ist ein Winzling im unendlich großen Weltall, was wie ein überdimensionaler riesengroßer Kühlschrank mit $\approx -270\,°C$ extrem kalt ist. Die natürlichen Gleichgewichte der Erde entstehen durch den Schutz vor der extremen Kälte durch die sehr dünne Atmosphäre einerseits und das Nutzen des Weltalls als „Mülleimer" für die bei uns anfallenden relativ geringen

Wärmemengen andererseits. Nur eine ganz kleine Menge der eingestrahlten Sonnenenergie wird als Kohlenwasserstoff-Verbindung entweder zeitweise (bei Bäumen bis zu mehreren hundert Jahren und deren nachfolgende Verrottung durch Pilze und Bakterien) oder für sehr lange bei Verhinderung der endgültigen „Verrottung" durch Sedimente o. ä. längerfristig gespeichert. Der „überschüssige" und energetisch größtenteils qualitativ nur noch wenig wertvolle, d. h. für uns Menschen kaum noch nutzbare Anteil wird dann letztlich wieder als „minderwertige" Wärme in den kalten „Mülleimer" Weltraum abgestrahlt.

Genau aus diesem unvermeidlichen und immer wieder nötigen Abstrahlen der Wärme kann durch eine durch menschliche Aktivitäten zusätzlich veränderte Zusammensetzung unserer Atmosphäre mit speziellen Gasen ein längerfristig wirkendes Problem für das Klima des Planeten entstehen. Dazu mehr im späteren Kap. 10.

Jeder Mensch, der im Flugzeug schon eine Reisehöhe von bis zu 10.000 m erlebt hat, weiß um die Außen-Temperaturanzeige einer bereits recht kalten Außenluft mit etwa − 60 °C in diesen Höhen, in der die meisten Fluggäste zum einen wegen der Kälte und auch mangels ausreichend Sauerstoffs schnell umkommen würden.

Die genannten Hauptsätze der Thermodynamik sind vor allem für Chemiker und Physiker und damit auch logischerweise für Ingenieure, die unterschiedlich große Energieanlagen (Kraftwerke, Ölraffinerien, Erdgasspeicher, …) bauen, natürlich sehr wichtig.

**Fazit**
Energie wird in einem geschlossenen System immer nur von einer Form in eine andere umgewandelt. Bei dieser Kette von Umwandlungen von hochwertiger Energie zu qualitativ „schlechterer" entsteht ganz am Ende fast nicht mehr nutzbare Wärme auf Umgebungsniveau.

Die von uns bewohnte Erdoberfläche wird durch drei „exogene" Energiequellen (Sonne mit dem Löwenanteil, glühendes Erdinneres, kinetische Bewegungsenergie des Systems Erde-Mond) von außen mit Energie versorgt.

Letztendlich wird „überschüssige" nicht mehr weiter physikalisch nutzbare Wärme nahe Umgebungstemperatur vom Planeten Erde in das Weltall abgegeben.

Es gibt deshalb auch kein Perpetuum mobile im realen Leben auf der Erde.

# Energieeinheiten: Kilowatt ist nicht Kilowattstunde!

# 3

Am Anfang werfen wir zunächst einen näheren Blick darauf, in welchen Einheiten „Energie" denn überhaupt gemessen werden soll. Historisch gab es ähnlich wie bei den Längenmaßen (Zoll, Ellen, Yards, Meilen, Meter, ...) oder Gewichtsmaßen (Lot, Unze, Zentner, Gramm, ...) zahlreiche regional unterschiedliche „Energiestandardmaße".

In Deutschland wurde sehr lange bis Ende des 20. Jahrhunderts in Tonnen Steinkohleeinheiten (SKE) gerechnet oder in Kilokalorien, in den USA aus historischen Gründen in Barrel Öl oder British thermal Units (BTU) etc. Elektrischer Strom wird bei Haushalten oder Kleinverbrauchern heute in Kilowattstunden (kWh) gemessen. Ein Liter Benzin enthält 8,9 kWh, ein Liter Diesel rund 9,8 kWh Energie-Inhalt. Bei Industriebetrieben oder Kraftwerken wird auch oft das Tausendfache einer Kilowattstunde genommen: Eine Megawattstunde (MWh) hat 1000 kWh, eine Gigawattstunde (GWh) 1 Million kWh. Offizielle Energiestatistiken werden heute in Joule geführt. 1 Joule ist eine Wattsekunde: 1 kWh entspricht somit 3600 kJ.

Die (maximal abrufbaren) Leistungen von Maschinen wurden lange klassisch in Pferdestärken (PS) gemessen oder auch in Kilowatt (kW). Wenn man seinen Fahrzeugschein für einen Pkw mit 136 PS anschaut, lautet die entsprechende kW-Angabe: „100 kW bei einer bestimmten Motorumdrehungszahl". Das heißt: 1 kW entspricht 1,36 PS. Wohl niemand kennt eine Person, die froh verkündet: „Mein Auto hat 136 PS pro Woche." Das wären „100 kW/Woche", was glatten Unsinn ergäbe, wie wohl jeder weiß. Dennoch wird wiederholt in Medien über Stromerzeugungsanlagen wie etwa Windkraftwerken berichtet, dass die Anlage „2000 kW jährlich" liefern würde, was offenbar ebenso schlichter Blödsinn ist.

Der Autor und Ehefrau fuhren im Frühjahr 1994 einmal an einem Samstagabend ab 21 Uhr aus Nord-West-Hamburg im Auto mit 136 PS auf trockener fast freier Autobahn in den damaligen ungefähr 170 km entfernten Wohnort Oldenburg in Niedersachsen zurück. Dank zweier extrem schneller Autos mit je etwa 85–100 Meter Abstand vor ihm konnte er nach Passieren des Elbtunnels für etwa 45 Minuten nahe dieser maximalen Leistung mit hoher Geschwindigkeit (durchschnittlich 180 km/h) fahren und dafür allerdings 14 Liter Benzin ($\approx$ 125 kWh) verbrauchen. Das Auto legte in dieser Dreiviertelstunde 135 km zurück, benötigte jedoch pro 100 Kilometer etwa 92 kWh Input in Form von Kraftstoff. Dieser Wert ist bei einem Verbrennungsmotor wegen dessen im Auto anfallenden hohen Umwandlungsverlusten sowie aufgrund der Reibungsverluste im Motor und Getriebe deutlich höher als bei einem Elektroauto, welches für diese 135 Kilometer mit fast ständig nahe seiner Höchstgeschwindigkeit von nur 160 km/h nur etwa 40 % (z. B. 37,5 kWh) an elektrischer Energie in kWh verbrauchen würde. Dieser „geringere Verbrauch" ist jedoch nur auf den ersten Blick ein vermeintlich großer Vorteil des E-Autos: Bei diesem werden nämlich einige zusätzliche Umwandlungsverluste besonders auf die Strom-Erzeugungs-, -Verteilungs- und aufwändige „Zwischenspeicher"-Seite im Gesamtsystem nach vorne im Energiesystem verlagert: Der zunächst scheinbar recht große Vorteil schrumpft dadurch doch sehr stark zusammen. Dazu später mehr bei „E-Mobilität".

Die PS- oder kW-Leistung als Merkmal des Motors hat das Auto auch dann, wenn es in der Garage geparkt ist. Ein für zwei Tage abgestelltes Auto emittiert natürlich keinerlei $CO_2$; denn es verbrennt ja keinen Kraftstoff; ebenso wenig wie eine Heizungsanlage für Erdgas mit 9 kW thermischer Leistung (was ja nur ein Potenzial angibt), wenn sie im Sommerhalbjahr nicht heizt.

Für Umwelt-Diskussionen ist einzig die unterschiedlich intensive Nutzung wie Fahrt zur Arbeit (20 km) oder Urlaubsreise (1500 km) mit tatsächlicher Verbrennung von Kraftstoff (Benzin oder Diesel in Litern bzw. kWh) relevant. Übersetzt gilt dies auch für ein Kohle- oder Gaskraftwerk: Seine maximale Leistung ist als technische Kennzahl fix. Unterschiedlich viele $CO_2$-Emissionen entstehen nur im Betrieb durch Kohle- oder Erdgasverbrennung mit der aktuell heute gewünschten bzw. nötigen Stromerzeugung.

Für die meisten alltäglichen Probleme hat sich das Rechnen der Leistung in kW und das tatsächliche Erzeugen oder die Nutzung von kWh seit Jahrzehnten bewährt. Die Zehner-Potenz „$10^x$" bedeutet eine Zahl mit „1" an erster Stelle und danach mit x Nullen: $10^2$ = 100 und $10^6$ = 1 Million = 1.000.000, $10^9$ = 1 Milliarde nach kontinental-europäischem System.

So wird auch der Erdgasverbrauch eines Jahres in Höhe von 1800 cbm (Kubikmeter $m^3$) je nach Herkunft des Erdgases bspw. in 17.600 kWh angegeben, die man für Warmwasser und Heizung des Hauses während eines Jahres verbraucht hat. Damit werden bspw. die unterschiedlichen Qualitäten des Erdgases (Niederlande, Norwegen, Russland) miteinander vergleichbar.

Ein größeres Kraftwerk mit einer (maximalen) Erzeugungsleistung von 1.200.000 kW = 1200 MW ≈ 1,63 Millionen PS), das jährlich *4000 Stunden* „volle Pulle" und *2000 Stunden* mit halber Kraft (600 MW) läuft, erzeugt damit genau 6 Mrd. kWh *(= 1,2 · $10^6$ [kW] · 4000 [h] – 0,6 · $10^6$ [kW] · 2000 [h] = 6 · $10^9$ [kWh])*. Eine solche Stromerzeugung wird gemäß Tab. 3.1 auch als 6 TWh (Terawattstunden) bezeichnet: Der Jahresstromverbrauch Deutschlands liegt derzeit bei 500 TWh oder 500 Mrd. kWh. Die dafür benötigte Stromerzeugung liegt aus technischen Gründen (Eigenverbrauch der Kraftwerke, Netzverluste, …) immer etwas höher. Eine Übersicht über die dadurch entstehenden Zehnerpotenzen und deren (insbesondere in der Energiewirtschaft wichtigen) Abkürzungen gibt die Tab. 3.1.

Kernphysiker oder ähnliche Menschen rechnen natürlich in sehr viel winzigeren Dimensionen. Sie benutzen oftmals die „*Watt*sekunde", welche als „Joule" bezeichnet wird, in welcher oft auch internationale offizielle Statistiken ausgewiesen werden. In der Größenordnung ist 1 J etwas völlig anderes als „Tausend *Watt*stunden = kWh"), Eine Kilowattstunde (*k*Wh) hat somit 3.600.000 Wattsekunden, d. h. 3600 Kilowatt-Sekunden oder 3600 kJ. Das Umrechnen solcher Statistiken für Energieverbräuche von Volkswirtschaften ist deshalb nicht unbedingt vergnügungssteuerpflichtig, denn für das Rechnen mit Zehnerpotenzen braucht man auch einiges Training und ein daraus erwachsendes Gefühl für die Größenordnungen!

Der jährliche statistisch erhobene Weltenergieverbrauch an natürlichen Energieträgern (sogenannter Primärenergieverbrauch), bei dem der Muskelaufwand der Fahrradfahrer, Ruderer, Gartenarbeiter oder eigenes gesammeltes Brennholz jedoch bspw. fehlen, wird heute generell in Exa-Joule ausgewiesen. Dieser liegt derzeit in einer Größenordnung von 600 Exa-Joule pro Jahr, was 600 · $10^{15}$ kJ entspricht. Da 1 kJ ≈ 0,000278 kWh ist, beläuft sich der Primärenergieverbrauch weltweit auf rund 167.000 Mrd. kWh, wobei Deutschlands gesamter Primärenergieeinsatz daran rund 2,1 % Anteil mit rund 3500 Mrd. kWh hat. Ich gebe zu: Dies

**Tab. 3.1** gängige Zehnerpotenzen (z. B. für Energie)

| Bezeichnung | Abkürzung | Zahlenwert | Zehnerpotenz |
|---|---|---|---|
| Kilo | K oder k | Tausend | $10^3$ |
| Mega | M | Million | $10^6$ |
| Giga | G | Milliarde | $10^9$ |
| Tera | T | Billion | $10^{12}$ |
| Peta | P | Billiarde | $10^{15}$ |
| Exa | E | Trillion | $10^{18}$ |

ist ganz schön verwirrend für normale Bürger*innen und insbesondere Laien in Naturwissenschaften!

In anderer Richtung geht es in immer kleineren Zehnerpotenzen mit $10^{-3}$ = Milli oder $10^{-6}$ = Mikro und $10^{-9}$ = Nano und $10^{-12}$ = Piko herunter bis auf die atomare Ebene. Der große Vorteil dieser endlich weltweit erfolgten Standardisierung ist eine nunmehr seit vielen Jahren einheitlich genutzte Einheit für die Energie. Ob Amerikaner, Chinesen oder Europäer: Jeder benutzt sie.

Jetzt wissen wir schon einiges mehr über die Einheiten für Energie (kWh) bzw. Leistung (kW). Immer noch fehlen uns jedoch genauere Kenntnisse von Umweltproblemen und Größenordnungen des Energieverbrauchs, d. h. Einsatz hochwertiger Energieträger wie Mineralöl oder Kohle inklusive Umwandlung in noch „besser" nutzbare (wie Benzin, Kerosin, Diesel, Heizöl, oder elektrischen Strom, ...) und schließlich Nutzung dieser für menschliche Zwecke (wie Antrieb eines Autos, Erwärmung eines Raumes, Beleuchtung) und zuletzt Abstrahlung als fast nutzlose Wärme auf praktisch Umgebungsniveau, die schließlich in den Weltraum abgegeben wird.

**Fazit**
Eine installierte Leistung (PS-Zahl eines Autos, Stromerzeugungspotenzial eines Gaskraftwerks oder einer Windkraftanlage in kW oder MW) beschreibt die für sehr kurze Zeit (bei bestmöglichem Energie-Input für kurze Zeit wie einige Minuten) maximal abrufbare „Energiebereitstellung" als Antrieb für das Auto oder Erzeugung elektrischen Stroms für Nutzer.

Die über eine längere Dauer, wie etwa eine Stunde, Tag oder Jahr tatsächlich bereitgestellte Arbeit in kWh hängt natürlich davon ab, wie viele Minuten oder Viertelstunden das Auto tatsächlich mit welcher Leistung gefahren ist bzw. die Stromerzeugungsanlage tatsächlich Strom erzeugt hat, weil sie unterschiedlich starken Wind oder erzeugten Dampf verfügbar hatte. In der Praxis kann man somit die 35.040 Viertelstunden mit den jeweils tatsächlich eingesetzten (bspw. durchschnittlich à 15 Minuten gemittelten) Leistungen über ein Jahr aufaddieren, was ganz kurze Spitzen natürlich glättet.

Diese Zahlen in kWh liegen auch den Stromerzeugungsdatensätzen der Bundesnetzagentur mit dem Programm SMARD zugrunde, die öffentlich als monatliche EXCEL-Tabelle jeweils aktuell zum Herunterladen verfügbar sind. Mathematisch exakt wäre die elektrische Arbeit in kWh das Integral

## 3 Energieeinheiten: Kilowatt ist nicht Kilowattstunde!

der faktisch variablen kW über den gesamten Zeitraum: Es rechnen nur wenige in Megawatt-Minuten, was immerhin 0,526 Millionen aufzuaddierende Werte pro Jahr ergäbe. Es wäre für viele Diskussionen letztlich auch nur „scheinbar genauer".

Die BNetzA-Daten reichen für die Zwecke dieses Buchs völlig aus und werden hier benutzt. Die durchschnittliche viertelstündliche Leistung ergibt sich durch Multiplikation der kWh mit dem Faktor 4: Setze ich 1000 kW für 15 Minuten Stromerzeugung ein, werden genau 250 kWh erzeugt. Umgekehrt konnten nur 500 kWh erzeugt werden, wenn in dieser Viertelstunde durchschnittlich 2000 kW tatsächlich Strom erzeugten.

Man verwechsele aber niemals kW mit kWh: Schon von der physikalischen Dimension her wäre dies totaler Unsinn. Ziemlich unsinnig wäre beispielsweise die Aussage: „Mein Auto hat 136 PS (= 100 kW) pro Woche." Zutreffend wäre dagegen der Satz: „Unsere Erdgasheizung hat 18.000 kWh Erdgas im Jahr 2019 benötigt bzw. verbraucht.", wovon die Familie als Haus-Bewohner natürlich mit verfügbarem Warmwasser und im Winter warmen Räumen den Nutzen hatte.

# Verbrennungsprozesse und ihre Folgen

4

Was fangen nun Physiker und Ingenieure mit den bisher beschriebenen Zusammenhängen an, wenn sie über Flugzeuge, Raketen, Kraftwerke, Automotoren, Heizungssysteme oder die Stromerzeugung eines Landes nachdenken müssen? Wenn dafür Kohle oder Erdgas zur Hitzeerzeugung unter jeweils riesigen Dampfkesseln verbrannt wird: Was kommt dann aus dem Schornstein nach der Verbrennung bzw. welche Emissionen kommen beim Auto mit Verbrennungsmotor für Benzin oder Diesel aus dem Auspuff?

Die Beantwortung derartiger Fragen erfordert einen etwas genaueren Blick auf die Chemie der Verbrennungsprozesse. Es gibt ja sehr viele brennbare Substanzen wie etwa Natrium, Schwefel, Holz oder Papier. Da jede brennbare Substanz erst bei einer bestimmten ihr eigenen Temperatur unter Zufuhr von genügend (i. d. R. Luft-)Sauerstoff zu brennen beginnt, muss nur diese jeweilige Temperatur kurz erreicht werden, um Feuer zu machen. Während Holz oder Kohle jeweils Zündtemperaturen teilweise über 250 °C aufweisen, können bspw. die gängigen „Streichhölzer" bereits bei 70–80 °C in Brand geraten und danach größere Hitze erzeugen. Dies wird absichtlich durch Reibung an einer rauen Oberfläche herbeigeführt, so dass der Streichholzkopf durch die Reibungshitze in Brand gerät, so dass damit wegen der eigenen höheren Temperatur der Flamme wiederum eine Kerze oder Kaminfeuer angezündet werden oder eine Silvesterrakete gestartet werden können.

Im Kern ist eine Verbrennung nichts weiter als eine Kombination von extrem schnell unter Sauerstoffzufuhr ablaufenden chemischen Reaktionen: Für beispielsweise den gut brennbaren Schwefel ergibt sich dabei etwa folgende Reaktion: Aus Schwefel (S) und Sauerstoff ($O_2$) werden $S + O_2 \rightarrow SO_2 +$ Energie. Die Verbrennung von Schwefel ergäbe sogar eine bessere Energieausbeute (in MJ) als Kohlen- oder

Wasserstoff, hat aber zwei große Probleme: Falls Schwefeldioxid (= $SO_2$) in die Luft abgegeben wird, kann daraus mit Feuchtigkeit ($H_2O$) schweflige oder Schwefelsäure entstehen, was der Umwelt sehr schaden würde und zum zweiten sind die „Schwefelvorräte" der Welt nicht vergleichbar groß wie die Kohlenstoff- oder Kohlenwasserstoffvorräte (z. B. für Kohle bzw. Erdgas und Öl). Deshalb wird selbst bei schwefelhaltigem Erdgas, wie es bspw. südlich von Oldenburg in Nordwest-Niedersachsen gefördert wird, der Schwefel als „guter Energieträger" bei den Kunden nicht mitverbrannt, sondern sofort nach der Erdgasförderung ausgewaschen und als Industrieschwefel getrennt verkauft. Das Erdgas verbrennt dann deutlich sauberer und die Erdgasgesellschaft und ihre Kunden haben keine besonderen Kosten, die Umwelt sauber zu halten.

Bei Kohlenwasserstoffen wie etwa Erdgas, Benzin oder Heizöl laufen die schnelle Kohlenstoffoxidation und auch die Wasserstoffoxidation ab, was in gerundeten Zahlen ergibt:

Kohlenstoff-Verbrennung: 1 kg C + 2,7 kg $O_2$ → 3,7 kg $CO_2$ + 32,8 MJ
und für den Wasserstoff: 1 kg $H_2$ + 8,0 kg O → 9,0 kg $H_2O$ + 142,0 MJ.

Offensichtlich wäre Wasserstoff mit der Formel $H_2$ ein geradezu phantastischer Energieträger. Aus einem Kilogramm ließe sich viel Energie gewinnen, und als „Abfall" entstünde einfaches (kondensiertes) Wasser, das entweder im Auto gesammelt würde oder aus dem Auspuff tropfte. Leider gibt es dabei zwei Probleme: Wasserstoff kommt wegen seiner chemischen Eigenschaften in der Natur in reiner Form praktisch kaum vor und wenn er bspw. durch einen industriellen Prozess durch „Zerhacken eines Moleküls" (etwa $H_2O$ = Wasser oder $CH_4$ = Methan) gewonnen wird, verhält er sich wie ein Held einer US-amerikanischen Fernsehserie der sechziger Jahre.

Wie damals Dr. Richard Kimble ist Wasserstoff „ständig auf der Flucht." Die Forschungen, wie man $H_2$ am wirkungsvollsten gut großtechnisch „gefangen nehmen und bei Bedarf wieder ohne zu großen Energieaufwand (d. h. Verluste) freilassen kann" (alternativ Tiefkühlung, hoher Druck, Bindung an andere Substanzen, etc.), laufen zwar seit vielen Jahren, aber für eine weltweite großtechnische Energieversorgung sind noch viele Fragen offen und Stand 2021 teilweise noch in der Erforschung und Erprobung.

Das auch immer bei der Verbrennung von Kohlenstoff entstehende Gas $CO_2$ kommt ja in der Natur in einem weltweiten riesigen so genannten „natürlichen Kohlenstoffkreislauf" des Lebens von Pflanzen und Tieren sowie Erdbewegungen durch etwa Vulkanismus in großen Mengen vor – dennoch mit sehr kleinem Anteil in einem Kubikmeter Luft. Es ist damit Grundlage auch des menschlichen Lebens.

# 4 Verbrennungsprozesse und ihre Folgen

$CO_2$ ist in den geringen natürlichen Konzentrationen keine schädliche oder gar giftige Substanz, wie manche unwissenden „Protestler" mit Parolen wie „$CO_2$ = Killergas!" glauben machen wollen.

Ohne $CO_2$ gäbe es keine Fotosynthese und auch erst recht kein höheres Leben! Nur zwei Punkte können Probleme bereiten: Als erstes könnten etwa große Mengen angesammeltes fast reines $CO_2$ versehentlich in einen geschlossenen Raum geraten und die normale Luft verdrängen, was tödlich enden kann, was bspw. vor Jahren an einem afrikanischen See geschah, an dessen Grund sich große Mengen vulkanisches $CO_2$ angesammelt hatte. Als zweites müssen mögliche ausgelöste klimatische Veränderungen bei weiter anhaltender Zunahme des prozentualen $CO_2$-Gehalts der Atmosphäre für die Erde durchaus ernst genommen werden. Diese werden später behandelt.

Angesichts der obigen Werte hat sich in den letzten 300 Jahren das Interesse zuerst auf Stein-Kohle (also im wesentlichen Kohlenstoff mit einigen Beimengungen wie etwa Schwefel je nach Förderort) fokussiert, wobei dann seit etwa 1860 mit Erdöl samt einer wachsenden Vielzahl von daraus hergestellten Produkten und nach 1920 Erdgas (was zu rund 90 % aus Methan, d. h. $CH_4$ besteht) zwei interessante und heute sehr wichtige Kohlenwasserstoffverbindungen als Energieträger dazu kamen.

Da die heute geförderte Steinkohle vor über 250–360 Millionen Jahre entstanden ist und in dieser Zeit durch die Erdplattenbewegungen mit Auffaltungen und Absinken aus ihrer ursprünglichen Lage nahe der Erdoberfläche in flachen Sumpf- oder Gewässergebieten teils um mehrere hunderte oder gar tausend Meter tief gedrückt worden sind, gibt es einen speziellen Vor- und leider einen häufigen Nachteil: Der Vorteil ist die sehr hohe energetische Qualität guter Steinkohlesorten, welche seit über 300 Jahren etwa als besonders hochwertige Kokskohle in der Eisen- und Stahlindustrie benötigt wird. Der Nachteil ist ihre häufig ungünstige Lage für die heutige Menschheit: Während in Australien oder Teilen der USA die Steinkohlevorkommen noch heute in geringen Bodenschichtentiefen liegen und dort auch Steinkohle durch Abräumen der Kies- und Gesteinsschichten leicht für große Kohlebagger im Tagebau abbaubar ist, sind die Steinkohlevorräte des Ruhrgebiets und von Großbritannien geologisch praktisch wie Zwillinge gleich. Von den Taleinschnitten der Ruhr (wo die Kohle relativ leicht zu erreichen war) sinken die Kohleschichten in nordwestlicher Richtung unter den Niederlanden sehr stark ab und kommen im Süden und der Mitte Großbritanniens in Wales und England wieder nahe an die Oberfläche.

Der Abbau größerer Mengen erfolgte somit auf beiden Seiten durch gegrabene Schächte von anfangs 30 bis 50, heute um 800 Meter Tiefe. Weil bspw. im Ruhrgebiet nach den beiden Weltkriegen erfahrene Bergleute derartige sehr nahe an der

Oberfläche liegende Stollen illegal zur Eigenversorgung bzw. zum Überleben ihrer Familien und Nachbarn weiter getrieben hatten, musste viele Jahre später nach dem Jahr 2000 der Essener Hauptbahnhof auf seiner Westseite vorübergehend teilweise gesperrt werden, weil wichtige Gleise für ICE- und Regional-Züge dadurch riskant unterminiert waren.

Danach trug die Steinkohle als Hauptenergieträger bis weit in das 20 Jahrhundert entscheidend zur Industrialisierung bei. Auch die Stromerzeugung zuerst in Dampfmaschinen, dann in größeren Kraftwerken mit Dampf-Turbinen ab etwa dem Jahr 1880 beruhte zunächst vor allem auf Kohle und etwas Wasserkraft: Deutschland demonstrierte deren erfolgreiches Zusammenwirken in einem Strom-Netz in den 1920er-Jahren.

Braunkohle ist hingegen deutlich jünger und etwa 8–30 Millionen Jahre als. Da sie den sogenannten „Inkohlungsprozess" unter hohem Druck noch nicht über 250 Millionen Jahre vollzogen hat, ist ihr Energiegehalt geringer als der der Steinkohle. Diesem Nachteil steht ein Vorteil für die Förderkosten gegenüber: Im Normalfall ist Braunkohle relativ leicht für die menschliche Nutzung durch einen großen Tagebau mit großen Spezialbaggern zu nutzen. Dafür müssen jedoch oft große Acker- und Waldflächen oder sogar ganze Dörfer abgeräumt werden. Erst Jahrzehnte nach Beendigung des Braunkohletagebaus kann die Landschaft jetzt mit den größeren neu entstandenen Seen „renaturiert" werden. Derartige ursprünglich künstlich angelegte Landschaften kann man westlich von Köln als inzwischen gern genutzte Natur- und Freizeitreservate sehen. Die DDR verzichtete aus Kostengründen auf vergleichbare Maßnahmen. Um nach der Wiedervereinigung die teils stillgelegten Braunkohlereviere zu renaturieren, musste deren Grundwasserabsenkung über Jahrzehnte weiter betrieben und dann schrittweise zurückgefahren werden: Die Spree wäre ansonsten jahrelang „rückwärts geflossen". Braunkohletagebaue erfordern somit vor Förderbeginn und auch nachher erhebliche Investitionen samt Entschädigungen für Dorfbewohner, Äcker, u. ä.

Auf die seit 160 Jahren genutzten Energieträger Erdöl und Erdgas wird später näher eingegangen.

Wenn heute über die angeblichen „$CO_2$-Verbrechen" von Kohle- und Elektrizitätsfirmen seit 1850 geklagt wird, seien diesen heute gegenüber 1850 gut lebenden Menschen zwei simple Fakten in Erinnerung gerufen:

- Die riesige Erleichterung der Arbeit durch immer leistungsfähigere Maschinen und später Fahrzeuge ermöglichte vielen Menschen überhaupt erst ein menschenwürdiges Dasein und schaffte enorme Freiräume für einen unvorstellbar großen technischen, medizinischen und anderen Fortschritt der damals noch

## 4 Verbrennungsprozesse und ihre Folgen

klar unter 1,5 Mrd. Menschen. Die Menschheit stünde ohne diese Technikgeschichte jedenfalls völlig anders da als heute.
- Dass die Verbrennung von großen Mengen Kohlenstoff aus fossilen Lagerstätten langfristige Veränderungen des Weltklimas implizieren könnte, wurde erst gegen Ende des 20. Jahrhunderts deutlicher und auch dank moderner Techniken (z. B. Satelliten-Messungen, wobei diese erst mit Raketentreibstoff in die Umlaufbahn gekommen waren) etwas konkreter überprüfbar formuliert: Wieder dank der erreichten Technik!

Immerhin konnten die Menschen bis dahin mit gutem Recht darauf verweisen, dass sowohl britische Wälder (Kohle im 18. Jahrhundert) als auch im 19. Jahrhundert große Walarten (Öl) durch rechtzeitige Erschließung derartiger neuer und dann sehr wichtiger Energiequellen gerettet wurden.

Sollten wir als heute lebende und auch in vielen Bereichen dank Telefon, Internet, Computer und großem wissenschaftlichen Fortschritt – der auch auf der Verfügbarkeit ausreichender Energiemengen und nötiger Geräte beruhte – „sich jetzt als etwas klügere" Generation vorkommende Menschen unsere Vorfahren deswegen verurteilen? Wie schnell man etwa in Deutschland tatsächlich auf ein anderes System überwiegend erneuerbare Energien nutzende Komponenten umsteigen kann, wird ja gerade nicht zuletzt auch auf dem Hintergrund des über Jahrhunderte gewachsenen technischen Wissens jetzt erst großtechnisch erprobt. Und dies ist keineswegs einfach umsetzbar.

Neben der Freisetzung des speziellen nur global wirkenden Treibhausgases $CO_2$ haben alle fossilen Energieträger mehr oder weniger das Problem, unerwünschte Umwelteffekte im Nah- und Regionalbereich auszulösen und damit bei Betroffenen wie Menschen, Tiere, Pflanzen oder auch Gebäude potenziell mittel- und langfristig Schäden zu verursachen:

Da praktisch fast jeder Verbrennungsprozess auf unserer Welt nicht reinen Sauerstoff verwenden kann, sondern diesen aus der normalen Luft nehmen muss, können in einem solchen Verbrennungsprozess nämlich auch noch andere Dinge ausgelöst werden. Die uns umgebende (trockene) Luft besteht zwar zu rund 21 % aus Sauerstoff, jedoch auch zu 78 % aus Stickstoff. Das restliche knapp 1 % besteht aus verschiedenen so genannten Edelgasen wie Argon, Helium, Krypton oder Xenon sowie einigen anderen Stoffen. Dazu gehören das mittlerweile in „Verruf geratene" Kohlendioxid, Methan, Wasserstoff, Distickstoffmonoxid (Lachgas) und das giftige Kohlenmonoxid in jeweils teils sehr geringen Mengen. Hinzu kommen dann noch Wasserdampfanteile oder Stäube etc.

Der hohe Stickstoffanteil wäre ziemlich harmlos, wenn nicht der Luftstickstoff (N) in Verbrennungsprozessen mit sehr hohen Temperaturen (Kohle-Feuerung unter einem Dampfkessel oder Benzin- oder Diesel-Automotor) selbst aktiv mit dem Sauerstoff zu neuen Verbindungen $NO_2$ oder $NO_3$ reagieren würde. Diese Stickstoffoxide werden in einer Kurzfassung als $NO_x$ bezeichnet. Sobald sie den Schornstein oder Auspuff verlassen haben, reagieren sie dann ihrerseits mit Luftfeuchtigkeit zu salpetriger oder Salpetersäure, die auf Dauer in höheren Konzentrationen der Gesundheit von Menschen schaden, aber auch für Gebäude nicht gerade gut ist.

Clevere Ingenieure fanden eine Lösung zur weitestgehenden Vermeidung der Freisetzung der Stickoxide in die Luft: Noch im Schornstein oder in der Auspuffanlage wurde ein „Zwischen-Apparat" eingebaut, ein sogenannter Katalysator, der durch seine Bauart die gerade frisch entstandene chemische Verbindung noch im Abgas wieder aufknackt, so dass im Ergebnis die jetzt wieder getrennten Gase Sauerstoff und Stickstoff in die Luft geblasen werden: Es ist dann wieder alles so wie vorher. Dieser Katalysator als „DeNOx"-Anlage funktioniert jedoch nur gut bei warmem Motor – er ist also nicht für den morgendlichen Einkauf frischer Brötchen beim Bäcker geeignet - und darf natürlich auch nicht mit faulen Tricks abgeschaltet werden.

Die potenziellen oder unvermeidbaren Umweltbelastungen als Folge der Verbrennung fossiler Energieträger (Kohle, Mineralölprodukte, Erdgas, …) lassen sich somit entweder als global wirksame Schadstoffe wie $CO_2$, großräumige und regional wirksame Schadstoffe wie $SO_2$ und eher lokale Belastungen wie $NO_x$ oder Lärm klassifizieren. Dementsprechend ist auch unterschiedlich zu handeln.

Lokal schädliche Substanzen in der Luft entstehen bspw. an Straßenzügen mit intensivem Autoverkehr, wenn dort zahlreiche Fahrzeuge ohne oder mit besonderen Tricks abgeschalteten Katalysatoren unterwegs sind: Im Nahbereich dieser Straßen und relativ niedrigen Höhen können sich dann gesundheitsschädliche Konzentrationen von Stickoxiden ergeben. Zur Hauptverkehrszeit und/oder ungünstigen Wetterlagen sollten sich dort im Nahbereich der Straße Personen möglichst für nur kurze Zeit aufhalten. Der lokale Effekt kommt hier durch die Auspuffanlage der vielen Autos in weniger als einem Meter Höhe zustande. Umgekehrt kann man sich natürlich auch fragen: Welche Familie lässt ihre Kinder einige Stunden direkt an einer Hauptverkehrsstraße spielen? Schon nur 20–30 Meter entfernt wäre die Belastung i. d. R. deutlich geringer.

Besonders ärgerlich sind unterschiedliche Messverfahren für $NO_x$ in verschiedenen EU-Ländern: Messen deutsche Großstädte deren Werte in 1,50 Meter Höhe nahe am Straßenrand, so steht Deutschland mit einigen Mess-Punkten am Pranger. In anderen EU-Ländern wird die Messung in deutlich über 2 Metern Höhe und einer Entfernung 15 Metern von der Straße entfernt durchgeführt, und „statistisch" ist dort natürlich alles in bester Ordnung.

## 4 Verbrennungsprozesse und ihre Folgen

Regionale Umweltbelastungen für einige Kilometer im Umkreis der Emissionsstelle (Kraftwerk, Heizung, Fabrikanlage, …) können durch unterschiedlich hohe Schornsteine für das Freisetzen der Abgase einer Feuerung entstehen. Wenn dafür besonders hohe Schornsteine errichtet werden, kann dies dazu führen, dass Schwefeldioxid- oder Stickoxid-Emissionen je nach Windrichtung und -stärke sogar einige hundert Kilometer weit verfrachtet werden: Aus einer bislang nur regionalen Belastung wird durch die „Politik der hohen Schornsteine" eher ein nationales und auch ein besonderes Problem mit Nachbarstaaten, die ungefragt mit etwa reichlich Schwefeldioxid-Eintrag „beglückt" werden.

Dies galt Anfang der achtziger Jahre noch für das Ruhrgebiet, welches mit seinen besonders hohen Schonsteinen immerhin zwar die Bürger Nordrhein-Westfalens recht wirkungsvoll vor Umweltbelastungen schützte, dafür aber bei Südwestwind zur Versauerung sogar der südschwedischen Seen beitrug.

Ein global wirksamer Schadstoff kann in der Nähe praktisch völlig harmlos sein oder sogar nützlich, wenn bspw. ein Teil der $CO_2$-Abgase durch Gewächshäuser geleitet werden: Dadurch wachsen die dortigen Pflanzen wie nach einer Zugabe von „Extra-Dünger $CO_2$" besonders gut. Wenn derartige zusätzlich zum normalen natürlichen riesigen Kohlenstoffkreislauf emittierten großen $CO_2$-Mengen nicht in zusätzlicher Biomasse gebunden, sondern in der Atmosphäre akkumuliert werden, ändert sich dadurch sehr langsam der $CO_2$-Gehalt der weltweiten Atmosphäre. Für eine globale Schadenswirkung im Jahr 2060 wäre es demnach völlig egal, ob die $CO_2$-Moleküle 2020 in Brasilien, Indien, Russland, Saudi-Arabien oder Deutschland freigesetzt worden sind und ob die Verursacher ein Kohlekraftwerk, Stahlwerk, Ölraffinerie oder 10 Millionen Pkws oder Heizungsanlagen waren. Ebenso wenig wäre etwa 2060 ein größerer Unterschied zu merken, wenn diese Emissionen nicht 2020, sondern erst 2025 stattfänden.

Darauf wird im späteren Kap. 10 „Treibhausgase" genauer eingegangen.

**Fazit**
Sehr viele Stoffe auf der Erde lassen sich bei geeigneten Temperaturen „verbrennen", d. h. sie reagieren extrem schnell mit dem Luftsauerstoff (chemische Formel $O_2$) unter Freisetzung von (im Stoff vorher gebundener) Energie zu neuen Verbindungen.

Von vielen Anthropologen wird die gezielte Verbrennung von Biomasse wie Holz oder Stroh in einem Feuer als einer der sehr wichtigen Schritte zum „Menschwerden" angesehen, woran noch heute Kerzen im Gottesdienst oder

Fackelzüge zu Ehren bestimmter Personen erinnern. Damit wurde einerseits die Nahrung durch Kochen oder Braten besser genießbar, und die ersten Menschen konnten auch das Feuer zur Abwehr von feindlichen Raubtieren benutzen, was deutlich erhöhte Sicherheit für die Gruppe bedeutete.

Andererseits mussten die Menschen nun noch stärker „vorausschauend" planen, damit das Feuer auch im Winter genügend Holz und anderes Brennbares (wie Tier-Dung) hatte. Durch die natürliche Auslese über Generationen wurde diese Fähigkeiten verstärkt trainiert und immer besser nutzbar.

Werden Kohlen- oder Kohlenwasserstoffe (ohne Schwefel) verbrannt, entstehen immer die Moleküle $CO_2$ (und $H_2O$ = Wasser bei Wasserstoffanteilen). Wird versehentlich oder absichtlich Schwefel mitverbrannt, entsteht daraus das umweltschädliche $SO_2$, so dass der Schwefel entweder vorher in einer „Erdgaswäsche" entfernt oder nachträglich $SO_2$ durch Filtertechniken zurückgehalten werden muss. Bei Verbrennungsprozessen mit hohen Temperaturen reagiert der in der normalen Luft auch reichlich enthaltene Stickstoff und lässt ebenfalls umweltschädliches $NO_x$ entstehen. Dieser Prozess lässt sich mit Hilfe eines funktionierenden Katalysators im Abgasrohr wieder rückgängig machen, so dass keine erheblichen Emissionen anfallen.

Gravierende Anreizprobleme entstehen jedoch bei global wirkenden Schadstoffen, welche durch langsame Akkumulation in der Atmosphäre oder teils in den Weltmeeren entstehen. Sollte dafür eine fixe Obergrenze der zulässigen Emissionen (i. d. R. abhängig von einem gut oder schlecht funktionierenden Ökosystem: Wald, Moore, Meeresalgen, …) bestehen, müsste auch zwingend das weltweite Bevölkerungswachstum als zusätzlicher Treiber aller wichtigen potenziell zerstörerischen Faktoren drastisch abgebremst werden.

# "Umpflügen der Erde" der wachsenden Menschheit – Klimaänderung I

5

Wie bereits im Kap. 1 beschrieben, lebte die Menschheit für viele Jahrtausende im Wesentlichen von natürlichen Energiequellen auf der Erde wie Biomasse, Wasserkraft, Wind und menschlicher und tierischer Arbeitskraft. Außerdem mussten bspw. noch relativ kleinflächig Wälder für nutzbare Flächen für Ackerbau gerodet oder Holz für Schiffbau und Heizung geschlagen werden. Derartige Eingriffe machten dem Planeten Erde viele Jahrhunderte fast nichts aus, denn die Weltbevölkerung war viele Jahrtausende v. Chr. in einer Größenordnung von unter oder um 0,1 Mrd. Menschen, d. h. um 100 Millionen Menschen: Praktisch alle genutzte Biomasse konnte problemlos nachwachsen: Dies bezeichnet man auf Englisch als „sustainable yield", was oft mit „nachhaltiger Nutzung" übersetzt wird, wobei jedoch „dauerhaft möglicher Ertrag" einer Ressource inhaltlich zutreffender wäre.

Die ersten Ausnahmen waren besonders intensiv durch Menschen genutzte Gebiete wie etwa der Mittelmeerraum zur Zeit des Römischen Reiches ab ca. 100 v. Chr., dessen Holzbedarf für Schiffbau, Gebäudeteile und Heizzwecke extrem hoch war, so dass Teile dieses Raums stärker beschädigt wurden. Und als die Bewohner der 3760 Kilometer von Chile entfernten Osterinsel, welche ursprünglich aus dem ebenfalls sehr weit entfernten Polynesien stammten, die letzten großen Bäume auf dieser Insel gefällt hatten, konnten sie nicht mehr an Bootsbau denken: Ab diesem Zeitpunkt waren sie isoliert. Dies war natürlich nur für die Betroffenen ein lokales Problem.

Noch zur Römerzeit unter Kaiser Augustus um das Jahr NULL unserer Zeitrechnung lag die geschätzte Weltbevölkerung um 0,17 Mrd. Menschen, zu König Chlodwigs Zeiten im heutigen Frankreich um 500 n.Chr. bei 0,19 Mrd. Während die Weltbevölkerung um 1000 n.Chr. auf 0,31 Mrd. geschätzt wird, stieg sie bis 1500 auf etwa 0,43 und 1800 um Napoleons Zeit auf knapp 1 Mrd. Menschen an.

Erst parallel mit der Industrialisierung in Europa ab Anfang des 19. Jahrhunderts und etwas später auch in den USA und dann der übrigen Welt verbesserten sich die Lebensverhältnisse (Wohnraum, Nahrung, sauberes Wasser, erste Abwassersysteme, bessere medizinische Versorgung, …) deutlich und die Gesundheitsstandards durch neue Erkenntnisse über Seuchen und Krankheiten sowie medizinischen Fortschritt erheblich. Auch die für lange Zeit sehr hohe Kindersterblichkeit ging dort somit schrittweise deutlich zurück.

Im Jahre 1850 war die Weltbevölkerung innerhalb von 50 Jahren um 0,25 Mrd. Menschen auf 1,26 Mrd. angestiegen, 1900 bereits um weitere 0,4 Mrd. und im Jahr 1950 erreichte die Weltbevölkerung trotz der beiden Weltkriege und der großen Pandemie „Spanische Grippe" – letztere in Europa ab Frühjahr 1918 – die Zahl von insgesamt 2,40 Mrd. Menschen.

1970 gab es 3,7 Mrd. Menschen auf der Welt. Diverse erste Studien wie die ersten beiden Berichte an den Club of Rome oder „A blueprint for Survival" hielten dann eine Begrenzung des Weltbevölkerung für wichtig. Das Jahr 2000 hatte noch 6,07 Mrd. Menschen. Im Jahr 2020 haben wir die 7,8 Mrd. überschritten und damit die Zahl von 1972 verdoppelt und von 1950 mehr als verdreifacht. Wir gehen nach den wichtigsten Prognosen noch in diesem Jahrhundert einer bislang unvorstellbaren Anzahl von 10 Mrd. Weltbevölkerung entgegen.

Diese anwachsende Menschheit ist ein extrem wirksamer Treiber vieler globaler Probleme, wie etwa großflächige Landumgestaltung, Wälder-Abholzung und hoher Energieverbrauch.

Noch bis in die 1990er-Jahre kannte fast jedes Kind in Deutschland das Lied vom Bauern:

| *Im Märzen der Bauer* | *Er ackert, er egget,* |
|---|---|
| *die Rösslein einspannt.* | *er pflüget und sät* |
| *Er pflanzet und schneidet* | *und regt seine Hände* |
| *die Bäume im Land.* | *von früh bis abends noch spät.* |

Dieser so positiv besungene Landmann hatte nach der winterlichen Tätigkeit in Haus und Hof von Mitte November bis Anfang März genau das, was man heute einen echten „Full-time-Job" nennen würde: „12 Stunden/6 Tage". Früh morgens ging er mit einem oder zwei Pferden (in manchen Gegenden auch Rösser genannt) auf den etwas entfernten Acker, um diesen in tagelanger Arbeit für das Aussähen von Getreide oder Pflanzen von Kartoffeln vorzubereiten. Einen Traktor als Zugmaschine kannte oder hatte er noch nicht, und in seinem Stall standen neben dem Pferd bestenfalls noch eine Kuh und ein oder zwei Schweine: Dann war er schon ein nicht ganz armer Bauer; denn letztere mussten sich noch zusätzlich bei einem adligen Großgrundbesitzer als Landarbeiter verpflichten, um überhaupt zu überleben.

Die körperlich schwere und anstrengende Arbeit dauerte von früh morgens bis abends – nur kurz unterbrochen von einer Mittagspause. Das Unkraut wurde auch nicht mit Glyphosat o. ä. ausgerottet, sondern mühsam ausgehackt, getrocknet und verbrannt. Die Asche benutzte der Bauer als Dünger, genauso wie tierische Exkremente mit Stroh vermischt – vulgo als normaler „Mist" bezeichnet. Diese so genannte Kreislaufwirtschaft reichte bei teils dürftigen Bodenqualitäten oder kleinen Landflächen selbst bei der Fruchtwechsel-Bewirtschaftung (i. d. R. 3-Felder-Wirtschaft) häufig kaum aus, um die Familie mit mehreren Kindern gut zu ernähren.

Dank einiger Entdeckungen im 19. Jahrhundert verstand man sukzessive immer mehr von den für Pflanzenwachstum notwendigen Stoffen, wie Stickstoff oder Phosphor. Anfang des 20. Jahrhunderts wurde die Haber-Bosch-Synthese großtechnisch umgesetzt und die ersten Stickstoff-Kunstdünger entwickelt. Wenn man heute hingegen über zu reichliche und zu intensive angebliche „Düngung der Böden" mit Gülle aus Massentierhaltung klagt, handelt es sich natürlich realiter heutzutage nur zu einem kleinen Teil um notwendige Düngung: Der üble Rest ist schlicht kostengünstige Abfallentsorgung mit langfristig wirkenden Gefahren für mehrere weitere Grundwasserschichten darunter. Empfänden Sie etwa einen prall gefüllten Müllsack von Ihrem Nachbarn als freundlich gemeintes Geschenk?

Die wenigen Bürger im Dorf des besungenen Bauers, welche schon über ein Auto verfügten, waren entweder der Großgrundbesitzer, welcher etwa in Süddeutschland der Baron des jeweiligen Dorfes war, der Bürgermeister und der Arzt des Dorfes. Auch wenn diese Lebensverhältnisse im Jahr 1900 noch weit übler waren, so stellten sich zu einem großen Teil die Bedingungen in weiten Teilen Deutschlands noch im Jahre 1949/1950 so dar.

Ähnliche Konstellationen fanden sich in vielen Ländern der sogenannten Dritten Welt bis zum Ende des 20. Jahrhunderts. Der Ertrag dieser sehr mühsamen Landwirtschaft hätte auf Dauer nicht ausgereicht, die ständig wachsende Menschheit zu ernähren. Die neu zuwachsenden hunderte Millionen von Menschen brauchen nämlich Nahrung, Trinkwasser, Wohnraum und möglichst einigermaßen gut bezahlte Jobs: In der ursprünglichen Agrargesellschaft gab es kaum Chancen, den großen Familien ein materiell gutes Leben zu ermöglichen.

Das ursprünglich noch weit bis Mitte des 20. Jahrhundert dominierende Leben für viele Menschen auf dem Land in kleinen Dörfern oder bestenfalls kleinen und mittelgroßen Städten ist für einen großen Anteil davon heute durch das Leben in Großstädten mit teils deutlich über 10 oder 20 Millionen Einwohnern wie Mexiko-Stadt, Peking oder Kairo abgelöst worden. Dort braucht man in den vielen Hochhäusern Fahrstühle und eine Vielzahl technischer und elektrischer Systeme für

Trinkwasserversorgung und Abwasserentsorgung sowie Beleuchtung und zahlreiche elektrische Geräte, welche man früher auf dem Lande gar nicht erst brauchte, bzw. überhaupt nicht gewohnt war. Auch diese großen Strommengen müssen erst erzeugt werden.

Doch nicht nur Wälder und Ackerflächen wurden über die letzten Jahrzehnte in zunehmendem Maße erheblich verändert.

Die ersten hohen Staudämme an größeren Flüssen baute man vor etwa 80 Jahren. Der weltberühmte Hoover-Staudamm (Baubeginn 1931) staute den Fluss Colorado im Westen der USA auf. Der Assuan Staudamm in Südägypten mit Aufstauen des Nils, der Drei-Schluchten-Staudamm in China (Jangtse), der Itaipu-Staudamm zwischen Brasilien und Paraguay (am großen Fluss Paranà) und viele andere sind in den letzten 40–60 Jahren errichtet worden. Dabei waren die Hauptzielsetzungen zum einen die Wasserabflussregulierung auch zur Vermeidung massiver Überschwemmungen flussabwärts und zum anderen Stromerzeugung mit Hilfe großer Turbinen. Diese Wasser-Staudämme greifen natürlich sehr stark in das natürliche Gleichgewicht des bisherigen Flusses ein und verändern etwa den erwünschten Schlammeintrag weiter flussabwärts durch vorher normale regelmäßige Frühjahrshochwässer oder den langfristig auch wichtigen Silikat-Eintrag in die Weltmeere.

Zumindest lokal erhöhen sie auch die Belastung auf die Erdplatten: Wo heute das zusätzliche Gewicht von 150 Mrd. t Wasser (Größenordnung Nasser-Stausee mit Staumauer in Assuan/Ägypten) die Erdkruste belastet, war im ursprünglichen Zustand ein 500 km langer Taleinschnitt mit maximal 5 % Gewicht der damaligen Vegetation.

Besonders übel wirkte sich etwa der Bau mehrerer großer Stauseen samt viel Entnahme von Wasser für den einstmals sehr großen Binnensee „Aralsee" aus: Dessen Hauptzuflüsse sind Amudarja (Zufluss vom Süden her) bzw. Syrdarja (vom Osten). Seit der Zeit des Sowjet-Diktators Stalin verlieren diese ursprünglich bedeutenden Flüsse große Wassermengen für die künstliche Bewässerung von Baumwolle-Anbauflächen in den heutigen Ländern Kasachstan und Usbekistan, welche vor 1991 zur Sowjetunion gehörten.

Als Folge schrumpfte der Aral-See in seiner Größe, da die normale Verdunstung über der anfangs riesigen Fläche von rund 68.000 km$^2$ (etwa 127-mal so groß wie der Bodensee) nicht mehr durch die verminderten Zuflüsse ausgeglichen werden konnte. Heute ist der See in einen kleineren nördlichen (mit rund 3000 km$^2$) und einen größeren südlichen See (rund 33.000 km$^2$) geteilt, ehemalige Fischerdörfer liegen jetzt weit vom See entfernt etc. Da seine Verdunstung nunmehr deutlich geringer ist, veränderte sich durch diese Eingriffe auch das großräumige regionale Klima.

Nicht nur Aufstauen oder große Wasserentnahmen verändern den regionalen Wasser- und Wärmehaushalt: Die Trockenlegung und Jahrzehnte langer Abbau von Mooren entzogen der Landschaft natürliche Kohlenstoff- und vor allem auch Wasserspeicher. Größere Begradigungen ehemals mäandrierender Flüsse, wie etwa exemplarisch am Oberrhein durch den Ingenieur Tulla im 19. Jahrhundert, erlaubten zwar danach bessere Schiffbarkeit und vermieden häufiger Hochwasser in der bisher wiederholt betroffenen Region.

Andererseits verhält sich der Fluss jetzt nicht mehr wie ein Freizeit-Skiläufer, der eine „schwarze" steile 600 m Abfahrt gemütlich in einigen größeren Bögen von insgesamt 1100 m Länge fährt: Nunmehr fährt er im Schuss wie ein Olympia-Skifahrer die jetzt viel kürzere Strecke fast direkt schneller hinunter. Die höhere Fließgeschwindigkeit des Flusses bedeutet aber auch, dass dieser sich über die Jahre flussabwärts immer tiefer eingräbt, so dass als mittelfristige Folge in der angrenzenden Landschaft der Grundwasserspiegel sinkt und auch langfristig seine Nebenflüsse im Unterlauf anders fließen. Da bspw. das Oberrheintal zwischen Freiburg und Mainz in den Sommermonaten extrem heiß werden kann, ist ein sinkender Grundwasserspiegel wiederum ein Problem sowohl für die natürliche Vegetation als auch für den Ackerbau. Gegenüber dem ursprünglichen Zustand um 1850 mit nassen Fluss-Auen ergaben sich dadurch auch große Veränderungen im regionalen Klima.

Die Liste derartiger Probleme bezüglich des durch den hohen Flächen- und Ressourcenverbrauch der größeren Menschheit auslösten Artensterbens von Pflanzen und Tieren oder anderer ökologischer Punkte wäre zu umfangreich, um in einem Buch mit dem Schwerpunkt „Energie" angemessen behandelt werden zu können.[1] In der Kurzfassung heißt das: Die seit 1800 von damals 1 Mrd. enorm stark angewachsene Menschheit – auf bald 8 Mrd. und gegen Ende unseres Jahrhunderts auf über 10 Mrd. Menschen – verändert seither die bisherigen über Jahrtausende eingespielten natürlichen Kreisläufe in immer größerem Ausmaß. Große natürliche Kohlenstoffspeicher wie Moore oder riesige Wälder wurden massiv verringert, Ackerflächen zur Erzeugung ausreichender Lebensmittel immer intensiver bewirtschaftet, Wasserkreisläufe durch Veränderungen der Flüsse beeinflusst, Lebensräume für zahlreiche Tierarten (Insekten, Vögel, Säugetiere, …) verändert und damit auch natürliche Verdunstung, Wolkenbildung und letztlich der gesamte

---

[1] Bereits Anfang der 1970er-Jahre wiesen die ersten beiden Berichte an den Club of Rome (Meadows et al: Die Grenzen des Wachstums, 1972 und Mesarovic und Pestel: Menschheit am Wendepunkt, 1974) darauf hin, dass ein Abbremsen des Bevölkerungswachstums dringend geboten ist. Vgl. bspw. Mesarovic/Pestel, Kapitel 5, S. 70–79.

zumindest großräumige Temperaturhaushalt. Auch das kann in der Summe ein denkbarer Treiber für (wenigstens regionalen) Klimawandel sein.

Und die Energiefreisetzung vor allem im jeweiligen Winterhalbjahr in Form von zusätzlichen großen Wärmemengen, welche wegen des klar höheren Bevölkerungsanteils auf der Nordhalbkugel besonders bedeutend ist, kann nun zumindest das jeweils regionale Klima dort beeinflussen: Wo um 1930 noch große Wälder oder Buschwerk standen, wohnen jetzt Millionen von Menschen in riesigen Städten: Sie fahren Autos, arbeiten in Fabriken und müssen im Winter ihre Wohnungen heizen. Dadurch entstehen im jeweiligen Winterhalbjahr neue große Wärmeinseln, welche vor 200 Jahren fast nicht existent waren. Und bedenkt man, dass fast 85 % der Menschheit auf der Nordhalbkugel (Asien, Nordamerika, Europa, nördliches Afrika und Naher Osten) lebt, dann versteht man die Größenordnung der denkbaren Veränderungsprozesse seit relativ kurzer Zeit.

Auf Wald oder Buschwerk vor 200 Jahren schien tagsüber die Sonne und erwärmte Wasser in Seen oder Mooren, Land und Vegetation. Nachts wurde es kühler, da die Energiezufuhr der Sonne ausfiel. Heute heizen Milliarden Menschen gegen die nächtliche Abkühlung an; auf der Nordhalbkugel von Mitte Oktober bis Mitte März. Der natürliche Rhythmus der Jahreszeiten verändert sich auch dadurch ein ganz klein wenig. Aber wie bei bleihaltigem Benzin, was noch 1975 üblich war, gilt auch hier der Satz: In der millionenfachen Summe vieler kleiner Einzelbeiträge entsteht eventuell doch über die Zeit ein größeres Problem!

Wie lassen sich die eventuell sehr komplexen Gesamtwirkungen derartiger zwar individuell kleiner, aber in Summe durchaus wirksamer Einzeleffekte in Klimamodelle integrieren? Die Ansprüche an eine möglichst gute Modellierung können somit bei Einbeziehung auch derartiger recht komplexer Effekte beliebig kompliziert werden.

Der vage abschätzbare Gesamteffekt einer wachsenden Menschheit mit immer höheren Ansprüchen an das Ökosystem lässt sich als ein massives vom Menschen ausgelöstes oben exemplarisch beschriebenes komplexes „Umpflügen der Erde" bezeichnen – auf den bisherigen Klimaschutzkonferenzen jeweils im Spätherbst wird es seit über 20 Jahren etwas diplomatischer verbrämt als „changed land use" bezeichnet und als ebenfalls wichtiger Baustein der Politik eingestuft. Auf der wichtigen Klimaschutzkonferenz 2001 in Marrakesch (CoP 7) wurde dies erstmals als eine weitere dramatische Herausforderung benannt und als klimarelevant eingestuft und dann 20 Jahre lang im Vergleich zu den Treibhausgasen fast unter den Tisch gekehrt. Will man dies als „mutige" vorausschauende internationale Politik bezeichnen?

Auch wenn eine weiter wachsende Weltbevölkerung das Weltklima stark verändern wird, will die weltweite Politik die absehbaren Probleme einer in Richtung

10–11 Milliarden Menschen wachsenden Erdbevölkerung bisher noch nicht politisch wirkungsvoll angehen: Insbesondere starke Religionen wie der Islam in seinen beiden sich unfreundlich gegenüberstehenden Richtungen (Schiiten, Sunniten) oder die katholische Kirche fürchten um ihren Einfluss, aber auch andere vorrangig nur auf das eigene Land oder das Wohlergehen der jeweiligen Machthaber und deren Clans zentrierte Kräfte sind wohl zu mächtig. Eine weltweit erfolgreiche Klimapolitik kann hingegen ohne rasche Stabilisierung der Weltbevölkerung deutlich unter 10 Milliarden, besser noch unter 7,5 Menschen wenig ausrichten.

**Fazit**
Die seit 1800 von 1 Milliarde auf bald 8 Milliarden angewachsene Bevölkerung benötigt neben sauberer Luft und Trinkwasser auch vor allem ausreichende Nahrung, Wohnmöglichkeiten und Arbeitsplätze, um das Überleben zu sichern – und damit auch zusätzliche Energienutzung.

Das ebenfalls daraus resultierende „Umpflügen der Erde" kann als starke Veränderung des über viele Jahrtausende eingependelten Ökosystems der Erde betrachtet werden. Dieses verändert nicht nur lokale Wasser- und Wärmehaushalte, sondern tangiert inzwischen großräumige Ökosysteme, insbesondere in der längerfristigen Gesamtwirkung auch das Weltklima.

Absehbar 10 Milliarden Weltbevölkerung bis etwa 2100 (rund 28 % mehr Menschen als 2020/2021) sorgen hingegen vorhersehbar für erhebliche zusätzliche Probleme – auch bezüglich des Klimas; und zwar sowohl durch deren zusätzlichen Energieverbrauch als auch vermeintlich überlebensnotwendige Beeinträchtigung von bislang einigermaßen intakten Ökosystemen, die lange als wirksame Senken etwa für $CO_2$ fungiert hatten, aber auch durch menschlich verursachte Veränderung von Wasser- und anderen Kreisläufen.

# Entdeckung fossiler Energieträger: Kohle, Öl, Erdgas

# 6

Jeder schon ältere Schüler kennt die Einteilung der vorhistorischen Erdzeitalter nach dem Schwerpunkt der von den damaligen Menschen benutzten wichtigen Materialien, auch wenn diese jeweils regional etwas unterschiedlich gegliedert sind. In Mitteleuropa etwa folgte der Steinzeit die Bronzezeit (Bronze war damals meist eine Zinn-Kupfer-Legierung) etwa bis 1500–1200 v. Chr. je nach Abgrenzung – und dieser dann die Eisenzeit. Alle Techniken zur Metallverarbeitung beruhten über viele Jahrhunderte auf dem Schmelzen der Erze oder zumindest Erweichen des Metalls durch sehr starkes Erhitzen mit Holzkohle in geeigneten Schmelzöfen.

Im energetischen „Holzkohlezeitalter" über mehrere Jahrtausende mussten dafür natürlich größere Holzmengen durch so genannte „Köhler" in besonders energiereiche Holzkohle in einem Meiler unter Sauerstoffabschluss verwandelt werden. Die große Wichtigkeit dieses Berufes zeigt noch heute Platz 37 unter den deutschen Nachnamen; nur 7 Plätze hinter „Meier". Aber selbst mit sehr guter Holzkohle waren extrem hohe Temperaturen schwer oder gar nicht erreichbar. Zudem waren die „Hochöfen" selbst bis zu Beginn des 18. Jahrhunderts lediglich maximal fünf Meter hoch und nicht besonders aufwendig gebaut, da sie nach dem Abholzen der Wälder in einem Umkreis von einigen Kilometern rund um den Hochofen mangels zuverlässiger Holzkohle-Zufuhr nach deren Erschöpfung aufgegeben werden mussten.

Hätten damals schon nur zwei bis vier Milliarden Menschen den Globus besiedelt, so hätte diese Technik schon zu einer dramatischen Umweltkatastrophe wegen der langfristig massiven Dezimierung der Wälder geführt.

Im nach 1700 technisch weltweit führenden Großbritannien gab es zahlreiche derartige nur gering „verbesserte" Hochöfen von nach wie vor einfacher Bauart. 1709 demonstrierte der Ingenieur Abraham Darby in Coalbrookdale nahe Wales mit Erfolg, dass die Eisenverhüttung anstatt mit Holzkohle auch mit guter Kokskohle technisch gelang. Diese war an den Waliser Einschnitten größerer Flusstäler teils einfach zugängig, da die Steinkohleschichten dort bis nahe an die durch den Fluss freigelegte seitliche Oberfläche reichten. Ab etwa 1740 hatte die Verwendung von Steinkohle bereits die Holzkohle in der Gusseisenproduktion weitestgehend verdrängt, so dass diese Innovation dazu beitrug, die britischen Wälder zu retten. Die Schmelzöfen konnten danach auch größer und technisch aufwendiger für längere Nutzungszeiten gebaut werden. Im Jahr 1779 wurde in der Nähe des kohlebefeuerten Hochofens die erste heute noch als Touristenattraktion vorhandene „Iron Bridge", d. h. eine komplett gusseiserne Brücke über den Severn errichtet: Zu ihrer Zeit war sie eine technische Sensation.

Damit begann schon Anfang des 18. Jahrhunderts das Kohlezeitalter. Bereits Ende des 17. Jahrhunderts hatte der Franzose Denis Papin die erste Variante einer Dampfmaschine erfunden. Dies erlaubte nach 1700 bereits das erste maschinelle Abpumpen von Grundwasser aus Bergwerken, was bis dahin entweder durch untertage lebende Tiere oder sogar mit Menschen geschehen musste. Eine weitere die Dampfmaschine verbessernde Erfindung von James Watt war 1769 die Erhöhung des Wirkungsgrades durch einen separaten Kondensator („Abkühler") nach Nutzung des heißen Dampfs.

Der erste Ökonom der Neuzeit Adam Smith beschrieb schon auf den ersten Seiten seines bahnbrechenden Werks „Vom Wohlstand der Nationen" 1776, wie durch pfiffige Nutzer die mechanische Steuerung der Dampfmaschinen weiter verbessert wurde: Derartige Fortschritte würde man heute „Learning-by-doing" nennen. Da bald andere technische Verbesserungen auf immer weiteren Gebieten folgten, kann man das Jahr 1709 zu Recht als den Startpunkt eines vor allem auf Kohle gestützten rasch expandierenden Industriezeitalters über 200 Jahre bis nach dem 1. Weltkrieg bezeichnen.

Als zu Beginn des 19. Jahrhunderts erste Dampfmaschinen auf Fahrgestelle von Schienenfahrzeugen montiert wurden, waren bald die ersten Lokomotiven und Eisenbahnzüge erfunden. Der erste deutsche Eisenbahnzug zwischen Nürnberg und Fürth fuhr am 7. Dezember 1835 mit der englischen Lokomotive „Adler", welche immerhin eine Höchstgeschwindigkeit bis zu 60 km/h erreichte. Die Energiequelle für Antriebe oder Erzeugung großer Wärme war in Europa immer Kohle, die etwa in Deutschland an verschiedenen Orten abgebaut werden konnte.

Die größten Steinkohlereviere Deutschlands lagen bis 1945 in Schlesien und für über 200 Jahre im Ruhrgebiet, wo die noch etwa 50 Jahre subventionierte Kohleförderung Ende 2018 auslief. Noch in den ersten 15 Jahren nach dem 2. Weltkrieg war die stets ausreichende Verfügbarkeit von Stein- und Braunkohle neben dem ebenfalls stark anwachsenden Angebot von Mineralöl sehr wichtig für den

Wiederaufbau in den drei „Westzonen" (Besatzungsmächte USA, Großbritannien und Frankreich). Die im Tagebau förderbare Braunkohle vor allem der Lausitz und Raum Halle war auch die Stütze für den Wiederstart in der „Ostzone" unter sowjetischer Besatzung und auch im Westen vor allem im Köln-Aachener Revier. Ab 1949 galt dies auch für die beiden über 51 Jahre existierenden neu entstandenen deutschen Staaten.

Die Steinkohlevorräte der Welt sind nach wie vor gemäß den Angaben der Bundesanstalt für Geowissenschaften und Rohstoffe (BGR) in Hannover riesig groß, zudem größtenteils auch günstig zu fördern. Somit könnte Steinkohle einen großen Teil des Weltenergiebedarfs noch einige Jahrhunderte decken. Vor allem in Südost-Asien werden heute noch zahlreiche neue Kohlekraftwerke (mit Kesselkohle) und weitere Hochöfen zur Eisen- und Stahlherstellung (mit hochwertiger Kokskohle) geplant bzw. gebaut. Wegen ihres hohen $CO_2$-Ausstoßes pro Energieeinheit kWh ist Kohlenutzung unter Klimaaspekten jedoch zunehmend umstritten.

Aus Kohle wurde auch über viele Jahrzehnte seit dem 19. Jahrhundert bis weit nach dem 2. Weltkrieg das so genannte Stadtgas gewonnen. Dieses war beim Einatmen giftig, so dass melodramatische Theaterstücke um 1900 häufig mit dem Selbstmord eines „Außenseiters" durch das Aufdrehen des Gashahns endeten. Seit nunmehr rund 60 Jahren wurde dieses aus Kohle gewonnene Stadtgas schrittweise durch Erdgas ersetzt, was in mittleren Konzentrationen kaum giftig ist.

Wer sich in Kenntnis der alten melodramatischen „Theater-Abgänge" heute vor den aufgedrehten Gasherd legt, kommt jedoch nicht primär durch Vergiftung ums Leben, sondern eher durch die Explosion des ganzen Hauses: Wenn nämlich ein Elektrogerät wie Kühlschrank, Tiefkühltruhe anspringt oder der Lichtschalter betätigt wird, reicht der kleinste Funke aus, um bei „genügend" Gas eine große Explosion auszulösen: Dann sterben auch bisher völlig unbeteiligte Personen in der Nachbarschaft wegen der Dummheit des Selbstmörders – obwohl dieser letztlich nur sich selbst vergiften wollte. Auch einen „gut gelungenen Selbstmord" schafft man heute nur mit etwas naturwissenschaftlicher oder technischer Sachkompetenz.

Neben der energetisch höherwertigen Steinkohle wurde in bestimmten Revieren in Deutschland auch die häufig im Tagebau sehr kostengünstig und ohne Subventionen abbaubare Braunkohle gefördert und zum größten Teil nahe der Förderstellen gleich verstromt oder zu Eierbriketts für den Hausbrand oder andere nützliche Dinge wie Wasserfilterkohle verarbeitet. Braunkohle hat wegen ihres deutlich jüngeren Alters einen geringeren Energiegehalt pro Kilogramm, so dass sich längere Transportwege ökonomisch nicht lohnen. Deshalb existiert auch kein „Weltmarkt für Braunkohle", sondern nur lokale oder regionale Verwendungen. Die $CO_2$-Emissionen pro kWh Energie-Einheit von Braunkohle gehören mit zu den höchsten unter den bisher genutzten fossilen Energieträgern.

Bestimmte Aufgaben wie etwa Beleuchtung waren mit Hilfe von Kohle in der ersten Hälfte des 19. Jahrhunderts nicht direkt lösbar. Jahrhundertelang ging dies mit so genannten Öl-Lampen, welche vorwiegend mit pflanzlichem oder tierischem Fett betrieben wurden. Diese waren von ihrer Lichtstärke her keineswegs vergleichbar mit der heutigen elektrischen Beleuchtung. Als wichtigste Lieferanten besonders begehrter tierischer Fette dienten verschiedene Walarten, die somit wegen ihres Fleisches, Fettes und anderer Substanzen ökonomisch sehr wertvolle Tiere waren. Da die Weltmeere und die darin lebenden Tiere bis zum Fang niemandem gehörten, wurden sie bis fast an den Punkt ihrer Ausrottung bejagt, wie der 1851 erschienene Roman Herman Melvilles „Moby Dick" exemplarisch zeigt. Wer diesen Bestsellerroman nicht kennt, sei auf das neuseeländische Seemannslied „When the Wellerman comes" verwiesen, welches 2020/2021 ein großes Comeback erlebte, als es ein 26-jähriger Postbote aus Schottland namens Nathan Evans im Internet verbreitete. Die Gebrüder Weller betrieben nämlich Versorgungsschiffe für die zahlreichen Walfänger-Schiffe im Südpazifik für Rum, Nahrungsmittel und Schifffahrtsbedarf. Auch dieses dort besungene Schiff wurde durch einen ausdauernd kämpfenden großen Wal in Seenot gebracht.

Im Jahr 1859 fand man fast zeitgleich zumindest an drei Stellen bei Bohrungen größere Mengen Mineralöl: In Europa in Wietze bei Celle nördlich von Hannover, im damaligen österreichisch-ungarischen Galizien, was heute zu Südost-Polen bzw. Nordwest-Ukraine gehört und in den USA in Pennsylvania, wo noch heute eine Ortschaft „Oil City" an den Beginn des Ölzeitalters erinnert. In den Anfangsjahren wurde in den USA das massenhaft geförderte Rohöl mangels besserer Möglichkeiten in leeren Whiskey-Fässern (à 159 Liter Volumen) abtransportiert: Dies erklärt das heute noch in der internationalen Ölbranche übliche Maß für die Öl-Förderung: Fass/Tag, was auf Englisch „barrel/day" heißt.

Insbesondere die US-Felder erwiesen sich im letzten Drittel des 19. Jahrhunderts als sehr groß und ergiebig. Nach einer hektischen und chaotischen Anfangsdynamik entwickelte sich nach 1870 ein großer Aufschwung, der sich vor allem auf kostengünstiges Petroleum stützte, was sich relativ leicht aus Mineralöl durch Erhitzen auf etwa 150–250 °C gewinnen ließ. Für das schon bei Temperaturen unter 150 °C verdampfende Benzin hatte man anfangs keine großtechnische Verwendung. Die ersten „Raffinerien" waren somit einfache „Abkoch-Anlagen". Der Name der bekannten „OPEC" enthält heute noch als Organisation of Petroleum Exporting Countries einen Verweis auf das erste Geschäftsfeld. Dank des nunmehr preisgünstigen und reichlich verfügbaren Petroleums verschwanden auch die Tranfunzeln als Leuchten, und dadurch waren die großen Wale zumindest vorläufig gerettet.

Ein großes unvorhersehbares „Pech für die Ölindustrie" war die Entwicklung des elektrischen Lichts (und der Elektrizität insgesamt) wenige Jahrzehnte später. Wenn jetzt nicht 1885/1886 das Automobil und dann bald Industriewärme und Heizung mit Heizöl erfunden worden wäre, hatte das gerade begonnene Ölzeitalter ab 1860 schon nach wenigen Jahrzehnten einen ersten Dämpfer erlebt, denn dadurch wurden die Petroleumlampen immer stärker vom noch besseren elektrischen Licht abgelöst. Die Ölindustrie kümmerte sich dank der neuen Erfindungen ihrerseits um neue Märkte wie Treibstoffe und um die stark wachsende petrochemische Industrie. Diese neuen Geschäftsfelder sollten sich längerfristig als extrem erfolgreich erweisen.

In Großbritannien sorgte sich ab 1911 der zivile Chef der Admiralität um die Energieversorgung der englischen Kriegsflotte, hing daran doch die damalige Weltbeherrschung des Vereinigten Königreichs. Diese Kriegsflotte benötigte sehr große Mengen an Kohle für den Schiffsantrieb mit Dampfmaschinen und große Lager für die Versorgung der Flotte der damaligen Kolonialmacht Großbritannien. Dieser damals noch recht junge Mann hieß Winston Churchill. Er sorgte dafür, dass Großbritannien über die Admiralität Zugriff auf damals erschlossene persische Ölfelder erhielt, was ein schrittweises Umrüsten neu gebauter Kriegsschiffe mit Dieselantrieb erlaubte. Spätestens die von Japan gewonnene Seeschlacht von Tsushima im russisch-japanischen Krieg von 1905 hatte gezeigt: Ein einziger Granatentreffer in den Dampfkessel eines kohlebefeuerten Kriegsschiffs konnte wegen der dann ausgelösten enormen Dampfexplosion ausreichen, um das Schiff zu versenken. Dampfbetriebene Schiffe wiesen somit einen großen Nachteil auf. Dieselantrieb versprach in diesem Punkt mehr Vorteile.

Diese auch militärisch begründete Unterstützung führte zunächst zur Gründung der Anglo-Persian Oil Company, die Jahre später in British Petroleum (BP) umbenannt wurde. Der Zugriff auf ausreichend Öl wurde somit auch bald strategisch für die Militärs sehr wichtig; erst recht, nachdem im 1. Weltkrieg auch Flugzeuge und die ersten Panzer eingesetzt wurden.

Die weltweite Ölförderung stieg über Jahrzehnte dramatisch an. 1960 erreichte die Weltölförderung bereits rund 20 Millionen barrel/day (mbpd), was einer Größenordnung von 1000 Mill. t jährlich entsprach; etwa 37 % aus US-amerikanischen Ölquellen. Das gesamte Ölaufkommen in Deutschland (der Anteil mit steigender Tendenz heute über 98 % Importe) erreichte im Jahr 2005 einen Umfang von noch 108 Mill. t Rohöl (ca. 2,15 mbp), liegt heute dank guter Einsparungen in einer Größenordnung von unter 90 Mill. t/a. Weltweit ist allerdings der Ölverbrauch in den letzten Jahrzehnten von 84 mbpd im Jahr 2009 auf über 90 mbpd gestiegen, wobei der asiatisch-pazifische Raum alleine einen großen Anteil des Zuwachses in diesen zehn Jahren beitrug. Alleine dieser Effekt ließ die weltweiten $CO_2$-Emissionen um jährlich ca. 13 Millionen Tonnen ansteigen (Tab. 6.1).

Die weltweite Erdöl-Förderung lag 2020 in einer Größenordnung von 90 mbpd, d. h. der Anteil der USA an der Welt-Förderung lag bei 18,6 %, der fünf größten Förderstaaten bei 54 %, wobei nur Saudi-Arabien und Irak als OPEC-Land (gegründet 1960 mit Sitz in Wien) unter den Großen dabei ist: Die nächsten OPEC-Staaten folgen auf den Plätzen 7, 8 und 10. Die im Erdölhandel häufig gebräuchliche Mengenangabe „1 mbpd" entspricht ungefähr 50 Mill. t Öl jährlich: Deutschlands Ölverbrauch liegt um 2020 somit bei rund 1,8 mbpd, was unter 2 % des Weltölverbrauchs liegt.

Da insbesondere Erdgas, ein zweiter fossiler Kohlenwasserstoff, welcher etwa zu 90 % aus Methan ($CH_4$) besteht, an einigen Stellen in Gebieten der USA ziemlich nahe der Erdoberfläche lag, wurde es manchmal etwa bei etwas tieferen Bohrungen nach Wasser oder später auch nach Öl „aus Versehen" mit entdeckt. Eher zufällig und kleinräumig geschah dies schon im 19. Jahrhundert an mehreren Stellen der USA.

Erst nach dem ersten Weltkrieg wurden in den USA größere Erdgasvorkommen entdeckt und auch industriell genutzt. In Europa sowie auch der damaligen Sowjetunion (UdSSR) wurde sehr große Erdgasvorkommen vor allem ab den 1960er-Jahren entdeckt (etwa in den Niederlanden, Norwegen oder Großbritannien, nordwestliches Niedersachsen, Sibirien, …) und schrittweise mitsamt dem zugehörigen Erdgas-Pipeline-Bau über teils sehr weite Strecken in die größeren Abnehmergebiete erschlossen.

Da die oberflächennahen US-Erdgasvorkommen inzwischen teilweise „ausgefördert" sind, verlegten sich vor allem die USA auf Bohrungen nach Öl und Erdgas in immer größeren Tiefen über 1000 oder mehr Meter, was durch verbesserte neue Techniken wie etwa anschließendes Horizontalbohren und bessere Kenntnis der tieferen Sedimente ermöglicht wurde.

**Tab. 6.1** Die 10 größten Erdöl-Förderstaaten 2020. (Quelle: BP 2021, Statistical Review of World Energy 2021, 70th edition; Hinweis: Die CORONA-bedingten wirtschaftlichen Einflüsse veränderten 2020 den Trend.)

| Die größten Erdölförderländer 2020 | Mill. barrel pro Tag (mbpd) | | |
|---|---|---|---|
| 1) USA | 16,5 | 6) China | 3,9 |
| 2) Saudi-Arabien | 11,0 | 7) V. Arab. Emirate | 3,7 |
| 3) Russland | 10,7 | 8) Iran | 3,1 |
| 4) Kanada | 5,1 | 9) Brasilien | 3,0 |
| 5) Irak | 4,1 | 10) Kuwait | 2,7 |

Etwas dümmliche „Spaßvögel"-Journalisten machten daraus vor Jahren eine Reportage über angebliche Umweltrisiken von Fracking in den USA und zeigten als warnendes Beispiel einen Farmer, aus dessen Wasserleitung auch brennbares Gas kam. Weder hatte dieser Farmer auf seinem Gelände eine Bohrvorrichtung, um über 2–2500 Meter tief nach Erdgas zu bohren, noch stand ein derartiger Bohrturm nahe dabei. Er hatte wohl eher ein oberflächennahes kleines lokales Erdgasfeld oder nur poröses Gestein mit Verbindungen dazu bei eigenen Brunnenbohrungen versehentlich getroffen, was seine Hauswasserversorgung „versaute". Ein derartiges Missgeschick hätte natürlich keine spektakuläre Meldung ergeben!

Auch wenn der Bericht der Journalisten über das „brennende Wasser aus dem Brunnen" kaum auf (Fracking-)Tiefbohrungen beruhen konnte, musste der Bericht für Fachleute recht dubios neben wirklich realen Problemen wirken. Viele nicht besonders sachkundige Bürger wurden durch diese „Berichte" dennoch verunsichert.

Fracking samt Tiefbohrungen nach Öl oder Erdgas teils in über 2–9000 Meter Tiefe hat nämlich sicherlich große eigene spezifische Risiken, wie der Großunfall der Ölplattform „Deep Water Horizon" im Golf von Mexiko am 20. April 2010 mit Explosion und riesiger Ölverschmutzung zeigt. Ob es sich dabei um einen reinen Öl-Blow-Out oder sogar ein Anbohren von gefrorenem Gashydrat handelte, ließ sich schwer feststellen, da nach kurzer Zeit die gesamte Ölplattform schwer beschädigt sank.

Andererseits konnten dank der neuen Tiefbohrungen in teils Tiefen von mehreren tausend Metern nach Öl und Erdgas die USA ihre bis 1970 behauptete Stellung als größtes Erdöl-Förderland der Welt bereits vor dem Jahr 2020 wiedererlangen.

Während in den USA schon vor dem zweiten Weltkrieg größere Erdgasmengen genutzt wurden, wurden in Deutschland erste große Erdgasmengen in den 1960er-Jahren zunächst aus den Niederlanden bezogen, später aus neu entdeckten eigenen Erdgas-Vorkommen vor allem in Nordwest-Niedersachsen und in der gesamten norddeutschen Tiefebene und dann Norwegen erweitert und schließlich mit dem ersten Erdgas-Deal von 1970 mit der Sowjetunion erheblich aufgestockt. Dieser Vertrag sah deutsche Röhrenlieferungen an die UdSSR vor, welche später durch die Einnahmen aus dem gelieferten Erdgas bezahlt werden sollten (Tab. 6.2).

Auch diese geplante Erdgas-Pipeline stieß wie heute „Nordstream 2" zunächst auf großen politischen Widerstand der USA, welche insbesondere Sorge hatte, dem damaligen politischen Gegner UdSSR mit harten Devisen wirtschaftlich zu helfen. Sie konnten ja nicht voraussehen, dass kaum 20 Jahre später eine neue Konstellation zwischen Ost und West herrschen würde und dass dann mit einer UdSSR-Regierung unter Michael Gorbatschow eine inzwischen schrittweise gewachsene Gesprächsbereitschaft auf beiden Seiten etwas politisch völlig Neues erlaubte, was dann letztlich sogar die deutsche Wiedervereinigung zuließ. NACHTRAG vom 30.03.2022: Seit

**Tab. 6.2** Die 10 größten Erdgas-Förderstaaten 2020. (Quelle: BP 2021, Statistical Review of World Energy 2021, 70th edition; Hinweis: Die CORONA-bedingten wirtschaftlichen Einflüsse veränderten 2020 den Trend.)

| Die größten Erdgasförderländer | Mrd. cbm jährlich | | |
|---|---|---|---|
| 1) USA | 914,6 | 6) Kanada | 165,2 |
| 2) Russland | 638,5 | 7) Australien | 142,5 |
| 3) Iran | 250,8 | 8) Saudi-Arabien | 112,1 |
| 4) China | 194,0 | 9) Norwegen | 111,5 |
| 5) Katar | 171,3 | 10) Algerien | 81,5 |

Beginn des Ukraine-Kriegs durch den russischen Präsidenten Putin musste auch der Autor einsehen, dass er dessen Aggressivität erheblich unterschätzt hatte. Trotz klarer völkerrechtlicher Verträge folgte dieser seiner „schrägen" Vorstellung, dass er „Russlands Größe" in alten zaristischen Dimensionen wiederherstellen müsste. Selbst Lenin und Stalin hätten sich nach seiner Lesart bezüglich der Ukraine geirrt.

Erdgas hat große Handling-Vorteile wie Sauberkeit und geringe $CO_2$-Emissionen pro kWh und ist nach eventuell notwendiger vorheriger Wäsche auch praktisch schwefelfrei und zudem in so genannten Gas-und-Dampf-Kraftwerken (GuD) flexibel in der Mittellast optimal einzusetzen. Als Brennstoff für Heizung und Warmwasser verdrängte es ab Ende der sechziger Jahre das häufig verwendete Heizöl bspw. Kohle für derartige Zwecke. Heute ist Erdgas immer noch der zweitwichtigste Endenergieträger in Deutschland.

Erdgasheizungen waren seit 1980 über sehr viele Jahre besonders bei Neubauten dominierend, vor allem mit den sehr energieeffizienten Brennwertkesseln. Neuerdings bekommen sie im Neubaubereich zunehmend Konkurrenz durch die sogenannte „Wärmepumpe", welche faktisch wie ein „umgekehrter" Kühlschrank arbeitet: Das Kühlaggregat des Kühlschranks pumpt die anfallende Wärme vom „Inneren" des Geräts in den angrenzenden Raum, i. d. R. die Küche. Die Wärmepumpe wärmt stattdessen das Innere des Hauses oder der Wohnung und pumpt die Kälte über ein Medium (Luft, Wasser o. ä.) nach außen und kühlt dort das jeweilige Medium ab. Wärmepumpen benötigen somit „draußen" immer ein hinreichend warmes Medium: Noch sehr warmes Kühlwasser einer Fabrik, eines konventionellen Kraftwerks oder im Kreislauf genutztes Wasser mit Wiederaufwärmung in den tieferen Bodenschichten wären gut geeignet, sind aber keineswegs überall anzutreffen.

Erdgas als Autoantrieb ist zwar auch umweltfreundlicher als die aus Mineralöl produzierten Kraftstoffe Super-Benzin bzw. Diesel, hat sich bisher jedoch nicht sehr stark durchgesetzt.

Die Bundesrepublik Deutschland befand sich energiewirtschaftlich in den 1960 und 70er-Jahren trotz zwei kräftiger Öl- und Gaspreissprünge 1973 und 1979 (wobei letzterer ab Beginn 1986 von Saudi-Arabien nach unten korrigiert wurde) in

## 6 Entdeckung fossiler Energieträger: Kohle, Öl, Erdgas

einer Phase mit sehr reichlich verfügbaren preiswerten Öl- und Gaslieferungen, welche zunehmend den anfangs großen Kohleeinsatz für viele Wärmezwecke verdrängte. Die noch nutzbare deutsche Steinkohle lag ja einerseits recht tief, andererseits mit nur mittleren und häufig durch Verwerfungen ungleichmäßig verlaufenden Flözen, so dass sie zunehmend unter den Wettbewerbsdruck von Öl und Gas geriet und nur dank steigender Subventionen noch mehrere Jahrzehnte weiter genutzt wurde, bis Ende 2018 die deutsche Steinkohleförderung völlig eingestellt wurde. Trotzdem benötigte Steinkohle wurde schon einige Jahre vorher importiert und ersetzte zunehmend eine einheimische schrumpfende Förderung. Qualitativ eher einfache und damit preisgünstigere Kesselkohle (für industrielle Wärmezwecke, Stromerzeugung, …) und qualitative hochwertigere und damit teurere Kokskohle (für Eisen- und Stahlindustrie) werden seit 2019 zu 100 % importiert.

In der damaligen DDR war die Braunkohle der wichtigste gut verfügbare einheimische Energieträger: Diese wurde nicht nur in Braunkohlekraftwerken teils mit Kraft-Wärme-Kopplung für sowohl Strom- als auch Fernwärmeversorgung eingesetzt, sondern häufig auch direkt als Brennstoff für Wärmezwecke in Industrie- und Wohneinheiten. Da die DDR nicht die gleichen Umweltstandards wie im Westen hatte, war eine teils heftige Luftverschmutzung durch Kraftwerke und Kohle-Feuerungen gang und gäbe. Diese extrem starke Abhängigkeit von der einheimischen Braunkohle führte beispielsweise zum Jahreswechsel 1978/1979 in ernsthafte Probleme:

Beginnend am 28. Dezember 1978 wurden vor allem Schleswig-Holstein in der Bundesrepublik und Mecklenburg-Vorpommern in der DDR durch einen fast dreitägigen Schneesturm regelrecht zugeschüttet. Ganz Norddeutschland versank nicht nur im Schnee, sondern ab dem Silvesterabend ließ die einbrechende sehr starke Kälte die Braunkohlereviere der DDR in Sachsen-Anhalt, Brandenburg und Sachsen unter einem dicken Eispanzer zufrieren. Die Strom- und auch die Fernwärmeversorgung aus Braunkohlekraftwerken war damit nicht mehr gesichert. Ab Neujahr 1979 brach dann teils aus der Not erzwungen bewusst planmäßig herbeigeführt in größeren Teilen der DDR die Stromversorgung stunden- oder tagelang zusammen, was den Bürgern der DDR die vermeintliche „Überlegenheit des Sozialismus à la DDR" gründlich negativ demonstrierte. Die DDR hatte jedoch nicht genug Devisen wie D-Mark oder US-$, um eine breit aufgestellte Energieversorgung zu gewährleisten. Dabei besagt ein englisches Sprichwort: „Don't put all your eggs in one basket!" Ohne einen breiten Brennstoffmix war die DDR durch das eintretende Extremwetter für mehrere Tage besonders übel getroffen.

Im Westen der Bundesrepublik Deutschland befanden sich große Braunkohlevorkommen im Köln-Aachener Revier und in wenigen kleineren Braunkohleinseln wie in der Nähe von Helmstedt oder im Bayerischem Wald. Der weitaus größte Teil der Braunkohle wurde verstromt, kleinere Mengen in „Eierkohle" für Hausbrand in

Kohleöfen verwandelt und ein weiterer Teil zu Luft- oder Wasserfiltern verarbeitet. Anders als Stein- konnte Braunkohle praktisch ohne massive staatliche Subvention gefördert werden.

Exemplarisch für viele der heutigen schon älteren Industriestaaten lässt sich konstatieren: Nach einer langen Phase des Kohlezeitalters – in Deutschland etwa ab dem ersten Drittel des 19. Jahrhunderts – kamen ab 1860 mit dem Erdöl und ab 1920 (Nordamerika) bzw. 1960 (Europa) mit dem Erdgas wichtige Energieträger für die Volkswirtschaften hinzu. Diese drei fossilen Energieträger waren für sehr lange Zeit das energetische Rückgrat der Industrialisierung und eines wachsenden materiellen Wohlstands.

Erst eine Gesellschaft mit einem gewissen materiellen Überschuss über das Überlebensnotwendige hinaus kann es sich leisten, sehr breit Wissenschaft und Kultur intensiv zu betreiben. Insbesondere seit Mitte des 19. Jahrhunderts gehörten viele deutsche Wissenschaftler in Mathematik und Naturwissenschaften oder mit angewandten Forschungen zu Grundlagen der Kohlechemie und zahlreichen technischen Anwendungen weltweit zur Spitzengruppe. Auch wichtige Arbeiten der TOP-Mediziner oder anderer Wissenschaftler und Ingenieure wären ohne schrittweise entwickelte moderne technische Geräte und vieler neuer Erkenntnisse kaum möglich gewesen usw.

Die Unterstützung durch die „technischen Sklaven", d. h. der Bagger, Maschinen, Fahrzeuge und anderer Hilfsmittel des Industriezeitalters, die sämtlich auf stets ausreichende Zufuhr von Kraftstoff, Strom oder ähnlicher Energieträger angewiesen waren, erlaubte enorme Arbeitsproduktivitäts- und damit auch materiellen Wohlstandssteigerungen über lange Zeit. Schon die eingesetzten einfachen Bagger beim Bau des damals „gigantischen" Kanalbauprojekts zwischen Brunsbüttel und Kiel (heute: „Nord-Ostsee-Kanal") von Sommer 1887 bis Sommer 1895 erleichterten die Arbeit so sehr, dass sowohl der Termin- als auch der Kostenplan fast exakt eingehalten wurden.

Ohne Kohle, Öl und Gas wären weder die wirtschaftlichen und auch sozialen Entwicklungen der letzten 175 Jahre, noch die verschiedenen realen Aufstiegsmöglichkeiten für bis dahin kaum begünstigte soziale Schichten möglich gewesen.

Auch der Autor dieses Textes hätte dann mit großer Wahrscheinlichkeit sein Leben als armer Landarbeiter und Kleinstbauer in Süddeutschland oder bestenfalls als Handwerkermeister mit wenig Möglichkeiten, die Welt jenseits von Ulm zu sehen, verbracht. Kein Mathematik-Studium für zwei Semester in Stockholm, ebenfalls kaum Möglichkeiten, Städte wie Victoria in Kanada, Seattle, San Francisco, Santa Barbara und den Grand-Canon oder Erie-See und New York in den USA zu sehen, keine internationalen wissenschaftlichen Tagungen etc.: Das damals enge dörfliche oder bestenfalls provinzielle Denken hätte leider weiter für eine recht große Mehrheit vorgeherrscht.

Manch heute noch recht junger Mensch weiß praktisch nichts davon: Handy-Nutzung oder Computer mit Zugriff auf herunterladbare Dateien aus vielen Staaten gäbe es nicht. Autos und Flugzeuge, Telefone und verschiedene Geräte wie Drucker oder Bohrmaschinen sind wie selbstverständlich derart in unser Leben eingebaut, dass wir sehr irritiert wären, wenn es einmal nur für wenige Tage oder Wochen zu einer Unterbrechung bspw. wegen „Energiemangels" (Strom, Kerosin, Kraftstoffe, …) kommen müsste.

Man stelle sich einmal hypothetisch vor, was dann alles entfiele: Nicht nur Notrufe, Handys, Anlieferung von Nahrungsmitteln und Gütern des täglichen Bedarfs an Supermärkte und Apotheken oder Drogerien wären betroffen, sondern faktisch unser gesamtes gewohntes Leben. Auch eine Urlaubsreise ans Mittelmeer oder nur über 250 Kilometer fände nicht mehr statt, ebenso wenig wie Wochenendfahrten aktiver Sportler oder auch deren Zuschauer zu kleinen und großen Sportveranstaltungen wie Reitturniere, Tanzwettbewerbe, Bootsregatten o. ä. in anderen Städten: Die meisten Sportvereine mit überregionalen Wettbewerben könnten bald schließen bzw. wären nie entstanden usw. Auch viele der heutigen Fabriken, Kleinbetriebe, Apotheken müssten schließen etc. Mancher Wald wäre längst vernichtet worden.

Die Steinkohleimporte und auch die deutsche Braunkohle-Förderung in Ost und West kommen inzwischen aus anwachsenden Sorgen wegen der spezifisch hohen $CO_2$-Emissionen pro kWh Energiegehalt in Deutschland unter Druck: Mit dem Jahre 2038 soll jeglicher Stein- und Braunkohleeinsatz auslaufen. Eine heute verfügbare Technik, die „Carbon Capture and Storage" (CCS) genannt wird, könnte bei dadurch zwar schlechterem Wirkungsgrad einer Kohleanlage letztlich fast das gesamte entstehende $CO_2$ auffangen, so dass es für sehr lange Zeit in unterirdische Speicher gedrückt und damit von der Atmosphäre ferngehalten würde. CCS wäre somit eine Option für eine denkbare annähernd $CO_2$-freie „Brückenstrategie" für einige Jahrzehnte, ist aber derzeit in Deutschland politisch chancenlos, obwohl es seit April 2009 ein EU-Richtlinie dazu gibt, die von den Mitgliedsstaaten umgesetzt werden sollte. Selbst bei einer Leckage-Rate von um 1 % des Speichers hätte man mit CCS zwar keine Dauerlösung, aber immerhin deutlich mehr Zeit für die schrittweise Umstellung auf andere Systeme gewinnen können: Offensichtlich braucht man diese zusätzliche Zeit in der Wahrnehmung der Politiker in den meisten europäischen Ländern vermeintlich nicht.

Allerdings nutzen derzeit viele Schwellenländer wie bspw. China, Indien, Indonesien, Vietnam, … noch für mehrere oder viele Jahrzehnte den Energieträger Kohle – nicht zuletzt auch dank weiterer notwendiger Neubauten für ausreichende

Stromerzeugung in ihren Ländern mit weiter anwachsender Bevölkerung, die auch nach einem gewissen materiellen Wohlstand strebt: Das alles bisher auch ohne CCS! An derartigen Punkten scheiterte auch im Sommer 2021 eine G20-Konferenz der größten Industrie- und Schwellenstaaten, weil sich keine Einigung in der Klimafrage herstellen ließ.

> **Fazit**
> Sowohl Kohle als auch Erdgas und Erdöl und daraus produzierte Produkte wie Heizöl, Kerosin oder Diesel haben große Vorteile als Energieträger:
>
> - Sie haben eine hohe Energiedichte, d. h. sehr viele kWh pro Kilogramm oder Liter.
> - Sie sind relativ einfach lagerfähig (z. B. auf Halde, in Tanks, in Druckspeichern).
> - Sie lassen sich recht gut transportieren: Kohle auf Förderbändern, Binnenschiff oder Eisenbahn, Öl und Erdgas in Pipelines oder Spezialschiffen und Mineralölprodukte auch mit Lkws.
> - Zusätzlich weisen sie gute bis sehr gute Handling-Eigenschaften auf.
>
> Einzig nachteilig ist der Verbrennungsprozess zur Mobilisierung der enthaltenen Energie für menschliche Zwecke und die dabei entstehenden Emissionen. Bis auf $CO_2$ lassen sich die meisten „klassischen" Umweltbelastungen durch Filter oder Katalysatoren recht gut verhindern. Letzteres ist in den Industriestaaten Europas oder Nordamerikas seit Jahrzehnten gute Praxis.
>
> Die Erfolge der letzten 200 Jahre mit einem geradezu sensationellen Anstieg wissenschaftlicher Erkenntnisse und Möglichkeiten sowie ein wachsender materieller und sonstiger Wohlstand breiter Bevölkerungsschichten beruhen auch sehr stark auf der Nutzbarmachung neuer Energieträger, zuerst der Kohle, dann auch Öl und Erdgas und deren abgeleiteten Produkte.

# Elektrizität: Ein ganz besonderer Energieträger 7

Elektrizität und Magnetismus verhalten sich zueinander wie Nord- und Südpol: Sie sind nicht das Gleiche, aber gehören eng zusammen. Stellen Sie sich einen Radfahrer vor, der für die Beleuchtung des Fahrrades bei Dunkelheit Strom benötigt. Die seit Jahrzehnten klassische Technik ist der Dynamo am Fahrrad, eine recht kleine Version eines Generators. Dieser wird seit einigen Jahrzehnten auch gerne in eine der beiden Radnaben eingebaut, was ihn vor dem ansonsten üblichen Verdrecken oder Rutschen bei Schnee bewahrt. Abb. 7.1 zeigt den „klassischen Fahrrad-Dynamo".

Wie wird im Innenleben des klassischen Dynamos der Strom erzeugt? Dieser bewegt sich durch das Andrücken an den drehenden Fahrradreifen. Jetzt muss der Radfahrer als menschliche Primär-Energiequelle für die nötige Stromerzeugung kräftiger als bisher in die Pedale treten: Diese Anstrengungen vermeiden manche Studenten morgens gerne, wenn sie am Vorabend zu lange ausgegangen waren. Dies kann natürlich in Universitätsstädten mit hohem Fahrradfahreranteil wie Oldenburg, Münster oder Freiburg im Dunkeln für sie und einige der übrigen Verkehrsteilnehmer recht gefährlich werden.

Im Dynamo befinden sich zunächst eine Spule (Kupferdrahtwicklung) und auch ein sich gegenüber der Spule bewegender Magnet: Diese Bewegung „Magnet gegenüber Spule" erzeugt im Draht den Strom für die Fahrradlampen. Die dafür nötige Kraftquelle ist die menschliche Muskelkraft dank eines guten Frühstücks! Physikalisch ist dies eine technische Anwendung der seit über 200 Jahren bekannten „elektro-magnetischen Wechselwirkung".

Klassisch braucht man somit zur mechanischen Stromerzeugung eine Bewegung einer Spule in einem Magnetfeld. Dieser nötige Antrieb kommt hier vom Radfahrer mit etwa 0,1 kW Leistung, es kann an anderer Stelle auch eine Wasser-

**Abb. 7.1** Fahrraddynamo mit „Reifen"-Antrieb. (Foto: Ströbele)

oder Dampfturbine oder ein Windrad mit bis zu 2000 kW sein. Kern-, Gas- und Kohlekraftwerke haben auch über 700.000 kW = 700 MW Leistung. Davon gibt es in Deutschland einige Anlagen, deren Größenordnung ein Blick auf die Dimensionen von 2021 technisch installierter Leistung von 90 Millionen kW[1] ($\approx$ 122,5 Millionen PS) veranschaulicht.

Elektrizität als besonderes Phänomen ist schon lange bekannt. Dank einer chemischen Reaktion erzeugte Volta sie bereits 1772. Nach ihm heißt die elektrische Spannung heute „Volt". Den oben beschriebenen Zusammenhang von Elektrizität und Magnetismus fand Ampère im Jahre 1820. Nach ihm heißt heute die Stromstärke. Dies lernt man in der Schulphysik etwa in der 8. oder 9. Klasse.

Die Elektrifizierung im Alltag wurde maßgeblich durch die industrielle Revolution vorangetrieben, wobei die wichtigsten Entwicklungen erst im letzten Drittel des 19. Jahrhunderts geschahen. Zunächst wurde Strom hauptsächlich für Straßenbeleuchtung genutzt. Elektrisches Licht für Privathaushalte wurde erst durch die 1878 von Joseph Wilson Swan erfundene Kohlefadenlampe möglich und erschwinglich. Der amerikanische Erfinder Edison verbesserte zunächst die Beleuchtungstechnik und erfand zahlreiche elektrische Geräte und vor allem Gleichstromsysteme. Sein Konkurrent Westinghouse setzte hingegen auf den heute dominierenden Wechselstrom.

Damit war die Tür zu einer fantastischen Entwicklung geöffnet. Elektroantriebe wurden ebenfalls ein großer Wachstumsmarkt. Bereits 1866 hatte sich Werner Siemens seine Dynamomaschine patentieren lassen. Sie war die Grundlage für den

---

[1] Quelle: Bundesnetzagentur, Programm SMARD (Erzeugungskapazitäten).

Elektromotor, der schon bald die Dampfmaschine, Gasmotoren und andere Antriebe verdrängte. Ein Elektromotor ist am Ort seines Einsatzes sauber und gegenüber Dieselmotoren sehr leise: Stellen Sie sich einmal zum Spaß einen Küchenmixer mit Benzinmotor vor! Zudem ist ein Elektromotor mit verschiedenen Geschwindigkeiten sehr gut zu regeln, weswegen ein heutiges E-Auto i. d. R. kein gesondertes Wechselgetriebe für verschiedene Gänge wie ein Verbrenner-Motor mehr braucht und trotzdem eine sehr gute Beschleunigung aufweist. Heute ist der Elektromotor in sehr vielen verschiedenen Bauarten und Größenordnungen nicht mehr wegzudenken.

Wie lässt sich nun der elektrische Strom erzeugen, den wir dann als Kunden eines Stromversorgers als sauberes Produkt nach Bedarf praktisch jederzeit „aus der Steckdose", d. h. einem großen (Wechsel-)Stromnetz beziehen können? Dazu gibt es verschiedene Techniken:

a. Dampfprozesse, mit denen eine große Turbine angetrieben wird, welche wiederum einen Generator (analog einem Fahrrad-Dynamo in sehr großer Ausführung) bewegen. Dann entsteht elektrischer Strom. Die Dampferzeugung erfolgt durch:
   Hitze-Erzeugung (a) mit Verbrennung von Kohle, Öl oder Erdgas, (b) als Ergebnis der kontrollierten Kettenreaktion in Brennelementen eines Atomkraftwerks oder (c) aus Erdwärme (bspw. in Island, Italien) oder (d) thermische Sonnenenergie (durch geeignete Spiegel gebündelt, etwa in der Sahara oder Südspanien).
b. Direkter Antrieb einer Turbine (analog Flugzeugtriebwerk mit Kerosin) und damit Generator mit Erdgas. Bei Nutzung der sehr heißen Abgase für gesonderte Dampferzeugung sorgt eine zweite Stufe gemäß (a) für zusätzliche Stromerzeugung: Das nennt man Gas und Dampf-Kraftwerk.
c. Mechanische Kraft des fallenden Wassers oder von Wind treibt direkt den Generator an.
d. Chemische Prozesse ausgelöst durch bspw. sehr intensives Sonnenlicht = Fotovoltaik-Anlage (auf Dächern von Wohngebäuden oder Scheunen) oder Brennstoffzelle (d. h. Umkehrung der Elektrolyse; hier: Zuführung von Wasserstoff als Energiequelle und daraus Stromerzeugung).

Jeder dieser Stromerzeugungsprozesse weist jeweils ihm eigene unterschiedlich große Verluste an Energie auf. Moderne Kohlekraftwerke werden mit sehr guter Steuerung und hohen Dampftemperaturen gefahren und können so aus 100 kWh Energie-Einsatz in Form von Kohle rund 45 kWh Strom erzeugen; ältere Modelle aus den acht- und neunziger Jahren um 40 kWh. Bei neuerdings erprobten Dampftemperaturen von über 650 °C steigt der Wirkungsgrad noch um einige Prozentpunkte weiter an. Derartige Temperaturen erfordern extrem spezielle Materialien für den Kraftwerksbau.

Eine reine Erdgasturbine (ähnlich einem Flugzeugtriebwerk) weist zunächst keinen besonders hohen Wirkungsgrad (in heutigen modernen Anlagen rund 42 %; in alten deutlich niedriger) auf. Nutzt man das nach Verlassen der Gas-Turbine noch sehr heiße Abgas für den Betrieb eines Dampfkessels, lässt sich dank dieser „Abfallwärme" noch eine zusätzliche größere Menge Strom erzeugen: Insgesamt erhält man aus solchem integrierten Prozess mit zwei Stufen etwa gut 60 kWh Strom: Dieser besonders gute Wirkungsgrad von Erdgas bis zu knapp 63 % in der Stromerzeugung einer GuD-Anlage (kombiniertes Gas- und Dampf-Kraftwerk) ist bisher technisch einzigartig.

Erneuerbare Stromerzeugungsanlagen wie aus Windkraft, Fotovoltaik etc. erreichen physikalisch betrachtet faktisch nur „grottenschlechte" Wirkungsgrade, die niemals an 30 % heranreichen. Da aber die genutzten Energieträger Wind oder Sonnenlicht ohnehin letzten Endes auf der Erdoberfläche als Wärme verblieben, rechnet man deren Wirkungsgrad in der erneuerbaren Stromerzeugung als eine aus menschlicher Sicht plausible Konvention fiktiv mit 100 %, was natürlich auch manchmal eine Quelle für Missverständnisse wird. Die Brennstoffzelle kann mit etwa 45–50 % Wirkungsgrad Strom aus Wasserstoff gewinnen; Kernkraftwerke haben niedrigere Dampftemperaturen und deswegen auch nur Wirkungsgrade um 33 %. Einen Turbinensatz für ein GuD-Kraftwerk zeigt Abb. 7.2.

**Abb. 7.2** Turbinensatz für ein mittelgroßes Gas- und Dampfkraftwerk. (Foto: SIEMENS ENERGY)

# 7 Elektrizität: Ein ganz besonderer Energieträger

Wenn etwa bisher 50 Mrd. kWh Strom aus Kernkraftwerken zu 50 % durch Strom aus erneuerbaren Quellen und 50 % aus Kohlekraftwerken ersetzt werden, sinkt der Primärenergieverbrauch in der Statistik – die $CO_2$-Emissionen steigen allerdings an: Das Ganze bei unverändert erzeugter Strommenge. Der geneigte Leser möge bitte raten, auf welche Größe einerseits die jeweilige Regierungspartei und anderseits die Oppositionsparteien Bezug nehmen. Dabei ist das alles „nur" Folge einer statistischen Konvention.

Während manche Spielzeuge oder Radios noch heute mit Gleichstrom aus Batterien oder modernen Akkus betrieben werden, hat sich für das Stromnetz in den Industriestaaten der Wechselstrom durchgesetzt. Dessen „Frequenz" beträgt in Europa 50 Hz, in den USA hingegen 60 Hz. Die meisten Elektrogeräte wie Föhns oder Rasierer lassen sich heute ohne Umschalten in beiden Systemen betreiben. Betreibt man eine Spielzeugeisenbahn (wie etwa die populäre MÄRKLIN) mit Wechselstrom, muss man aus Sicherheitsgründen die Spannung über einen Transformator soweit absenken (i. d. R. 16 Volt), dass keine Gefahr für Kinder mehr besteht. Anders als die fossilen Energieträger ist elektrischer Strom für die Nutzer sauber und zudem bequem, da er sich „ständig bei Bedarf" aus der Steckdose abrufen lässt. Nur für einen Strom-Transport über sehr große Entfernungen (bspw. 800–1000 km) wird der erzeugte Strom in Hochspannungs-Gleichstrom verwandelt und über eine isolierte eigene Trasse nach dem Gartenschlauch-Prinzip „Ein Eingang – ein Ausgang" ohne jegliche Entnahmemöglichkeit dazwischen übertragen; im Zeitalter von häufig benutzten und verbreiteten Abkürzungen als HGÜ-Technik bezeichnet.

Elektrischer (Wechsel-)Strom hat jedoch unter allen Energieträgern vier einzigartige Eigenschaften, aus denen ganz bestimmte Anforderungen an ein funktionierendes System resultieren:

- Elektrizität als Wechselstrom ist in größeren Mengen nicht speicherbar, sondern muss im Augenblick der Nachfrage genau in dieser aktuellen Höhe (Frequenz 50 Hz ± 0,15)[2] produziert werden. „Speicherung" von (Wieder-)Erzeugungspotenzial kann bisher in engen und kleinen Grenzen erfolgen, wie bspw. in Pumpspeicherwerken oder Batterien. Sollte etwa der Wasserabfluss des Pumpspeicherwerks verstopft sein, ist kein Strom bei Bedarf abrufbar, denn er müsste ja über das Fallrohr mit einer angetriebenen Turbine samt Generator erst wieder erzeugt werden.
- Elektrischer Strom in größeren benötigten Mengen ist bisher leitungsgebunden. Dies erfolgt durch Transport- und Verteilnetze mit sehr unterschiedlicher Span-

---
[2] West-europäisches Verbundnetz; innerhalb Deutschlands auch 0,2 Hz.

nung, um Leitungsverluste gering zu halten (à 380.000–240 V) und muss von der Erzeugungseinheit (Kraftwerk) per Aluminium- bzw. Kupferkabel zum Endverbraucher fließen. Die Einbindung in ein großes öffentliches Netz ist i.d.R. unverzichtbar, aber auch vorteilhaft durch Nutzung verschieden kostengünstiger regionaler Kraftwerke, Mischungseffekte verschiedener Nachfrager, leichtere Reservehaltung etc.

- Diese Netze sind aus technischen und ökonomischen Gründen sogenannte „natürliche Monopole". Fünf oder gar acht Netze parallel zu betreiben könnte natürlich dem „Wettbewerb" dienen, wäre aber unnütze und verrückte Geldverschwendung. Stattdessen werden sie zum Schutz vor der Ausnutzung von Monopolmacht staatlich reguliert. Dies geschieht in Deutschland durch die Bundes-Netz-Agentur mit Sitz in Bonn. Der Autor war dort für $9\,\frac{1}{4}$ Jahre Mitglied eines Beratergremiums (WAR) speziell für „Energiewirtschaft" neben einem Energieingenieur und -juristen.
- Strom ist in sehr vielen Anwendungen praktisch nicht durch andere Energieträger ersetzbar: Antrieb verschiedener Motoren (Pressen, Maschinen in Fabriken, Fließband, Mixer, …), Computer, Beleuchtung, Telekommunikation, … lassen sich nicht in vergleichbarer Qualität und Sauberkeit durch andere Systeme erzeugen bzw. funktionieren nur mit Elektrizität.

In Pumpspeicherwerken in Deutschland mit höchstens einer kurzfristig abrufbaren Leistung bis zu 9 GW sind maximal 40 Mill. kWh als Erzeugungspotenzial speicherbar. Diese sind bestens einsetzbar, sofern sie am Vortag mit vorher (bisher mithilfe billigen „überschüssigen" Stroms aus Kern- oder Braunkohlekraftwerken z. B. bei normaler Schwachlast von 35–45 GW in der Nacht ab 22 Uhr) hochgepumptem Wasser „aufgeladen" und nicht sehr durch extreme Kälte behindert sind. Der Wirkungsgrad bei Rückverstromung des Wassers beträgt $\approx$ 70 %; der Systemwirkungsgrad hängt natürlich von der Stromerzeugung für das Hochpumpen ab. Vom Tagesbedarf an Winter-Werktagen (heute $\approx$ 1,6 Mrd. kWh) sind auf diese Weise maximal rund 2,5 % „speicherbar". Im Jahr 2019/2020 lieferten sie täglich durchschnittlich 27 Mill. kWh, d. h. $\approx \frac{2}{3}$ der maximalen Menge. Die derzeit „billige" Nachtstromerzeugung entfällt mit der Stilllegung von Kern- und Kohlekraftwerken: Dann gibt es bei ungünstigem Wetter auch kein rechtzeitiges Aufladen der Pumpspeicherwerke. Ein EE-Stromsystem hat eben ganz andere Merkmale als die bisher gewohnten.

Wenn plötzlich größere Leitungen zusammenbrechen oder wichtige Kraftwerke ausfallen, können große Teile des Stromsystems kollabieren. Dann sind oft nicht nur die gerade regional kleinräumigen direkt Betroffenen des kaputten Kraftwerks oder der gestörten Stromleitung in großen Schwierigkeiten, sondern oftmals breiten sich derartige Ereignisse über viele 100 Kilometer weit aus. Ein sofortiger Ausfall aller Telekommunikationssysteme (Handy, Telefon, Computer, ...) wäre die Folge, ebenso versagten Trinkwasserpumpen, Heizungspumpen, Elektroherde, Kühlgeräte etc. den Dienst.

Ende November 2005 brachen bspw. im nord-westlichen Münsterland viele Masten und damit auch die Stromleitungen wegen extrem hoher Schnee- und Eislasten zusammen. Tausende Menschen froren und konnten mehrere Tage lang weder Heizungspumpen betreiben noch telefonieren oder kochen. Manche Bauern mit sehr großen Hühnerställen mussten den Ausfall der Lüftungsanlagen hinnehmen, so dass tausende Tiere starben. Immerhin gab es damals auf Grund einer relativ eng begrenzten Region noch verschiedene technische Möglichkeiten, von außen einige Unterstützung zu organisieren: Es war somit ein zwar immer noch großes Unglück, aber dadurch doch noch regional und lokal eingrenzbar.

Ähnliches passierte an einem nicht einmal „elektrisch besonders angespannten" Sonntagmorgen im September 2003 in größerem Umfang: Italien hatte seine in der Stromerzeugung recht teuren Erdgas-Kraftwerke entweder abgestellt oder stark gedrosselt. Weil am Wochenende überall die Stromnachfrage deutlich geringer war als werktags, verließ es sich auf billigere Strom-Lieferungen aus französischen Kernkraftwerken oder von deutschen Lieferanten mit Kernenergie- bzw. Braunkohlestrom. Es war heiß und fast windstill. Eine von zwei voll belasteten Hochspannungs-Stromimporttrassen aus Deutschland durch die Schweiz nach Italien geriet wegen einer starken Erwärmung durch den Stromfluss und damit durchhängenden Hochspannungskabels und zusätzlich wegen der Hitze und Windstille fehlender Kühlung sehr nahe an hohe Baumwipfel. Bereits die hohe Luftfeuchtigkeit nach einem Gewitter reichte dann für einen Kurzschluss aus. Die Erdung des Kabels ließ zunächst diese Trasse und nach kurzer Zeit auch die zweite Trasse wegen der dann schnell folgenden Überlastung ausfallen.

Italien fehlte somit ganz plötzlich die „große (Stromimport-)Kapazität" aus Deutschland: Der folgende Zusammenbruch der nord-italienischen Stromversorgung führte auch zur schnellen Abschaltung der französischen Importleitungen. Zwangsläufig drückte nun der gesamte französische Überschuss-Strom aus den laufenden Kernkraftwerken in Richtung Mitteleuropa (Belgien, Deutschland, Schweiz), wo nur rasches Handeln nach dem Motto „Alle mobilisierbaren großen Stromverbraucher für 10–15 Minuten volle Pulle anschalten und flexible Stromerzeugungsanlagen schnellstens herunterfahren" den Black-Out wegen kurzfristiger Stromüberflutung verhinderte.

Auch sehr kurzfristige Lastspitzen von einigen Minuten wie beim Anfahren eines großen Stahlwerks mit Walzwerk oder ähnlicher Anlagen können hohe Frequenzstörungen auslösen, wenn nicht genügend sehr kurzfristig einsetzbare

Kapazitäten in MW zur Verfügung stehen, wie etwa einige Großkraftwerke à 700 MW mit noch ca. 1,5 % leicht mobilisierbaren Reserven (insgesamt 3–5 MW) aus laufenden Dampfprozessen, eventuell in Kombination mit einigen weiteren Gasturbinen und Einsatz von Pumpspeicherwerken. Zuviel Stromeinspeisung kann bei niedriger Nachfrage besonders an Sommer-Wochenenden oder Feiertagen etwa ab Ostern bis Ende August entstehen, wenn bei starkem Sonnenschein sowohl hoher Ertrag von Fotovoltaik-Anlagen und gleichzeitig auch gute Windverfügbarkeit zusammenkommen. Dann gibt es zwei Möglichkeiten, um einen Netzzusammenbruch im Inland oder auch unerwünschte „Überflutung" mit nicht bestelltem Exportstrom für die Nachbarländer zu verhindern:

- Das vorwiegend in Kombination mit sehr hoher PV-Verfügbarkeit hohe Stromüberangebot in Deutschland am frühen Nachmittag wird nicht an das Ausland verschenkt, sondern gegen eine Zahlung der deutschen Netzbetreiber an noch freie Pumpspeicherwerke zum „Aufladen", d. h. Hochpumpen von Wasser in das große Staubecken, im Alpenraum geliefert. Es gelten dann für einige Viertelstunden negative Preise am Strommarkt in Deutschland. Oft darf der hiesige Übertragungsnetzbetreiber dieses Erzeugungspotential dann abends wieder bei jetzt höherer Strom-Nachfrage abrufen, wobei er diesen Strom abends bei nunmehr klar positivem Preis noch einmal bezahlen muss. Strom bei Überschussangebot um 14 Uhr ist eben ein anderes Gut als wiederum Strom abends gegen 20:30 Uhr.
- Rechtzeitig müssen vor allem Windanlagen in ihrer Einspeisung gedrosselt oder völlig abgeregelt werden: Eine etwaige Mehr-Verfügbarkeit von etwa 3000 MW WKA nützt dann gar nichts! Ganz im Gegenteil: Da derzeit noch keine großtechnischen Speichertechniken für Windkraftbetreiber verfügbar sind und diese ohnehin „ihr Geld" bekommen, auch wenn sie keinen Strom ins Netz einspeisen durften, haben diese derzeit praktisch keine Anreize, sich um solche technischen Lösungen zu kümmern.

Dank zahlreicher solch „ungünstiger Konstellationen pro Jahr" konnte diese spezielle Entschädigung zuletzt über 360 Millionen € jährlich erreichen, was natürlich auf die Stromkunden umgelegt wurde und indirekt auch in den Güterpreisen spürbar wurde: Jeder Bürger in Deutschland – ob Säugling oder Greis – bezahlte somit durchschnittlich um das Jahr 2020 etwa 4,40 € jährlich dafür, dass Strom aus Gründen der Systemstabilität nicht erzeugt und geliefert wurde. Das zu üppige Stromangebot passte dann wetterbedingt mit der dummerweise dann gerade geringen Stromnachfrage nicht zusammen.

## 7 Elektrizität: Ein ganz besonderer Energieträger

Diesem heute noch „bescheidenen" Betrag sind die über 25 Mrd. € jährlich teure EEG-Umlage und zusätzlich höhere Netzkosten etwa für Redispatch-Maßnahmen wegen drohender Netzengpässe hinzuzurechnen. Alleine für den Haushaltsstromverbrauch eines dreiköpfigen Haushalts mit 3300 kWh Jahresstromverbrauch entfallen somit rund 390 € pro Jahr auf die Förderung erneuerbarer Stromerzeugung, 32,50 monatlich und pro Person fast 11 €. Für einen 3-Personen-Haushalt bedeuten die zusätzlichen Kosten deutlich mehr als die einer Eistüte – dies hatte der „Grünen"-Politiker Trittin noch Anfang der 2000er-Jahre den Bürgern als EE-Belastung in Aussicht gestellt!

Wie später gezeigt wird, benötigen Systeme mit einem hohen Anteil erneuerbarer Stromerzeugung immer eine Puffer-Technik (z. B. über die Produktion, Lagerung und später Wiederverstromung von bspw. Wasserstoff): Es ist höchste Zeit, diese großtechnisch zu entwickeln und die Verursacher der Volatilität nicht gleich zu behandeln wie diejenigen Anlagen, welche dem Bedarf besser nachfahren können. Ein Windpark mit Flexibilität dank „eingespeicherten Erzeugungspotenzials" bekäme dann zu Recht bessere Stromerlöse als ein Windpark ohne solche Zusatztechnik: Er könnte ja speziell in Engpasszeiten, welche auch deutlich höhere Stromerzeugerpreise implizieren, ebenso gut wie ein Gaskraftwerk Strom einspeisen.

Auch ein VW-Golf GTI mit 230 PS gilt zu Recht als ein anderes Auto als ein normaler Golf mit 90 PS, und ein Restaurant-Essen mit großem Rib-Eye-Steak und Spargel ist etwas teuer als ein Schweinebraten mit Erbsen und Karotten. Kein Kunde wäre wohl bereit, in diesen beiden Fällen einen einheitlichen Preis „für das Essen" zu bezahlen: Qualitätsunterschiede im Produkt müssen sich auch im erzielbaren Preis zeigen.

Das gleiche gilt für den Strommarkt. Somit wäre das Design der Vergütungen daran anzupassen, ob eine gewisse Mindestleistung für mehrere Stunden etwa durch einen Windpark mit Batterien oder anderen Speichertechniken wie Brennstoffzellen garantiert wird, oder ob es weiter wie bisher gewohnt nach der Devise „Deliver and forget!" geht, was auch „Abliefern und weg damit!" heißen könnte: Egal ob derzeit zu viel – oder zu wenig Strom! Die Regeln der EE-Stromeinspeisung wären für Wind- oder Solarparks derart abzuändern, dass es Anreize gäbe, eigene neue Speichertechniken im Megawatt-Bereich zu installieren.

Und wenn der Strom aus konventionellen Kraftwerken dank strengerer $CO_2$-Ziele im EU-$CO_2$-Emissionshandel oder wegen stark steigender Gaspreise hinreichend teurer würde, verteuerte sich deren Stromerzeugung dadurch immer mehr. Dann wäre es an der Zeit, jegliche EE-Strom-Subventionen für volatilen Strom zu streichen – erst recht auch für über 20 Jahre alte abgeschriebene und lange subventionierte Anlagen. Die Wartungskosten der Anlagen spielen sie ja bei guten

Markterlösen locker ein. Das Erneuerbare-Energien-Gesetz (EEG) könnte zu 90 % abgeschafft werden. Die Verbraucher allerdings müssten in jedem Fall höhere Strompreise als 2019 bezahlen!

**Fazit**
- Elektrischer Strom ist ein ganz spezielles Gut, dass sich derzeit nur in einer Größenordnung von maximal 2,5 %, künftig 3 % eines Werktagesbedarfs als Wieder-Erzeugungspotential von Tag zu Tag speichern lässt.
- Die bisher dominierenden thermischen Kraftwerke (Dampf aus Kernenergie oder Verfeuerung fossiler Energieträger) haben den Vorteil einer sehr hohen planbaren Verfügbarkeit.
- Die Leistungsfähigkeit der Stromtransport- und Verteilnetze muss zum jeweils regionalen Bedarf passen, auch wenn dieser absehbar durch E-Autos und Wärmepumpen in den nächsten zwei Jahrzehnten stark steigt.
- Deshalb sind die täglichen und jahreszeitlichen viertelstündlichen aggregierten Bedarfsprofile aller Nutzer über 12 Monate in jedem einzelnen Jahr bis 2040 entscheidend für die Versorgungssicherheit: Diesen Profilen muss die Erzeugung ja genau jederzeit nachfahren.

Letztere zwei Punkte sind besonders wichtig, weil im Zuge der Umsetzung der Energiewende bestimmte größere „Aufgaben" auch durch elektrisch betriebene neue Systeme übernommen werden sollen: Das kann den künftigen Strombedarf an den Sommerwochenenden (E-Autos) genauso massiv verändern, wie an kalten Wintertagen und -abenden (Wärmepumpen).

# Kernenergie: $CO_2$-frei mit eigenen Problemen

**8**

Kernkraftwerke sind ebenfalls Wärmekraftwerke zur Stromerzeugung. Dabei wird der heiße unter Druck stehende Dampf (hier im Bereich 500–530 °C) nicht durch Verbrennung fossiler Brennstoffe, sondern durch eine mit ein- und ausfahrbaren Steuerstäben für den Neutronenfluss kontrollierte Kettenreaktion spaltbarer Atomkerne erzeugt. Der heute dominierende „Brennstoff" dafür ist angereichertes Uran. Als besonders gut spaltbare Materialien kommen grundsätzlich in Frage: Das Uranisotop $U_{235}$, welches in Natururan nur mit 0,71 % Anteil vorkommt (das restliche Uran ist nicht einfach spaltbares Material $U_{238}$) oder Thorium. Das extrem giftige Element Plutonium kommt praktisch in der Natur nicht vor, sondern entsteht im Kernspaltungsprozess aus $U_{238}$.

Um eine kontrollierte Kernspaltung in Gang zu bringen, wird der natürliche Anteil an $U_{235}$ von 0,71 % recht hoch auf etwa 4,8 ± 0,2 % etwa versiebenfacht. Dies geschieht heute mit spezieller Zentrifugen-Technik, die „dummerweise" nicht nur für zivile Zwecke benötigt wird, sondern auch das besondere Interesse der Militärs findet. Um den möglichen militärischen Missbrauch dieser Technik zu unterbinden, wurden internationale Regelwerke und Überwachungsprozeduren vereinbart. Bisher hat dies aber in der Praxis nicht ausgereicht, um die Verbreitung von Atomwaffen völlig zu verhindern.

Aus dem angereicherten Uran werden runde Formen, ca. 1,5–2 cm hohe Pellets, geformt und in lange Röhrchen abgefüllt, welche dann als Bündel in ein Brennelement zusammengefasst werden. Diese werden in einem Set in normales Wasser („Leichtwasser") gesetzt, wobei der für die (kontrollierte) Kernspaltung gewollte Neutronenfluss durch die beweglichen Steuerstäbe kontrolliert wird. Reaktoren sind so konstruiert, dass die Steuerstäbe im Krisenfall sofort die Kettenreaktion unterbrechen, was eine denkbare atomare „Explosion" faktisch ausschließt. Drei voneinander unabhängige Sicherheitssysteme sollen den Austritt nennenswerter Radioaktivität in die Umgebung wirkungsvoll verhindern.

Ein Kernkraftwerk verursacht somit außer in allen vor- und nachgelagerten Stufen (wie Urangewinnung oder -anreicherung oder bei der gesamten Kette der nötigen Endlagerung von Atommüll oder Abriss alter Anlagen) keine $CO_2$-Emissionen bei der Stromerzeugung, was in der heutigen Energie- und Klima-Diskussion zunächst ein klarer Vorteil ist!

Nach etwa drei Jahren werden die Brennelemente durch „Abbrand- und Isotopenverschmutzung" sukzessive immer schlechter, so dass sie gegen neue ausgetauscht werden müssen. Die „ausgemusterten" Brennelemente enthalten jedoch immer noch einen bemerkenswert hohen Anteil von gut spaltbarem $U_{235}$ sowie zusätzlich ein wenig neu aus $U_{238}$ entstandenes ebenfalls spaltbares Plutonium $Pu_{239}$. Vor Jahrzehnten bestand ein Plan, diese noch recht gut nutzbaren Elemente aus den gebrauchten Brennelementen herauszuholen und damit neue Brennstäbe zu beschicken, oder gar einen so genannten „Brutreaktor" dafür zu bauen. Für diesen sehr speziellen „Recycling-Prozess" hätte man alte Brennelemente unter Einsatz von Fernbedienungsprozessen und mit massivem Schutz vor Radioaktivität aufschneiden müssen, was angesichts der hohen Strahlenbelastung der Brennelemente und der außerordentlich extremen Giftigkeit von Plutonium sehr komplex und auch demzufolge zwangsläufig teuer geworden wäre. Auch die nach einigen Jahrzehnten unvermeidlich vorzunehmende Stilllegung und dann der Abriss einer WAA wäre extrem kompliziert und wiederum sehr teuer geworden.

Ende der 1970er-Jahre war dafür eine so bezeichnete „integrierte Lösung" aus Wiederaufarbeitungsanlage für benutzte alte Kernbrennelemente und auch ein Endlager für den verbleibenden hoch radioaktiven Atom-Müll geplant. Das „nukleare Entsorgungszentrum" sollte im niedersächsischen Gorleben im Landkreis Lüchow-Dannenberg nahe der damaligen „innerdeutschen Grenze" zwischen der DDR und der Bundesrepublik Deutschland gebaut werden. Es konnte damals wohl niemand ahnen, dass dieser angeblich gut gegen Gegner abschirmbare „optimale" Standort im Nordosten Niedersachsens etwa 12 Jahre später mitten im vereinten Deutschland liegen würde.

Wegen des starken Widerstands der Bevölkerung stimmte die niedersächsische Landesregierung einer Expertenkommission zu, die eine Vielzahl kritischer Punkte analysieren sollte. Zu Beginn des Jahres 1979 war der niedersächsische Ministerpräsident Ernst Albrecht, Vater der heutigen EU-Kommissionspräsidentin Ursula von der Leyen, noch recht guter Dinge bezüglich der weiteren Entwicklung der Kernenergie in Deutschland. Es gab schon mehrere große Kernkraftwerke besonders in Süd- und Norddeutschland. Im Süden zudem waren viele größere

## 8 Kernenergie: CO$_2$-frei mit eigenen Problemen

Wasserkraftwerke vorhanden, die aber zur Deckung des steigenden Strombedarfs nicht ausreichten.

Braunkohle war dort kaum verfügbar und Steinkohle hätte teuer über die Wasserstraßen zu einigen Kohlekraftwerksstandorten transportiert werden müssen. Die südlichsten Kohlekraftwerke standen deshalb an „der Rheinschiene" in Mannheim und Heilbronn am Neckar. Das RWE hatte bspw. 1974 bzw. 1976 zwei große Blöcke mit insgesamt rund 2400 MW Leistung nahe des Ortes Biblis am Rhein in Südhessen in Betrieb genommen; ähnlich in Bayern das „Bayernwerk" (später: E.On) an den Voralpenflüssen und am Main. Es fehlten somit nur noch die nukleare Wiederaufarbeitungsanlage und ein Endlager. Beides sollte in Gorleben entstehen.

In der zweiten Märzhälfte sollte ein sogenanntes „Gorleben-Hearing" in Hannover mit Teilnahme zahlreicher Experten und auch Medien stattfinden, um eine Entscheidung zugunsten des so genannten „integrierten Entsorgungskonzepts" – in Wirklichkeit eher sowohl ein nukleares Endlager einer- und eine zusätzliche Recyclings-Anlage für $U_{235}$ und $Pu_{239}$ andererseits – besser öffentlich mit wissenschaftlichen Argumenten zu begründen und auch letztlich politisch vorzubereiten. Doch es kam etwas anders, als Ernst Albrecht es erwarten konnte, und der Auslöser lag in Pennsylvania (USA).

Nahe der Hauptstadt des US-amerikanischen Bundesstaats Pennsylvania, Harrisburg gibt es eine 15 Kilometer südöstlich der City im Fluss Susquehanna-River liegende Flussinsel. Auf dieser Insel namens „Three Miles Island" stand ein großes Kernkraftwerk mit zwei Blöcken. Im Block II begann am Mittwoch, dem 28. März 1979 ab 4:00 morgens der bis 1979 größte bekannt gewordene Störfall eines zivilen Kernkraftwerks. Dessen Ablauf geht aus dem offiziellen Bericht „Der Störfall von Harrisburg" (auf Deutsch 1979 im Erb-Verlag) hervor. Die folgende Kurzdarstellung beruht darauf.

Der Störfall entstand durch den Ausfall von wichtigen Wasserpumpen, was auch in einem konventionellen Kraftwerk gelegentlich passieren kann. Diese sorgen für den notwendige Wasserkreislauf in einem Reaktor-Druckgefäß mit etwa 150 bar: Das 65-fache eines Autoreifens. Vorschriftsmäßig ging der Reaktorblock in die sogenannte Schnellabschaltung. Jetzt musste „nur" noch die aus den extrem heißen Brennelementen entstehende „Nachzerfallswärme" beherrscht werden. Eine unglückliche Mischung von ergonomisch sehr ungünstigen Arbeitsverhältnissen für die Reaktor-Mannschaft, aus Versehen nach Wartungsarbeiten geschlossenen Ventilen für die Notfall-Speisewasserpumpen und schlecht auf solche scheinbar „harmlosen" Störungen ausgebildeten Reaktorfahrern löste dabei schrittweise eine Eskalation aus. Die Reaktorfahrer interpretierten die nachfolgenden Ereignisse zur Kontrolle der Nachzerfallswärme mehrere Stunden lang fehlerhaft und verschlimmerten damit den Unfall „versehentlich" massiv. Vorübergehend lag sogar ein Teil der Brennelemente ohne nennenswerte Wasserkühlung.

Ein lokaler Radiosender berichtete um 8:25 Uhr über den Störfall zum ersten Mal öffentlich. Kurz nach 9 Uhr kam die Nachricht über die US-Agentur AP und verbreitete sich zunächst in den USA, dann bald weltweit.

Im Verlauf erhitzte sich der Reaktorkern ungeplant, so dass die Ereignisse vorübergehend völlig aus dem Ruder liefen. Um 13:50 Uhr kam es zu einer „noch kleinen" Wasserstoffexplosion und danach stieg in einem Hilfsanlagen-Gebäude immerhin die radioaktive Belastung deutlich an. Am folgenden Donnerstag war die Gesamtlage wechselnd, am Freitag, den 30.03.1979, sollten alle Bewohner im Umkreis von 16 Kilometern (10 Meilen) vormittags zu Hause bleiben. Um die Mittagszeit des Freitags begann man mit Umsetzung von konkreten Plänen zur Evakuierung von schwangeren Frauen und Kindern aus Harrisburg etc. Die Angst vor einer massiv größeren Wasserstoffexplosion (wie sie später 2011 in den Fukushima-Blöcken böse Realität wurden sollte) nahm stark zu, da es mehrfach sehr widersprüchliche Informationen gab. Der amerikanische Präsident Carter besuchte das verunfallte Kernkraftwerk am Sonntag, den 1. April. Erst ab Sonntagnachmittag und dann Montag entspannte sich die Lage schrittweise.

Während der TMI-Störfall eine völlig unklare, aber potenziell sehr gefährliche Lage über mehrere Tage bis hin zur geplanten Evakuierung von Harrisburg und anderen Ortschaften mit mehreren hunderttausenden Einwohnern auslöste, trafen sich beim Gorleben-Hearing die deutschen kerntechnischen Experten. Politiker und Journalisten hatten die neuesten chaotischen Morgen-Nachrichten aus Harrisburg noch frisch im Ohr und sollten nun glauben, dass bei der Wiederaufarbeitungsanlage mit einem extrem hohen Anteil von nur noch ferngesteuerten Abläufen alles bestens technisch gelöst sei: Derartige „optimistische" Aussagen wirkten jetzt auf dem neuen aktuellen faktischen Hintergrund einfach surreal und makaber!

Auch wenn der TMI-Unfall Ende März 1979 in Relation zu den folgenden Katastrophen von Tschernobyl (April 1986) oder Fukushima (März 2011) noch recht glimpflich ausging, wurden die Bürger weltweit über mehrere Tage Zeuge eines sehr verwirrten und keineswegs überzeugend wirkenden Kernenergiebetreibers, der auch auf die Fragen des Gouverneurs von Pennsylvania und des US-Präsidenten Carter nicht sachlich hinreichend kompetent wirkte: Vielmehr kam der Unfallablauf über mehrere Tage als ein recht chaotisch und letztendlich nur dank reichlich Glück noch halbwegs glimpflich überstandener schwerer Zwischenfall mit Katastrophen-Potenzial herüber. Wer will eine solche „Lotterie" noch einmal erleben?

Hollywood ließ sich die Chance auf dramatische Vermarktung im Katastrophen-Film „The China Syndrom" Ende 1979 mit Jane Fonda, Jack Lemmon und Michael

Douglas nicht entgehen. Darin war es natürlich grober Unfug, dass schmelzender Kernbrennstoff von einem US-Kernkraftwerk aus schräg durch das Erdinnere bis nach China gelangen könnte. Selbst wenn, dann hätte es eher das süd-australische Becken sein müssen! Es galt wohl das bewährte Hollywood-Motto: Alles geht, was dem Kinokartenverkauf dient!

In Deutschland war eine Mischung von an kerntechnischen Neuerungen interessierten Politikern und auch Kraftwerksbetreibern vor allem im Süden Deutschlands an der weiteren Nutzung der Kernenergie interessiert. Da sich Niedersachsen aus dem Projekt der Wiederaufarbeitungsanlage zurückzog, bot Bayerns Ministerpräsident Strauß an, eine derartige WA-Anlage am Nordrand des Bayerischen Walds nahe der Grenze zu Tschechien zu errichten – einer strukturschwachen Region, wo ein mittleres Braunkohlekraftwerk nach Erschöpfung der Kohle-Vorkommen stillgelegt worden war.

Wirtschaftlichkeitsrechnungen einer rein zivilen Nutzung der „WAA Wackersdorf" – eine davon unter Mitwirkung der Autors zusammen mit seinem Oldenburger Kollegen Prof. Dr. Pfaffenberger bis Herbst 1985 im Rahmen eines größeren BMFT-Projekts (heute heißt das Ministerium BMBF) erstellt – erwiesen sich in der zweiten Hälfte der 1980er-Jahre als derart desaströs, so dass die Unternehmen VEBA und RWE, die ja auch rechnen konnten, sich davon verabschiedeten und stattdessen Verträge mit französischen und britischen derartigen größeren Anlagen zur Wiederaufarbeitung abschlossen: Sie bezogen jetzt die Pellets für „Mischoxid-Brennelemente" (MOX-Brennelemente) mit „altem" rezyklierten $U_{235}$ und zusätzlichem $Pu_{239}$ aus deren ausländischen Anlagen, sowie auch den übrigen atomaren Restmüll in CASTOR-Behältern für hiesige Zwischenlager. Frankreich und Großbritannien waren und sind noch heute militärische Atommächte und hatten damit einige Erfahrungen und Anlagen. Bis heute existiert keine derartige WAA-Anlage in Deutschland, und es wird wohl auch zukünftig keine geben.

Am 26. April 1986 ereignete sich im Kernkraftwerksblock Tschernobyl in der damaligen Sowjetunion eine folgenschwere Explosion, bei der praktisch das gesamte hoch-radioaktive Inventar in die Atmosphäre flog und große Teile Nordwesteuropas damit übel belastete. Die verantwortlichen Stellen hatten nicht einmal den damaligen UdSSR-Chef Gorbatschow verständigt.

Der Unfall flog erst dadurch auf, dass schwedische Messgeräte hohe Fall-Out-Werte, die typisch für Kernkraftwerke waren, anzeigten und die schwedischen Experten zunächst an einen schweren Störfall in den eigenen Anlagen dachten. Die folgende Isotopenanalyse offenbarte dann jedoch, dass dieser atomare „Niederschlag" nicht von einem westlichen Reaktortyp stammen konnten: Der sowjetische Reaktor war nämlich technisch (Moderations- und Kühlmittel Grafit, …) anders gebaut. Sowohl hinsichtlich der menschlichen, gesundheitlichen als auch abenteuerlich hohen finanziellen Folgen z. B. für den riesigen „Sarkophag" über der Reaktorruine erwies sich Tschernobyl, das heute in der nördlichen Ukraine liegt, als katastrophaler Unfall mit erheblichen Langfristfolgen.

Am 11. März 2011 kam es am frühen Nachmittag als Folge eines sehr großen und starken Seebebens mit Stärke 9 zu einem riesigen Tsunami, was auf Japanisch „hohe Welle im Hafen" heißt. Diese schon sehr alte Bezeichnung zeigt, dass unterschiedlich schwere Tsunamis im Bereich des westlichen „Pazifischen Feuerrings" mit heftigen Erdbeben und Vulkanismus wiederholt auftreten konnten. Darauf hätte man sich wohl einstellen können.

Dieser Tsunami erreichte etwa eine Stunde nach dem Beben große Teile der östliche Küste Japans und richtete dort teils sehr große Zerstörungen an. Etwa 300 km nordöstlich von Tokio stand an der Küste das Kernkraftwerk Fukushima (benannt nach der landeinwärts liegenden Stadt) mit 6 Blöcken und insgesamt 4700 MW Leistung. Die zweite 15 Meter hohe Tsunami-Welle überflutete eine mit nur 6 Metern leichtsinnigerweise viel zu niedrig gebaute Schutzmauer und legte auch die dummerweise nicht besonders erhöht gebauten Notstromsysteme sofort lahm. Die letzte Stufe der Notkühlung mit Batterien war nach einiger Zeit am Ende, so dass es zu einem nicht mehr beherrschbaren Großunfall in vier kurz vorher noch im Betrieb befindlichen Kraftwerksblöcken kam.

In dessen Verlauf kam es zu mehreren schweren Wasserstoffexplosionen, da sich in den übererhitzten Blöcken größere Mengen Wasserstoff ansammelten. Zahlreiche Fernsehzuschauer konnten live durch eine erhöhte Kamera aus der Ferne miterleben, wie dadurch deren Reaktorkuppeln einfach „abgesprengt" wurden. In drei Reaktoren kam es sogar zum Zusammenschmelzen verschiedener extrem heißer Brennstäbe: Eine Teil-Kernschmelze!

In den Jahren seit Frühjahr 2011 nach dem schweren Unfall mussten die betroffenen Reaktoren mit Wasser gekühlt werden, welches dann wegen dessen radioaktiver Belastung zunächst an Land „zwischengelagert" wurde. Die gesamten „Müll-Lasten" dieses schweren Reaktorunfalls sind noch lange nicht beseitigt und werden Japan noch Jahrzehnte belasten, zumal schon in Japan denkbare kleinere Erdbeben erneut zusätzliche Schäden auslösen können. Der Unfall setzte große Mengen an Radioaktivität sowohl in das Kühlwasser als auch in die Atmosphäre frei. Je nach Wind- und Strömungsrichtungen waren unterschiedliche Bereiche Japans und des Ozeans betroffen.

Angesichts ähnlicher Bauart der Reaktoren wie in den USA oder Europa entfiel die bei dem sowjetischen Reaktor Tschernobyl gerne benutzte Ausrede „sowjetische Schlamperei und andere Reaktor-Bauart". Nicht nur die Unfallfolgen waren äußerst dramatisch, sondern auch die politische Reaktion beispielsweise in Deutschland: Fukushima löste „die Energiewende" aus. Dazu später mehr.

# 8 Kernenergie: $CO_2$-frei mit eigenen Problemen

Im Zuge der Klimadebatte gibt es etwa seit 2018 eine kleine, jedoch zunehmend lautstärkere Strömung auch in Deutschland, welche „die Rückkehr zur Kernenergie" fordert, um künftig große Mengen $CO_2$-frei Strom erzeugen zu können. Bereits eine überschlägige Rechnung zeigt jedoch folgendes auf:

Liegt das Super-GAU-Risiko[1] bisher sowohl aufgrund von Computersimulationen und theoretischer Untersuchungen und auch empirisch bei etwa 1:10.000 pro AKW Betriebsjahr, dann ist selbst bei zukünftig unterstellter technisch-organisatorischer Halbierung dieser Wahrscheinlichkeit für einen nicht mehr sicher beherrschbaren Großunfall im Falle von 2500 AKW à 1200 MW weltweit immerhin mit 12,5 % pro Jahr zu rechnen. Das ergäbe somit im Durchschnitt jedes 8. Jahr einen Super-GAU – also einen nicht mehr sicher beherrschbaren Unfall, eventuell auch vom Kaliber Tschernobyl oder Fukushima oder noch übler. Wer will mit einer solchen Lotterie weltweit langfristig leben?

Und den Müll aus abgebrannten Brennelementen dieser 2500 AKW müsste man auch noch entsorgen – derzeit ist nicht einmal für die deutschen vorhandenen Kernkraftwerke ein konkretes Endlagerkonzept, geschweige denn ein Standort gegeben. Selbst wenn die Anlagen 40 Jahre Betriebsdauer hätten, müssten jedes Jahr 62 Kernkraftwerke verschrottet und entsorgt werden und auch entsprechende Ersatzbauten neu produziert werden.

Rund 2500 AKW à 1250 MW würden bei 7000 Jahresvolllaststunden rund $22 \cdot 10^{12}$ kWh = 22.000 Mrd. kWh erzeugen. Damit ließe sich etwa der heutige Weltstromverbrauch fast decken, jedoch nicht einmal der für eine bald um 2 Mrd. Menschen gewachsenen Weltbevölkerung bzw. für rund 100 Millionen E-Autos und erst recht nicht der Energiebedarf für noch 1400 Millionen sonstiger Verbrennerfahrzeuge weltweit.

Die Aufforderung, „aus Umweltgründen" zur $CO_2$-freien Kernenergie zurückzukehren, um dann weitermachen zu können wie bisher, enthält also einige undurchdachte Folgeprobleme und optimistischen „Schönschwätz". Außerdem fehlten absehbar sehr bald technisch entsprechend hoch-qualifizierte Fachleute vom Ingenieur bis zum Reaktorfahrer, die auch nicht innerhalb von wenigen Jahren ausgebildet sind. Zudem betrugen die letzten Bauzeiten von Kernkraftwerken inklusive Genehmigungsverfahren für neue Anlagen auch deutlich mehr als jeweils 8 Jahre, so dass insgesamt auch auf der Zeitachse erhebliche Probleme entstünden.

Ebenso wie die erneuerbaren Energieträger vor allem in der Stromerzeugung reüssieren, kann mit der Kernspaltung bisher auch nur Dampf und daraus über eine

---

[1] Als Super-GAU bezeichnet man einen Unfall, dessen Ausmaß die Auslegung für den „Größten Anzunehmenden Unfall" derart übertrifft, dass etwas unvorhergesehen Schlimmes wie in Tschernobyl oder Fukushima passiert.

Turbine Strom erzeugt werden. Dieses „kleine" Problem, dass die meisten zukunftsträchtigen Wege über die Stromerzeugung gehen müssten, haben somit Erneuerbare Energien und Kernenergie gemeinsam. Selbst für großräumige Fernwärmenutzung des immer noch sehr heißen Wasserdampfs „hinter der Turbine" bestehen wenig Chancen, denn Kernkraftwerke müssen aus Sicherheitsgründen ziemlich weit von größeren Ballungsgebieten gebaut werden. Es gibt somit durchaus vernünftige Gründe, an einem wirkungsvollen Beitrag der Kernenergie für eine massive $CO_2$-arme Zukunft über die nächsten 50–80 Jahre zu zweifeln.

Bei dieser Gelegenheit eine andere ebenfalls naheliegende wichtige Frage: Woher kommt „erneuerbare Fernwärme" für eine Großstadt, von der auch „grüne" Politiker gerne fantasieren?

Es mag viele durchaus gute Argumente zugunsten der friedlichen Kernenergienutzung geben. Deren drei zentrale Probleme sind jedoch seit einigen Jahrzehnten unverändert:

**Fazit**
1) Das Unfallrisiko eines einzelnen Kernkraftwerks mag sehr klein sein. In der Summe mehrerer tausend Kraftwerke dürfte das resultierende Gesamtrisiko für die meisten Menschen besonders in relativ dicht besiedelten Gebieten zu hoch sein.

   Goeller und Weinberg wiesen bereits Ende der 1970er-Jahre darauf hin, dass wohl am besten „Energiezentren" mit vielen Kernkraftwerken in sehr weit entlegenen Landschaften oder isolierten Inseln vorteilhaft wären. Es verblieben dann lediglich einige Fragen nach dem Strom-Transport und der dauerhaften Sicherheit der übrigen Menschheit gegenüber den ausgewählten „technokratischen Energiediktatoren", welche ja „wie Hohepriester" über nukleares Material und die Technik verfügen.
2) Das Endlagerproblem für abgebrannte Brennelemente mit teils extrem giftigem Plutonium und zudem hoch radioaktivem Inhalt (U + Pu) sicher über viele tausend Jahre ist bisher ungeklärt. Ob bis 2032 tatsächlich ein „Endlager-Standort" in Deutschland gefunden und dann durch die Bevölkerung akzeptiert wird, ist erst recht noch offen.
3) Die militärische Missbrauchsmöglichkeit der Techniken wie sehr hoher Uran-Anreicherungsgrad (anstelle normaler 4,8 % für $U_{235}$ jetzt das

Zehn- oder Mehrfache) oder Umgang mit hoch-giftigem und gleichzeitig radioaktivem Material wie Plutonium ist international schwer einzudämmen. Entgegen mancher optimistischen Einschätzung sind weder halb-irre Diktatoren, noch extremistisch-religiöse Fanatiker und auch nicht machtgierige anders motivierte Herrscher vom Planeten Erde verschwunden: Ab und zu zeigen sich einige Varianten in verschiedener Form.

# Größenordnungen des Energieverbrauchs in Deutschland

9

Aus den bisherigen Kapiteln geht hervor, dass bspw. weder Uran (Kernkraft) noch Braunkohle oder natürlich vorkommendes Mineralöl direkt in Haushalten, Handwerksbetrieben, Flugzeugen, Fabriken oder Autos eingesetzt werden können. Diese oben genannten Primärenergieträger kommen zwar in der Natur vor, lassen sich jedoch mit ganz wenigen Ausnahmen nicht unmittelbar nutzen. Sie müssen größtenteils in speziellen Anlagen in besser nutzbare „neue Energieträger" umgewandelt und „verbessert" oder einfach wie im Falle von schwefelhaltigem Erdgas nur „gewaschen" werden. Erst der Einsatz von angereichertem Uran für Dampferzeugung in einem Kernreaktor ermöglicht die Stromerzeugung, nur das in der Raffinerie angemessen verarbeitete Rohöl erlaubt die Herstellung von Benzin oder Heizöl etc.

Fast ausschließlich letztere Energieträger werden direkt beim Endnutzer eingesetzt und dann in der Summe als „Endenergieverbrauch" in einer Periode wie Monat oder Jahr bezeichnet. Früher oder später werden dann die nicht weiter energetisch nutzbaren Restmengen auf relativ „bescheidenem" Qualitätsniveau als Wärme in die Umgebung abgegeben. Diese Wärme hatte beim bisher lange Zeit dominierenden Verbrenner-Auto zumindest im Winter den recht erwünschten Nebeneffekt, dass man mit diesem heißem „Abfallprodukt" des Motors die Fahrgastzelle angenehm erwärmen konnte – beim E-Auto entfällt diese Chance: Deshalb benötigt man in letzterem während kalter Wintertage einen Teil der Batterieladung für die Heizung: Bei einer Anfahrt über 200 km und einige Stunden später folgende Rückfahrt kann das ohne mögliche Zwischenaufladung schon sehr knapp werden – bei Kälte und zusätzlichen Staus auf der Strecke erst recht!

Wenn der gesamte Stromverbrauch von Haushalten, Staat, Industrie, Handwerk, Dienstleistungen, Handel und Verkehr genau 100 Stromeinheiten beträgt, ist

© Der/die Autor(en), exklusiv lizenziert durch Springer Fachmedien
Wiesbaden GmbH, ein Teil von Springer Nature 2022
W. Ströbele, *Energiewende einfach erklärt*,
https://doi.org/10.1007/978-3-658-36691-9_9

dafür eine jeweils nötige Stromerzeugung von etwa 105–110 (je nach Kraftwerkspark) wegen des unvermeidlichen Kraftwerkseigenverbrauchs für Hilfs- und Steueraggregate etc. und auch durch weitere Leitungs- und Umspannverluste im Netz auf dem Weg zum Stromverbraucher zu erbringen. Ebenso ist der gesamte Ölprodukteverbrauch wegen des Eigenverbrauchs und der Verluste in der deutschen Raffinerie immer geringer als das gesamte Rohölaufkommen (Förderung im Inland inklusive Rohölimporte), zuzüglich der Produkten-Nettoimporte bspw. aus Rotterdam usw.

Zunächst ist ein leider regelmäßig in den Medien oder bei nicht mit Energiefragen befassten oder einfach ahnungslosen Politikern und Journalist*innen anzutreffender Irrtum auszuräumen. Weder der jährliche Stromverbrauch noch die gesamte Stromerzeugung in kWh stimmt mit dem gesamten Energieverbrauch einer Volkswirtschaft überein. Derzeit liegt der Stromverbrauch Deutschlands in einer Größenordnung von etwa 500 Mrd. kWh und schwankt sowohl wetterbedingt als auch durch die jeweilige wirtschaftliche Situation geringfügig. Da er 2020 durch die COVID-Pandemie unterdurchschnittlich war, jedoch 2019 und 2018 in dieser Größenordnung lag, rechnen wir im Folgenden mit 500 Mrd. kWh als einfache leicht zu merkende Größenordnung für den deutschen Stromverbrauch p.a. um das Jahr 2019/2020.

Der gesamte Endenergieverbrauch, d. h. der Stromverbrauch sowie zusätzlich Kraftstoffe für den Straßen-, Luft- und Bahnverkehr, Heizöl, Erdgas oder Fernwärme für Heizung und Warmwasserbereitung in Büros, Wohnungen usw., Kohle und Gase für die Industrie und anderen Bereichen wie Handwerk oder Dienstleistungen lag hingegen je nach Wintertemperaturen und Konjunktur ungefähr in einer Größenordnung von fast 2500 Mrd. kWh: Knapp 2000 kWh (fast 80 %) des Endenergieverbrauchs waren also nicht Elektrizität!

Die folgenden Tabellen und Abb. 9.1 mit Durchschnittswerten und Größenordnungen wurden vom Autor aus den Datenangaben des BMWi als gerundete Mittelwerte für 2019 und 2020 ermittelt, um die Größenordnungen zu verdeutlichen: Diese schwanken jährlich je nach Konjunkturverlauf, Wetterbedingungen und auch angekündigten Steueränderungen. Wenn für 2021 nötige Heizölkäufe wegen ab Januar 2021 höherer Energie-Steuern auf Spätherbst 2020 vorgezogen werden, fällt rechnerisch deren „Verbrauch" bereits 2020 an. „Exakte" Zahlen außer für Strom gibt es nicht tagesscharf.

Die Aufschlüsselung nach Energieträgern für den gesamten Endverbrauch von 2500 Mrd. kWh zeigt die Abb. 9.1 bzw. in Zahlen die Tab. 4.

Der Anteil des Stromverbrauchs lag somit in den letzten Jahren bei knapp über 20 % des gesamten Endenergieverbrauchs. In der Industrie lag dieser Anteil des elektrischen Stroms bei knapp 31 %, bei Dienstleistungen, Handel und Gewerbe

9 Größenordnungen des Energieverbrauchs in Deutschland 71

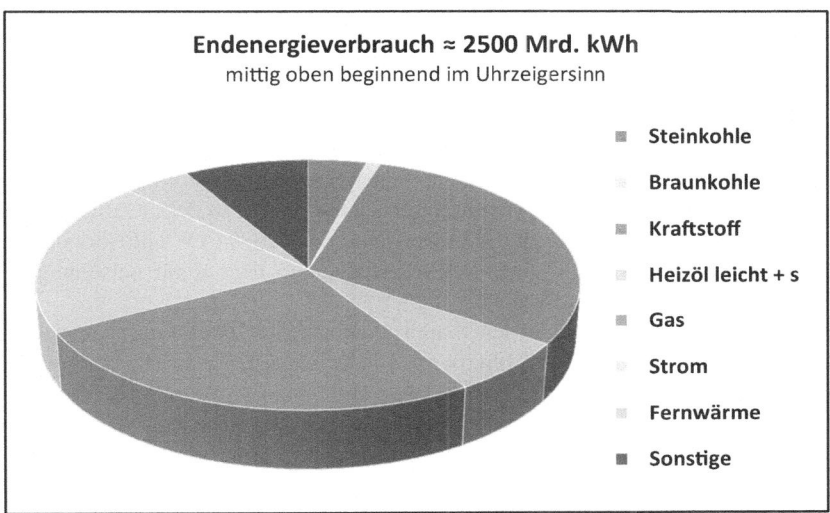

**Abb. 9.1** Endenergieverbrauch nach Energieträgern 2019/2020. (Quelle: BMWi; Mittelwerte vom Autor ermittelt)

bei fast 40 %, im Verkehr unter 1,6 % (d. h. über 98 % kamen bisher aus Kraftstoffen) und bei Haushalten nur bei 19 % des jeweiligen Endverbrauchs der Gruppe.

Strom hat bei der Erzeugung höhere Verluste, hingegen natürlich beim Nutzer recht geringe Verluste, welche umgekehrt bei Kraft- oder Brennstoffen klar höher ausfallen können, um die gewünschte Einheit „Energiedienstleistung" (Transport, warme Wohnung, …) zu erbringen: Reine kWh-Angaben sagen deshalb nicht alles: Man sollte auch wissen, wo die Verluste anfallen.

Auf der Ebene der Endenergienutzer ist der für alle Transporte (Personen, Güter, …) benötigte Kraftstoff (Diesel, Benzin, Kerosin, Schiffsdiesel, …) der größte Posten, nicht zuletzt, weil hier die energetischen Verluste in den Motoren und Getriebeaggregaten relativ hoch sind. Der zweitgrößte Block umfasst die Gase beim Endverbraucher für etwa Heizung und Warmwasser. Das Erdgas für die Stromerzeugung taucht hingegen in dieser Statistik genauso wenig auf wie Stein- oder Braunkohle, welche zur Stromerzeugung benutzt wird. Es handelt sich ja in dieser Tabelle genau um die letzte (Endenergie-)Verwendung beim jeweiligen Nutzer.

Der auf Platz 3 liegende Strom mit hier 505 Mrd. kWh erfordert für seine Erzeugung im Kraftwerk wegen der unvermeidlichen Verluste einen etwas höheren

Primärenergieeinsatz in der Stromerzeugung. Um aus Steinkohle 100 kWh Strom zu erzeugen, benötigt man in einem modernen Kraftwerk rund 222 kWh Kohle-Input für Dampferzeugung, aus dem sich dann per Dampfturbine und Generator 100 kWh Strom erzeugen lassen.

Den Quotienten aus erzieltem Output:Input (100/222 = 0,45 = 45 %) nennt man den (Brutto-)Wirkungsgrad. Bei Kohle kommen noch einige Stromverbräuche im Kraftwerk selbst für Steuerung, Hilfsaggregate, etc. hinzu, so dass letztlich nicht 100, sondern je nach Technik des Kraftwerks nur etwa 90–94 kWh effektiv in das Netz eingespeist werden. Die Brutto-Stromerzeugung liegt somit notwendigerweise höher als der Stromverbrauch.

Bei Stromerzeugung aus erneuerbaren Quellen wird durch eine statistische Konvention deren Wirkungsgrad fiktiv mit 100 % angesetzt, was natürlich streng physikalisch völlig unsinnig ist: Es gibt keine Fotovoltaik-Zelle mit einem technischen Wirkungsgrad von Sonnenlicht über 45 %; realiter eher recht deutlich bei unter 25 %. Damit lägen PV-Zellen etwa gleich schlecht im Wirkungsgrad wie bei einem Pkw mit Benzinmotor in tatsächlich umsetzbaren Antrieb. Man hat diese technisch zwar sinnlose, aber immerhin pragmatisch mögliche Festlegung gewählt: Leicht etwas verwirrend!

Transport und Verteilung des Stroms, ob aus Großkraftwerken, Biogasanlagen oder Windparks mit Hilfe von Leitungen und Umspannung auf die jeweils benötigte Spannungsstufe sorgt je nach Netz nochmals für einige bescheidene zusätzliche Verluste, bevor der Strom beim Endverbraucher ankommt und dort für nützliche Zwecke eingesetzt wird.

Leichtes und schweres Heizöl tragen nur noch 6,8 % zum Endenergieverbrauch bei, Fernwärme (größtenteils mit Abwärmenutzung) nur rund 4,5 %. Zu den „Sonstigen" gehören Brennholz, Brenntorf, Klärschlamm u. ä.

Rund 19 % des gesamten Endenergieverbrauchs wurde aus „Erneuerbaren Quellen" gewonnen. Dazu gehörten neben Strom bspw. 39 Mrd. kWh Biokraftstoff vorwiegend als Beimischung als E5 bzw. E10-Superbenzin oder als Anteil Biodiesel. Inwieweit dies alles „klimaneutral" erfolgte, ist zumindest fraglich, da für die Gewinnung des dafür benötigten Palmöls tropische Regenwälder vorher abgeholzt werden mussten (Tab. 9.1).

Den weitaus größten Anteil der erneuerbaren Energien am jeweiligen Endenergieverbrauch hat die Stromerzeugung. Die Wärmeerzeugung (Solarthermie vor allem für Warmwasser, Erdwärme und Umweltwärme vor allem für Solarthermie und Wärmepumpen, Nutzung von Biomasse inklusive biogenem Anteil bei der Müllverbrennung) erreichte 2020 rund 180 Mrd. kWh. Dieser Beitrag dürfte sich noch auf 350 Mrd. kWh steigern lassen.

# 9 Größenordnungen des Energieverbrauchs in Deutschland

**Tab. 9.1** Größenordnungen des Endenergieverbrauchs um 2019/2020 in Deutschland nach Energieträgern (Datenquelle: Bundesministerium für Wirtschaft und Energie (BMWi 2021): Zahlen und Fakten: Energiedaten; Ausgabe 2021; EXCEL Tabelle 4, eigene Auswertung, vom Autor gemittelt und gerundet)

| Energieträger | 2500 Mrd. kWh | Anteile |
|---|---|---|
| Steinkohle | 98 | 3,9 % |
| Braunkohle | 23 | 0,9 % |
| Kraftstoff | 747 | 29,9 % |
| Heizöl schwer | 3 | 0,1 % |
| Heizöl leicht | 165 | 6,6 % |
| Gas | 638 | 25,5 % |
| Strom | 505 | 20,2 % |
| Fernwärme | 112 | 4,5 % |
| Sonstige | 209 | 8,4 % |

Wozu brauchen wir Mitteleuropäer diesen ganzen Aufwand? Wir Bürger als private Haushalte, selbstständige Handwerksbetriebe, Autofahrer, Büro- oder Fabrikmitarbeiter oder Mitarbeiter im Krankenhaus oder Schule etc. haben eine Vielzahl von „Bedürfnissen", welche jeweils einen unterschiedlichen Energieaufwand erfordern. Im Winter benötigen wir warme Räume, brauchen ab und zu das Telefon, wollen manchmal mit warmem Wasser duschen und abends Fernsehen, lesen oder mit dem Computer arbeiten. Unsere Eisen- und Stahlfabriken oder Kupferhütten benötigen teils hohe Temperaturen zur Verarbeitung von Metallen; andere genau das Gegenteil, nämlich Kälte mit teils sehr tiefen Temperaturen (man denke an Tiefkühlkost oder gespeicherten Wasserstoff oder auch Impfstoff). Alle diese Energieformen in großer Bandbreite erfüllen eine breite Vielzahl wünschenswerter und sehr nützlicher Funktionen für uns. Bisher nahmen wir kaum explizite Notiz davon: Energie stand seit 200 Jahren wie ein leises Hintergrundrauschen fast immer in der benötigten Menge und hoher Qualität zur Verfügung. Selbst ein nur lokaler Stromausfall für wenige Stunden störte die Bürger schon enorm.

Wenn alle diese Funktionen, an deren Verfügbarkeit je nach Bedarf die Bürger der Industriestaaten bisher wie selbstverständlich gewöhnt sind, nicht mehr angemessen, rechtzeitig nach Bedarf oder zu nur den dreifachen Kosten gegenüber den heutigen erbracht werden könnten, wird es eventuell zu erheblichen wirtschaftlichen Folgen für manche Gruppen kommen können. Welche politischen Reaktionen dies auslösen könnte, wissen wir noch nicht.

Nach den energetischen Anwendungsgebieten haben Heizung + Warmwasser (31,5 %), Prozesswärme (21,5 %) und mechanische Energie, d. h. Antriebe von Fahrzeugen, Maschinen etc. mit fast 40 % die größte Bedeutung. Letzterer Anteil würde sich mit dem geplanten Übergang auf einen höheren Anteil der E-Mobilität zum Endenergieverbrauch verringern, da E-Antriebe weniger kWh benötigen als Verbrenner-Motoren – stattdessen fallen jetzt bei der Elektrizität die Umwandlungsverluste und zusätzliche Probleme verstärkt auf der Erzeugungsseite und besonders in den Wintermonaten an.

Nach den (energetischen) Funktionen grob untergliedert, schlüsselt sich der Endenergieverbrauch für 2019/2020 wie in Tab. 9.2 dargestellt auf.

Besonders interessant ist die mittlerweile recht dramatisch angestiegene Bedeutung des Stromverbrauchs im Bereich Informations- und Kommunikationstechnik: Alleine der Betrieb des Internets in Deutschland beansprucht heute schon eine Größenordnung von etwa 0,6 % ($\approx$ 12 Mrd. kWh = 2,4 % des Stromverbrauchs) Endenergie jährlich; hinzu kommt der bei Haushalten, Büros, Dienstleistungs- und Handwerksbetrieben, Fabriken höhere Stromverbrauch der Nutzer durch Computer und Smartphones, was rund 25 Mrd. weiteren Stromverbrauch ausmacht. Dieser Bedarf wird sich durch das leistungsfähigere Internet G5 und andere stromintensive Anwendungen künftig weiter erhöhen, alleine wegen der nötigen höheren Leistungen der Sendemasten. Auch die auf sehr komplexen Computeralgorithmen gestützten „Kryptowährungen" wie Bitcoin erweisen sich als wahre „Stromfresser".

Der Autor erlebte die Entwicklung des Internets ab Mitte der 90er-Jahre. Das Herunterladen einer größeren Datei in Schwarz-weiß dauerte damals sensationell rund 5 Sekunden – ein zu dieser Zeit fantastischer Wert. Im Laufe der Zeit wurde dann das Internet immer schneller. Weil nun aber die bisherige Schwarz-weiß-Datei durch eine „schön bunte" Tabelle samt weiterer graphischer Darstellungen

**Tab. 9.2** Endenergieverbrauch nach Aufgabenbereichen (Datenquelle: Bundesministerium für Wirtschaft und Energie (BMWi 2021): Zahlen und Fakten: Energiedaten; Ausgabe 2021; EXCEL Tabelle 7, eigene Auswertung)

| energetische Funktion | Mrd. kWh | Anteile |
|---|---|---|
| Raumwärme | 657,5 | 26,3 % |
| Warmwasser | 130,0 | 5,2 % |
| sonstige Prozesswärme | 537,5 | 21,5 % |
| Klimakälte | 10,0 | 0,4 % |
| Sonstige Prozesskältekälte | 52,5 | 2,1 % |
| Mechanische Energie | 980,0 | 39,2 % |
| Informations- u. Kommunikations-Technik | 60,0 | 2,4 % |
| Beleuchtung + andere Stromanwendungen | 70,0 | 2,8 % |

oder gar Videos, Werbeeinblendungen oder besondere Abfragen aus diversen Datenschutz- und ähnlichen Gründen etc. ersetzt wurde, dauert das Herunterladen heute immer noch 1–2 Sekunden: Eine potenziell dramatische Zeitersparnis durch die schnellere Technik ging teilweise durch das „Garnieren" mit weniger hilfreichen „Zusatzinformationen" der Dateien wieder verloren. Es steht also zu befürchten, dass durch Überlagerung derartiger Effekte am Ende das „neue Internet" doch nur wiederum eine etwas geringere Verbesserung für die Nutzer trotz weiter deutlich gestiegenen Stromverbrauchs bringt als erhofft. Tab. 9.3 gibt einen Gesamtüberblick nach Herfunft der Primärenergieträger.

Die volkswirtschaftlichen, sozialen und auch gesundheitlichen Folgen eines längeren flächendeckenden Strom-Black-Outs für einige 100.000 oder gar Millionen Menschen können gerade wegen der wachsenden Digitalisierung durchaus so dramatisch sein, dass dieses Risiko möglichst extrem klein gehalten werden müsste; vergleichbar mit der Gefahr der Cyber-Attacken.

Zum Endenergieverbrauch von 2500 Mrd. kWh gehört unter Einbeziehung aller Umwandlungs-, Transport- und Leitungsverlusten in Kraftwerken, Raffinerien, Erdgaswaschanlagen, Kokereien, Pumpen für Erdgasnetze etc. schlussendlich bei der heutigen Struktur ein Einsatz von Primärenergie in Höhe von rund 3550 Mrd. kWh jährlich. Derzeit kommen somit trotz mancher deutlichen Effizienzsteigerung in den letzten Jahrzehnten immer noch rund 30 % der eingesetzten Primärenergie auf dem Weg zur Veredelung und Umwandlung in für uns nutzerfreundliche Energieträger (Heizöl, Kraftsoff, Elektrizität, …) technisch bedingt und natürlich mit einigen $CO_2$-Emissionen schlicht abhanden.

**Tab. 9.3** Größenordnungen des Primärenergieverbrauchs in Deutschland 2019 in Mrd. kWh (Datenquelle: Bundesministerium für Wirtschaft und Energie (BMWi 2021): Zahlen und Fakten: Energiedaten; Ausgabe 2021; EXCEL Tabelle 4, eigene Auswertung, Umrechnung auf kWh durch den Autor)

| Energieträger | Mrd. kWh | Anteile |
|---|---|---|
| Mineralöl | 1253 | 35,2% |
| Steinkohle | 301 | 8,5% |
| Braunkohle | 323 | 9,1% |
| Erdgas, Erdöl-Gas | 893 | 25,1% |
| Kernenergie | 227 | 6,4% |
| Wasser- und Windkraft | 192 | 5,4% |
| andere Erneuerbare | 337 | 9,5% |
| Außenhandelssaldo Strom | -33 | -0,9% |
| Sonstige | 63 | 1,8% |
| SUMME | 3557 | 100,0% |

Wir rechnen im Folgenden der Einfachheit halber mit den Größenordnungen für „heute" um 2019/2020:

| A: | Stromverbrauch = | 500 Mrd. kWh, welcher enthalten ist im gesamten |
|---|---|---|
| B: | Endenergieverbrauch = | 2500 Mrd. kWh und einem heute dafür nötigen |
| C: | Primärenergieeinsatz = | 3500 kWh. |

Diese Zahlen lassen sich leichter merken, was wiederum die folgenden Diskussionen über wichtige Größenordnungen, welche ohnehin nur grob abschätzbar sind, stark vereinfacht.

Aus absehbaren auch politisch interessanten Gründen soll auf ein merkwürdiges Problem deutlich hingewiesen werden. Dies ergibt sich alleine aus der statistischen Konvention der Bewertung erneuerbar erzeugten Stroms mit einem fiktiven Wirkungsgrad von 100 %. Im Jahre 2019 erzeugten die laufenden Kernkraftwerke 75 Mrd. kWh Strom. Da mit Erreichen des Jahresendes 2022 alle deutschen Kernkraftwerke stillgelegt werden, müssen ab 2023 diese 75 Mrd. kWh durch andere Stromerzeugungssysteme ersetzt werden.

Wird dieser Ersatz zu je einem Drittel durch erneuerbare Energien, durch Kohlekraftwerke und GuD-Anlagen mit Erdgasfeuerung erzeugt, so geschehen auf den ersten Blick zwei etwas merkwürdig anmutende Dinge:

- Der Primärenergieverbrauch für diese Stromerzeugung sinkt rechnerisch von 225 Mrd. kWh um rund 100 auf nur noch 125 Mrd. kWh. Dies verbucht die Regierung als „großen" Erfolg, obwohl der Grund trivial ist:
  Kernkraftwerke haben eine geringere Dampftemperatur als moderne Kohlekraftwerke und deswegen einen rechnerisch geringeren technischen Wirkungsgrad von brutto ca. 33 % als die anderen konventionellen Anlagen; Kohlekraftwerke weisen über 42 % aus, benötigte GuD-Anlagen sogar um 58 %. Fast alle erneuerbaren Stromerzeuger werden in der Statistik als reine Konvention mit 100 % Wirkungsgrad gerechnet. Statistisch sinkt mit steigenden EE-Anteil dadurch der statistisch nötige Primärenergieaufwand für die gleiche Stromerzeugung.
- Die $CO_2$-Emissionen steigen im Jahr 2023 hingegen wegen etwas intensiverer Nutzung fossiler Kraftwerke gegenüber 2019 um etwa 28–30 Mill. Tonnen, was natürlich den langjährigen Trend sinkender $CO_2$-Emissionen in der Zeit vor 2021 plötzlich ab 2022/2023 unterbrechen wird. Mit Sicherheit wird dieser Befund bei den jeweiligen Oppositionsparteien zu besonders großer Aufregung führen: DAS ist doch völlig unverantwortlich und verschärft alle kommenden Probleme! Und sollte ab Herbst 2021 die Partei „DIE GRÜNEN" Teil der

Bundesregierung sein, werden sich insbesondere dunkelgrüne, aber über die statistischen Probleme schlecht informierte Menschen über deren angebliches Versagen beschweren.

In jedem Fall muss ein angeblich „böser" Verantwortlicher gesucht werden: Zur Not folgt dann auch wie bei jedem missratenen Projekt die Bestrafung einiger Unschuldiger oder zumindest weitestgehend Unbeteiligter, die nur die aktuelle Politik akzeptierten und für deren Folgen in Haftung genommen werden. Das kommt davon, wenn man von den recht simplen Fakten zu einer komplexen Sache zu wenig konkretes Wissen hat.

Diese beiden Punkte sind zwar seit vielen Jahren für Energiefachleute für die Jahre 2021 bis 2023 als fast unvermeidlich klar abzusehen, werden aber voraussichtlich viele Medien und größere Teile einer schlecht informierten Öffentlichkeit erheblich in Verwirrung bringen.

> **Fazit**
> Der in der Öffentlichkeit als besonders wichtiger Energieträger wahrgenommene elektrische Strom hat am gesamten Endenergieverbrauch von rund 2500 Mrd. kWh heute einen Anteil von etwas über 20 %: Strom ist somit bei Weitem nicht die ganze Energie, die wir als verschiedene Endverbraucher (Haushalte, Industrie, Gewerbe, Dienstleistungen, Handwerk, ...) derzeit benötigen!
>
> Der Primärenergieaufwand zur Gewinnung von Strom, Kraftstoffen und anderen einfach nutzbaren Energieträgern (derzeit rund 3500 Mrd. kWh) ist wegen der technisch unvermeidlichen Umwandlungsverluste immer deutlich höher als die Summe der letztlich für die Nutzer gelieferten teils auch (im Handling oder Sauberkeit) qualitativ hochwertigeren Endenergieträger:
>
> Der Endenergieverbrauch liegt heute bei 2500 Mrd. kWh, etwa 28,5 % weniger als der Primärenergieverbrauch: Die energetisch unvermeidlichen Verluste sind je nach Technik verschieden groß.

# CO$_2$ und andere Treibhausgase – menschengemachte Klimaänderung II

10

Wie in Kap. 2 deutlich wurde, versorgt die Sonne den Planeten Erde mit einem ständigen, wenn auch gering mit der Sonnenaktivität schwankenden Energiezustrom vor allem in Form von Licht. Auch wenn ein Teil des Lichts wegen einer Reflektion in den äußeren Schichten der Atmosphäre nicht einmal den Erdboden oder die Ozeane erreicht, löst diese Lichtzufuhr natürliche Prozesse der Energie- und Stoffumwandlung mit einem aus menschlicher Perspektive riesigem Umfang auf der Erde aus, wobei ein geringer Teil des Lichts in Fotosyntheseprozessen mit Nutzung von CO$_2$ als Kohlenwasserstoffverbindung in Pflanzen oder Plankton zwischen wenigen Monaten oder Wochen (Getreide) und hunderten von Jahren (Bäume) gespeichert wird.

Der größte Teil davon dient entweder als Nahrungsgrundlage für andere Lebewesen oder verrottet nach dem Absterben der Pflanze, d. h. dieser Rest wird von Kleinstlebewesen, Pilzen und Bakterien etc. verwertet. Ohne diese natürlichen Prozesse gäbe es keine Wälder und Grünpflanzen, keinen Humusboden, keine Meeresalgen, keine Vögel und Säugetiere und auch kein menschliches Leben.

Bevor das Sonnenlicht die Erdoberfläche erreicht, muss es die Erdatmosphäre durchqueren. Dabei wird unterwegs je nach geografischer Breite rund 30 % des Lichts an der äußeren Atmosphäre vor Erreichen der Erdoberfläche direkt wieder in das Weltall reflektiert. Eine zusätzliche Reflektion findet am Wasserdampf der Wolken statt. Angesichts der bivalenten Rolle von Bewölkung rund um die Erde herrschen große Unsicherheiten über mögliche Einflüsse auf den Energiehaushalt: Erwärmung der unteren Luftschicht und Ozeane sorgt primär für mehr Wolken, was aber die Albedo (Reflexion an der Oberfläche) aus natürlichen Gründen steigen lässt. Als sekundärer Effekt könnte die netto noch einstrahlende Sonnenenergie bereits in oberen Luftschichten verringert werden. Der Gesamteffekt ist noch heute unsicher. Die Albedo der Erde ist wegen der Atmosphäre und Wolken anders als die des Mondes, denn Wolken reflektieren je nach Wasserdampfmenge, Höhe etc. mehr Licht zurück ins Weltall als ein klarer Himmel. Man denke an Neuschnee, der deutlich mehr Licht reflektiert als etwa ein Sandweg.

Der Wasserhaushalt unseres Planeten ist somit auch mit verantwortlich dafür, wieviel Sonneneinstrahlung letztlich die Erdoberfläche oder die oberen nahen Luftschichten erreicht. Wenn Menschen längere Zeit auf dem Mond oder Mars leben wollten, müssten sie alle Mittel zum Überleben (außer der Energie, die sich ja durch Anzapfen der Sonneneinstrahlung gewinnen ließe) von unserem Planeten mitbringen und ständig in einem Recycling-Prozess unter Energie-Zufuhr von „außen" regenerieren. Eine Nebenerkenntnis dieses „Modells des Überlebens im Raumschiff" wäre, dass auch auf unserer gesamten Erde viel mehr an solche Lösungen gedacht werden müsste.

Am Ende des Tages oder der Jahreszeit wird dann praktisch alle mit dem Licht eingestrahlte Energie umgewandelt und größtenteils als langwellige Wärmestrahlung wieder in das Weltall abgegeben, wobei auch die Zusammensetzung der Atmosphäre mit natürlichen Gasen wie etwa Sauerstoff (hoch) oder $CO_2$ (sehr gering) eine Rolle spielt. Auch diese etwas erwärmte Atmosphäre brauchen wir Menschen zum Leben. Dafür sorgt der natürliche Treibhauseffekt aus verschiedenen natürlich vorkommenden Gasen bereits seit Jahrtausenden. Da die Verdunstung von Wasser in die wärmere Luft teils aus riesigen Ozeanen, teils aus Flüssen oder Feuchtgebieten je nach Jahreszeit regional unterschiedlich, aber letztlich ständig stattfindet, ist das wichtigste Treibhausgas der Wasserdampf in schwankenden Konzentrationen und Schichten der Atmosphäre. Besonders seit Entwicklung des Luftverkehrs mit sehr hoch fliegenden Düsenflugzeugen tragen in den Luftschichten über 8000 Meter auch deren heiße Kondensstreifen aus dem verbrannten Kohlenwasserstoff Kerosin (mit $CO_2$) und $H_2O$ dazu bei.

Wie in Kap. 4 gezeigt wurde, verursacht die Verbrennung fossiler Brennstoffe zusätzlich zu den riesigen eingespielten Zyklen der Natur als speziellen „Abfall" das Gas $CO_2$, was normalerweise in der Atmosphäre landet und auch als „Dünger" für Grünpflanzen in intakten Ökosystemen dient. Extra große Mengen $CO_2$ können auch durch außergewöhnliche natürliche Ereignisse wie Vulkanismus oder massive menschlichen Eingriffe in die bisher natürliche Landschaft – oben „Umpflügen der Erde" genannt – wie etwa Trockenlegen von großen Moorgebieten freigesetzt werden.

Sehr starke Vulkanausbrüche, wie etwa am 27. August 1883 die heute indonesische Insel Krakatau, sorgen über den in die Atmosphäre auch in riesigen Mengen ausgestoßenen Dreck und Staub zunächst für mehrere Jahre kräftiger Abkühlung auf der Erde, da dadurch anfangs die Sonneneinstrahlung behindert wird.

## 10 CO₂ und andere Treibhausgase – menschengemachte Klimaänderung II

Längerfristig sind jedoch auch die vom Vulkan ausgestoßenen zusätzlichen Treibhausgase für etwas Erwärmung relevanter. Länger wirksames $CO_2$ wird für Menschen völlig nutzlos durch einige brennende oder schwelende große Kohlevorkommen emittiert, die bisher kaum zu löschen waren. Derartiges gibt es in mehreren Ländern.

Das gesundheitlich in normalen Konzentrationen völlig „harmlose" Gas $CO_2$ unterscheidet sich massiv vom Gas Kohlemonoxid CO. Dieses entsteht bei schlechter Sauerstoffzufuhr zu einer Verbrennung und ist dann für Menschen und Tiere unmittelbar giftig und bei längerem Einatmen tödlich: CO ist wahrhaftig ein „Killergas" – $CO_2$ in den normalen Konzentrationen der Luft keineswegs. Allerdings können bei größeren vulkanischen Ereignissen abrupt derart viel hoch konzentriertes $CO_2$-Gas aus dem Erdinneren ausgestoßen werden, dass in der Umgebung sehr gefährliche Bedingungen herrschen können.

Es gibt außer $CO_2$ einige weitere wichtige Gase, deren unterschiedlicher Anteil die Wärmegleichgewichte der Erde beeinflussen können: Die Gesamtheit dieser Gase nennt man Treibhausgase. Der Grund für diese Bezeichnung ist anschaulich klar: Ein Treibhaus im Garten erlaubt schon im Frühjahr ein besonders gutes Wachstum von vielen Pflanzen, selbst wenn die Außentemperaturen nur knapp über Null Grad liegen. Wenn nämlich das Sonnenlicht auf das Glas trifft, geht es zu einem sehr großen Teil von fast 100 % hindurch und wird im Treibhaus eingefangen. Pflanzen werden getroffen und können Fotosynthese treiben; die Temperaturen innerhalb des Treibhauses sind dank der entstehenden und festgehaltenen Wärme deutlich höher als „draußen". Erst wenn eine bestimmte (höhere) Temperatur im Glashaus erreicht wird, sind die dann erreichten Wärmeverluste nach außen so groß, dass es diese Temperatur einige Stunden halten kann – zumindest, solange die Sonne gut scheint.

Neben dem Wasserdampf und dem geruch- und farblosen Gas $CO_2$, das zudem sehr langsam in natürlichen Prozessen über teils hunderte von Jahren in der Atmosphäre abgebaut wird, sind derzeit noch 6 weitere wichtige Treibhausgase (abgekürzt als THG) relevant:

Das Gas Methan mit der chemischen Formel $CH_4$ entsteht überall, wo organisches Material (Blätter, Holz, …, d. h. sehr oft Kohlenwasserstoffe) ohne Luftzufuhr abgebaut wird. Auch das teils Millionen Jahre alte Erdgas besteht durchschnittlich zu rund 90 % aus $CH_4$. Bedeutende Methanemissionen entstehen auch in der Land- und Forstwirtschaft, durch Herden von Wiederkäuern wie Rinder oder Schafe, Gnus oder Hirsche, aus geringen Leckagen von Bio- oder Erdgasanlagen oder Pipelines, Mülldeponien (wo heute häufig das entstehende Methan durch Abdeckungen und Dränagesysteme abgesaugt und in konzentrierter Form energetisch genutzt wird, da es rund 25-mal klimawirksamer ist als $CO_2$), aus alten Kohlegruben, Kläranlagen etc.

Ein ehemals von Zahnärzten benutztes Betäubungsgas, umgangssprachlich Lachgas genannt, hat die chemische Formel $N_2O$ (Distickstoffmonoxid). Es riecht etwas süßlich. Es entsteht aus Stickstoffverbindungen in Düngern oder aus der Gülle in der Massentierhaltung, kann auch in speziellen industriellen Prozessen wie bei Düngemittelproduktion oder bei bestimmten Kunststoffen entstehen. Selbst wenn es ein recht schwach konzentriertes Spurengas ist, so liegt seine Klimaschädlichkeit fast 300-mal so hoch wie die von Kohlendioxid $CO_2$, und es baut sich zudem auch noch deutlich langsamer ab als $CO_2$.

Das Element Fluor (F) geht verschiedene chemische Verbindungen ein, so etwa die FCKW, die zwar ein scheinbar ideales Kühlmittel für Kühlschränke und Tiefkühlgeräte waren, welche wegen ihres hohen Zerstörungspotenzials für die Ozonschicht zu einer Gefahr durch die dadurch ungehinderte Einstrahlung auch für das Leben gefährlicher Bestandteile des Sonnenlichts wurden, wie etwa starke UV-Strahlung. Diese „chlorierten" Fluorkohlenwasserstoffe wurden mit dem Montrealer Abkommen verboten, und deren Einsatz ist in den letzten drei Jahrzehnten so stark reduziert worden, dass die Zerstörung der Ozonschicht vermieden wurde.

Dennoch werden weiterhin so genannte F-Gase (HFKW, FKW, $SF_6$, $NF_3$) als Kühl- oder Löschmittel oder für andere industrielle Prozesse verwendet. Falls etwa ein 20 Jahre alter defekter Kühlschrank sachgerecht entsorgt wird, können die darin enthaltenen neuen FKW fast vollständig getrennt gelagert und teils auch rezykliert werden.

Bei der ersten Konferenz zu Klima und Entwicklung im Juni 1992 in Rio de Janeiro waren die sogenannten Treibhausgase im Wesentlichen als ein wichtiger Faktor der Klimabeeinflussung eingeschätzt worden. Sechs davon wurden bereits im Kyoto-Protokoll 1997 explizit genannt. Dieses war das erste Abkommen mit konkreter zugesagter Reduzierung von THG durch die Industriestaaten im Spätherbst 1997 in der japanischen Stadt Kyoto bei der 3. Vertragsstaatenkonferenz (Conference of parties = CoP 3). Danach trafen sich die meisten Staaten der Welt regelmäßig zu diesem Themenkreis. Die für Mitte November 2020 geplante CoP 26 in der schottischen Stadt Glasgow wurde wegen der Corona-Pandemie auf November 2021 verschoben.

Auf diesen regelmäßig im Spätherbst veranstalteten CoPs versucht der weitaus größte Teil der insgesamt 195 Staaten dieser Welt eine gemeinsame Abstimmung über Ziele und auch Politikmöglichkeiten für global wirkende potenzielle Umweltschadstoffe. Das mittlerweile – etwas unverdient – besonders bekannte Klimaabkommen von Paris (CoP 21) vom Dezember 2015 setzte zwar ein recht ehrgeiziges

Ziel zur Eindämmung der Erderwärmung zwischen 1.5 und 2 °C und stellte größere Geldtransfers für „ärmere" Staaten in Aussicht, fand aber auf der Ebene der realen Politik-Instrumente nicht zu einem befriedigenden Konsens.

Insbesondere wurden keine konkreten etwa auch völkerrechtlich bindende Maßnahmen beschlossen. Dies wurde vom Grünen-Politiker und ehemaligen Bundesumweltminister Jürgen Trittin zwar als „Besser als nichts!" bezeichnet, stieß aber hingegen bei dessen Parteikollegen Hofreiter und anderen „Grünen" zunächst auf teils sehr massive und auch einige durchaus nachvollziehbare Kritik.

Für global per Akkumulation in der Atmosphäre wirkende Gase entsteht jedoch fast zwingend ein erhebliches Anreizproblem für insbesondere kleinere und Staaten mit geringem Pro-Kopf-Einkommen. Jeder Staat kann sich zwar eine „schönere" oder „sichere" Welt vorstellen, schätzt aber wohl größtenteils zu Recht die eigenen Beitragsmöglichkeiten zu diesem breiten globalen Großprojekt als gering ein.

Solange also nicht eine weltweite Kooperation der wirtschaftlich stärksten und größten sowie bevölkerungsreichsten 75 Staaten zustande kommt, werden die kleineren kaum wirkungsvoll mitmachen: Sie hätten heute ziemlich sicher höhere Kosten als bisher zu tragen und die langfristigen Nutzeneffekte kämen allen zugute. Dann lohnt es sich als einzelner Staat schon eher, zunächst alle Verhandlungsanstrengungen zunächst auf möglichst hohe Transferzahlungen ohne harte verpflichtende Gegenleistungen zu richten und mit Maßnahmen erst abzuwarten. Auch derartiges ließ sich beim Pariser Abkommen beobachten. Spieltheoretisch entsteht somit eine durchaus schwierige Barriere für effektive Kooperation in den konkreten Maßnahmen.

Als der US-Präsident Trump Anfang November 2019 das Pariser Abkommen aufkündigte, stellte er besonders auch diesen Aspekt als politisches Gegenargument in den Mittelpunkt. Dieses sachlich nicht völlig unsinnige Argument von Trump galt jetzt – wohl wegen der „falschen" Person, welche diese Kritik äußerste – als „politisch unmöglich" und demzufolge hatte das Pariser Abkommen völlig überraschend plötzlich weit mehr Freunde bei überwiegend grün orientierten Menschen, die entweder die Details nicht kannten oder noch im Frühjahr 2016 sehr deutliche Kritik geübt hatten. So geht es halt zu in der Politik: Auch die gute Inszenierung zählt manchmal mehr als ein durchaus wichtiges Sachargument.

Bei den global per Akkumulation, d. h. im Zeitablauf stattfindender Ansammlung von Schadstoffen, wie etwa die so genannten Treibhausgase Kohlendioxid ($CO_2$), Methan ($CH_4$), Lachgas oder Distickstoffmonoxid ($N_2O$) entsteht ein weltweit gemeinsames „Auffüllen einer Badewanne mit begrenztem Fassungsvermögen und nur kleinem Ablauf" – ein populäres Bild, was nur teilweise angemessen ist. Wegen der weltweiten Wirkung der Treibhausgase (THG) entstehen neue

Probleme der Politik: Die Badewanne wird realiter nicht durch einen einzigen Wasserhahn aufgefüllt, sondern Milliarden verschiedene davon. Besonders übel kann sich das Hinzukommen immer neuer Zuflüsse (= Bevölkerungswachstum) und eine Verstopfung möglicher bisher vorhandener günstiger Abflüsse (etwa durch beschädigte oder reduzierte bisherige Ökosysteme, vulgo „Umpflügen der Erde") auswirken.

Dazu gibt es jetzt gedanklich zwei Fälle, wie etwa das gern verwendete Protestplakat „Climate Justice!" unterschiedlich zu interpretieren ist:

- Durch sofortigen Beschluss aller Staaten wird die Weltbevölkerung zukünftig fix bei 7,5 Mrd. Menschen gehalten. Da etwa 12–15 Mrd. t $CO_2$-Emissionen jährlich laut Verlautbarungen diverser „Klimaexperten" ohne weitere dramatische Wirkung in den natürlichen Kohlenstoffkreisläufen verarbeitet werden können, entfiele auf die Menschen zwischen 35° nördlicher und südlicher Breite (also nahe am Äquator) rund 1,6 t $CO_2$ pro Person, auf die Menschen nördlicher und südlicher davon wegen der kälteren Winter die restliche Quote.

   Da dies verpflichtend auf der Basis der nunmehr konstanten Bevölkerungszahlen ab 2030 gilt, kann sich jeder Staat ausrechnen, welche Volumina an $CO_2$-Emissionen ihm über die nächsten Jahre (z. B. für Verbrennungsprozesse fossiler Energieträger) noch zustehen. Der Restbedarf wäre über erneuerbare Energie ab 2045 zu decken. Der „Zufluss" in die Badewanne wäre dadurch auch jeweils auf nationaler Ebene gedeckt. Die „Gerechtigkeit" zwischen verschiedenen Menschen mit unterschiedlichem Heizungsbedarf wäre genauso geregelt wie die Gerechtigkeit zwischen den Generationen: Die Anzahl der auf der Erde lebenden Menschen wäre ja nach 2030 dauerhaft ebenfalls begrenzt.
- Solange jedoch die Weltbevölkerung faktisch weiter in Richtung 10–11 Milliarden Menschen weiterwächst, kommen neue Quellen der „Zuflüsse" in die Badewanne hinzu; ebenso aber auch „stärker verstopfte Abflüsse" durch Waldabholzungen und ähnliches Umpflügen der Erde und damit (Zer-)Stören von Ökosystemen. Länder mit stark weiter anwachsender Bevölkerung samt deren vermeintlich „berechtigten Ansprüchen" an industrielle Arbeitsplätze, Autos, Strom- und anderen Energieverbrauch verursachen massive sogenannte negative externe Effekte auf solche Staaten wie China mit Bevölkerungspolitik oder Japan oder in Europa, wo die Bevölkerung seit einigen Jahrzehnten eher stagniert bzw. gar leicht zurückgeht.

## 10 CO$_2$ und andere Treibhausgase – menschengemachte Klimaänderung II

Dann gäbe es logischerweise nur eine angemessene Antwort: Weil sie die Lösung eines globalen Problems erschweren, bekommen Staaten ohne aktiv ihren bisherigen Bevölkerungszuwachs bremsende Politik keinen weiteren Euro mehr an Unterstützung aus diversen „Klimafonds"! Wenn man sich heute bezüglich der Treibhausgase auf über 20-jährige IPCC-Arbeiten berufen kann, dann gilt ja erst recht: Die Studien an den Club of Rome in den 70er-Jahren und folgende haben genau ein solches rechtzeitiges Abbremsen der Bevölkerungszahl auf etwa 5 Mrd. Menschen verlangt. Diesen Punkt wollte schon damals niemand ernsthaft umsetzen! Religionen, Staatsversagen oder andere Interessen waren wohl mächtiger!

In der jetzigen Situation hat jedes einzelne Land bei globalen Problemen schon aus Eigeninteresse gute Motive, sich wenig kooperativ zu verhalten oder auch mehr oder weniger „faule Ausreden" vorzubringen wie etwa: „Ihr habt schon 170 Jahre lang viel CO$_2$ emittiert, jetzt sind wir erst einmal für achtzig Jahre dran". Die naheliegenden Antworten der Industriestaaten darauf wären dann sinnvollerweise: „Das waren 170 Jahre mit höchstens 1,5 Mrd. Menschen auf niedrigem Entwicklungsstand in den alten Industriestaaten – Euer Problem wären 80 Jahre mit nunmehr Euren 3–8 Mrd. Menschen" und außerdem: „Wollt ihr alle Medikamente oder technischen Verbesserungen der letzten 200 Jahre inklusive Computer u. ä. noch einmal selbst entwickeln?"

Ähnlich schwach begründet ist heute auch das populäre Verlangen nach angeblich gerechten undifferenziert „einheitlichen CO$_2$-Rechten pro Kopf der Bevölkerung" – unabhängig davon, ob die betroffenen Menschen in Nord-Kanada oder -Sibirien wohnen und dort dann letztlich erfrieren oder abwandern müssten.

Ein zweites schwieriges Problem entsteht durch das „wissenschaftlich eindeutige" Definieren und Festlegen des „begrenzten Fassungsvermögens" der Badewanne. In einer bereits stark durch immer mehr Menschen „umgepflügten Welt" mit großflächig veränderten Ökosystemen, insbesondere den natürlichen Kohlenstoffkreisläufen, dürfte diese Obergrenze anders aussehen, als in einer Welt mit noch weitestgehend intakter Natur und weitestgehend funktionierenden natürlichen Kreisläufen. Letzteres wird aber gerade durch eine immer noch weiter anwachsende Menschheit stärker beeinträchtigt.

Selbst wenn man als Gedankenexperiment den sieben Treibhausgasen die wichtigste Rolle im (zu welchem Anteil?) menschengemachten Klimawandel zuspräche, gäbe es immer noch zwei wichtige Punkte zu beachten:

**Fazit**
- Es gibt mehrere teils auch sehr wichtige und bedeutende Treibhausgase, also nicht nur $CO_2$. Einige $CO_2$-Moleküle in der normalen Luft sind auch keinesfalls giftig für Lebewesen. Deshalb wären auch bei einer unterstellten dominierenden Bedeutung der THG für den Klimawandel insgesamt alle Treibhausgase stark zu reduzieren: Wenn etwa die Methan- oder Lachgasemissionen weiter massiv anstiegen (Nassreisanbau, Rinder-, Ziegen- und Schafhaltung, unkontrollierte oder nicht gemessene Freisetzung aus alten Kohleflözen, Biogaskochern und -anlagen ... bzw. Stickstoffdünger- oder Gülleausbringung), wäre ja praktisch nichts gewonnen.
- Ohne wirkungsvolle faktische Kooperation auf globaler Ebene nützen isolierte Maßnahmen vor allem kleiner Staaten mit weniger als 1,5 % Anteil an den weltweiten Treibhausgasemissionen dem globalen Gut „Klima" fast nichts:
    Was bewirken selbst um 0,7 Mrd. West- und Mitteleuropäer im Jahr 2075 gegenüber 3,6–4 Mrd. Menschen in Pakistan, Indien und China? Alleine die Staaten der EU, Großbritannien und USA sowie Kanada und deren insgesamt gut 1 Mrd. Bevölkerung bewirken global dann fast gar nichts.

Die treibende Kraft „wachsende Menschheit" sowohl für „Umpflügen der Erde" (= Verstopfen der Badewannen-Abflüsse für $CO_2$) als auch für die weiteren Treibhausgas-Emissionen müsste als erste Maßnahme der Klimaschutzpolitik gestoppt werden.

# Denkbare Ursachen des seit 1850 beobachteten Klimawandels?

**11**

In den obigen Kap. 1, 5, 6 und 10 haben wir schon einige verschiedene potenzielle Einflussgrößen auf das Weltklima ausgemacht. Mit welchen Anteilen bzw. Gewichtung führen diese zum faktisch beobachtbaren Klimawandel seit etwa 1850? Und wie vollständig ist diese „Verursacher"-Liste?

Professor Dr. Stefan Rahmstorf vom Potsdam-Institut für Klimafolgenforschung (PIK), welcher definitiv nicht als Leugner eines „zum großen Teil menschengemachten" Klimawandels einzuschätzen ist, argumentierte schon im Jahr 2012, dass bei einer unterstellten Verdoppelung des $CO_2$-Gehalts der Erdatmosphäre mit einem direkten Effekt von circa 1 °C zu rechnen ist; dementsprechend bei heute etwas über 400 ppm (gegenüber etwa 300 ppm in 1850) ca. 0,33–0,40 °C. Lediglich über verstärkende weitere sekundäre Mechanismen würden die spürbar heftigeren Klima-Effekte wirksam.[1] Angesichts eines bisher unter 40 % gegenüber 1850 gestiegenen $CO_2$-Gehalts wäre somit die möglichst verlässliche Modellierung dieser zusätzlich benutzten „Rückkopplungen" und „Verstärkungen" äußerst wichtig.

Die Modellierung derartig komplexer sich wechselnd verstärkender und auch teilweise bremsender Mechanismen dürfte nach sowohl eigenen Erfahrungen des Autors mit bereits recht komplexen dynamischen Optimierungs- und Simulationsmodellen dynamischer Systeme als auch aufgrund von Gedankenaustausch mit fachlich kompetenten Kollegen aus den Bereichen Natur- und Ingenieurwissen-

---

[1] Quelle: Im Internet veröffentlichter Vortrag von Herrn Rahmstorf von Ende 2012: „Am Puls der Klimakrise + Update"; siehe Buchende. Dort heiß es wörtlich zum direkten Effekt von $CO_2$: „Etwa 1 °C davon beruht auf dem direkten Strahlungseffekt des $CO_2$, der Rest entsteht durch verstärkende Rückkopplungen, …" (meine Hervorhebung, WS).

schaften eine extrem schwierige Aufgabe sein. Im naturwissenschaftlichen Teil der IPCC-Berichte wird wiederholt auf die für die Modellierung extrem schwierige Rolle bspw. der Wolken hingewiesen.

Komplexe Modellierungen werden seit Jahrzehnten auch in anderen Wissenschaftszweigen benutzt, und jeder gute Modellierer kennt deren Tücken: So wird das Goodwin-(ursprünglich Lotka-Volterra-Räuber-Beute-)Modell mit stabilen Grenzzyklen (ständig oszillierend) durch Hinzufügen eines gering negativen quadratischen Terms in den Populations-Dynamiken zur Konvergenz in eine stabile Ruhelage gebracht. Ein Modell der Erde als „perfekte Kugel" stimmte schon wegen der Massenverteilung und auch der leicht flach gedrückten Form einer besonders großen Mandarine bestenfalls nur grob angenähert.

Zudem ist auch nach neuesten Erkenntnissen der sehr schwere Erdkern keineswegs perfekt rund, sondern enthält leichte „Ausbeulungen". Auch eine mathematisch einigermaßen gute Annäherung der Dynamiken von Meeres- und großräumigen Luftbewegungen und damit verbundener Energietransporte über teils weite Entfernungen dürfte noch extrem schwierig sein etc.

Und die dafür mathematisch anspruchsvollste Methode der finiten Elemente, bei der die Erdoberfläche mit 510 Millionen km$^2$ und die Atmosphäre darüber in kleine (bspw. dreieckige oder quadratische) Zellen von $x^2$ qkm Fläche und einer Höhe von y km unterteilt wird, für die jeweils lokal ein komplexes Differenzialgleichungssystem gelöst wird und nachfolgend solange iteriert wird, bis die jeweiligen Rand- und End-Bedingungen als Gesamtsystem rundum einigermaßen kompatibel sind, dürfte angesichts der unvollkommenen Kugel „Erde" und der komplexen Einflussmechanismen sehr viel schwieriger sein als etwa unter den technisch wohldefinierten Bedingungen eines Dampfkessels oder Flugzeugflügels, wo sich in Modellen oder Windkanälen einige gut definierte Experimente durchführen lassen.

Bei einer immer noch groben Seitenlänge des Quadrates von immerhin x = 100 km entstehen über die „Kugel" verteilt 51.000 Einzelzellen, deren Dynamik im superschnellen Computer (oder Computern) iterativ in allen Richtungen der „Kugel" abgestimmt werden muss. Sollte jede Zelle auch noch in drei Höhenschichten untersucht werden, entstünden ca. 153.000 derartige Zellen. Die Vielzahl der Gleichungen und deren vertretbare Parameter-Kalibrierung dürften jeden Modellierer nahezu irre machen. Die Öffentlichkeit kennt deshalb die Qualität und Umfang des Dateninputs, die „Feinheit" der Zellen und die jeweiligen Differentialgleichungssysteme praktisch nicht, bzw. kann faktisch damit nichts anfangen.

Oder es werden nur (in welcher Zeit stabil erreichbare?) Gleichgewichtslagen nach eine fiktiven Anpassungsdauer untersucht: Auch das wäre als allererster Analyseschritt durchaus akzeptabel. Dann wiederum könnte man jedoch nur schwer

## 11 Denkbare Ursachen des seit 1850 beobachteten Klimawandels?

Aussagen über denkbare Entwicklungen in ihrer realen Dynamik treffen. Derartige Probleme wird es durchaus in mehreren Disziplinen mit komplexer Dynamik der Größen geben, nicht nur für Geophysiker oder Klimaforscher.

Zudem birgt die Kalibrierung, d. h. die bestmögliche Parameterfestlegung nach einem „vernünftigen" Kriterium auch einige Tücken: Dafür gäbe es mathematisch mehrere Möglichkeiten (mathematisch: verschiedene „Normen" eines Funktionen-Raums genannt) für Modellrechnungen auf der Basis von sehr vielen Daten, welche unterschiedlich lange – einige eventuell nur Jahrzehnte, andere Jahrhunderte zurück – einigermaßen verlässlich und eventuell unterschiedlich hoch aggregiert verfügbar sind: Noch eine weitere erhebliche Unsicherheit!

Eine Vielzahl an realen Modellierungs-Tücken ermöglicht Irrtümer nach allen Seiten, nicht aus „böser oder guter Absicht", sondern ganz einfach schon aus Versehen oder der Unvermeidlichkeit für die Auswahl spezieller Funktionstypen beim Modellieren oder gegebener Unschärfe der Datenbasis.

Angesichts der Komplexität werden realiter somit wohl noch für längere Zeit erhebliche Unsicherheiten bzgl. der gewichteten Anteile möglicher Ursachen für den beobachteten Klimawandel gelten.

Folgendes Argument soll dennoch das Gas $CO_2$ als den „Hauptschuldigen" am Klimawandel sicher „überführen": Erst seit der intensiven Industrialisierung und der damit einhergehenden massiven Verbrennung fossiler Energieträger wie Kohle, Mineralöl oder Erdgas beobachten wir die seit etwa 170–180 Jahren anhaltende Erwärmung der Atmosphäre. Dieser Befund wird dann als „Beweis" für die überragende Rolle der Treibhausgase benutzt.

Dummerweise hat sich auch in derselben Zeitspanne die Bevölkerung und damit das auch klimarelevante „Umpflügen" der Erdoberfläche massiv erhöht und ebenso ging etwa 1840–1850 eine seit Ende des 14. Jahrhunderts bis dahin reichende teils extreme Kaltzeit zu Ende, so dass sich seit 1850 das Klima weltweit alleine dadurch etwas wärmer gestaltet. Was nun?

Derartig mehrere über Jahrzehnte parallel laufende Einfluss-Variablen a, b, c (eventuell auch bisher noch nicht wahrgenommene Größen d, e, …?) seit 1850 sorgen für Unsicherheiten für Modelluntersuchungen auf der Basis der vergangenen 170 Jahre. Dies ähnelt einem Kriminalfall, bei dem drei Täter als Mörder in Frage kommen. Die Ermittlungen müssten klären, ob eine Person völlig alleine als Täter überführt werden kann und ob die jeweiligen beiden andern nur Beihilfe geleistet oder gar alle drei mit unterschiedlichen Aktivitäten den Mord gemeinsam vollbracht haben? Und was, wenn hinter zwei Mörder-Kandidaten zurecht ein starker Mafia-Boss („wachsende Bevölkerung") als treibende Kraft vermutet wird? Ein noch so guter Indizien-Beweis könnte vor Gericht eventuell nicht für einen eindeutigen Schuldspruch ausreichen. Die denkbare Bandbreite möglicher Ursachen für den faktisch beobachtbaren Klimawandel und die Komplexität der erforderlichen letzten „Beweisführung" ist daher bisher wenig geeignet, nur eine einzige Einflussgröße ganz sicher als zu über 80 % wirkende Ursache zu unterstellen.

In der Kompaktfassung gilt etwa folgendes:

a) Natürliche Einflüsse wie Eiern der Erdachse[2] (zwischen 22,5 und über 24° Neigung) und historisch seit einigen 1000 Jahren rund alle 500 Jahre je eine Warm- und Kaltzeit sind bisher zu beobachten. Die letzte „kleine Zwischeneiszeit" begann etwa 1375 und endete 1850. Dies führte auch aus natürlichen Gründen nach 1850 zu einer inzwischen 170-jährigen Erwärmung. Eine solche längerfristige wirkende natürliche Wiedererwärmung könnte zumindest in den regelmäßigen Zyklus der letzten 2000 Jahre passen.

b) Die Weltbevölkerung 1840 lag bei 1,2 Mrd. Menschen. Sie ist seitdem auf heute 7,8 Mrd. (das 6,5-fache) angestiegen und wird bald auf ca. 10 Mrd. wachsen mit der Konsequenz eines ständig wachsenden Bedarfs an landwirtschaftlich nutzbaren Flächen (Trockenlegung von Feuchtgebieten, Waldrodungen, ...), Siedlungsgebieten, Erschließung von Rohstoffen. Der durch „Umpflügen der Erd-Oberfläche" ausgelöste „changed land use" ist als Faktor für den menschlichen Einfluss auf das Weltklima seit der CoP 7 in Marrakesch 2001 explizit anerkannt, auch weil er den natürlichen Wärme- und Feuchtigkeitshaushalt und damit die natürlichen großen Energie- und Stoffkreisläufe massiv stört.

c) Die beschleunigte Industrialisierung und auch das parallel verlaufende Menschheitswachstum ab 1840 führte zu einem steigenden Energiebedarf, dessen Deckung zuerst fast alleine von der Kohle, ab 1859 zunehmend auch von Mineralöl und regional unterschiedlich ab 1920 (USA) bzw. 1960 (Europa, UdSSR) von Erdgas (ca. 90 % Methan $CH_4$) getragen wurde: $CO_2$ wird bei Verbrennung dieser fossilen Energien unterschiedlich intensiv emittiert. Mit höherem Wohlstand und wachsender Bevölkerung kamen zusätzlich Gase wie Methan aus Nass-Reisanbau, Mülldeponien, Biogasanlagen, große Herden von Wiederkäuern wie Rinder, Schafe oder Gnus, oder auch Lachgas $N_2O$ aus Stickstoffdüngung oder ein Bündel von Fluorgasen hinzu,

---

[2] Das periodische leichte Taumeln („Eiern") der Erdachse beruht auf natürlichen Faktoren wie Einfluss von Sonne, Mond und anderer Planeten, dass Drehachse und Hauptträgheitsachse wegen der ungleichen Massenverteilung auf der „Erdkugel" nicht genau gleich sind etc. Dieses „Eiern" verändert jedoch bspw. die relative Sonneneinstrahlung auf Land und Wasser.

Die Freisetzung sowohl eines großen Pakets von sieben wichtigen Treibhausgasen als auch das Umpflügen der Erdoberfläche wären direkt und indirekt Einflusskomponenten eines von Menschen gemachten Klimawandels: Der mächtigste Treiber im Hintergrund, oben im Text als der „treibende Mafiaboss" bezeichnet, wäre die weiter wachsende Menschheit.

Mögliche in der Zeit veränderliche Gewichtungen sowie komplexe Nicht-Linearitäten in einem Setting von sich eventuell wechselwirkend beeinflussenden „Ursachen" und ein bei drei ähnlich in der Zeit laufenden Einfluss-Faktoren generell auftretendes und häufig kaum lösbares Identifikationsproblem bleiben i. d. R. in Diskussionen außen vor.

Habe ich bspw. über 50 Jahre mäßig gute Daten, aber nur 25 Jahre teilweise recht genaue und auch besser untergliederte Daten, so bekomme ich die Ungenauigkeiten der Parameter-Schätzungen in zwei verschiedenen Formen zu spüren, wie auch immer ich mich entscheide. Diese sind aber angesichts der Datenlage unvermeidlich. Sofern ich beides separat modelliert habe, kann ich entweder das „Glück" haben, dass die Parameter recht ähnlich geschätzt werden oder wähle ich dann nach „Geschmack" oder politischer Präferenz die ab jetzt geltende „wahre Lösung"? Das erstere Ergebnis wäre eher vertretbar, das zweite einfaches Glücksspiel.

Mit mittlerweile fast 50 Jahren erfolgreicher Berufstätigkeit als Mathematiker, davon über 40 als Professor für Volkswirtschaftslehre (seit August 2013 emeritiert), insbesondere zu Umwelt, Ressourcen und Energie sowie in der Modellierung komplexer Systeme tätiger Mensch ziehe ich praktisch aus allen bisherigen noch so komplexen Modellrechnungen einen nüchternen Schluss: Traue nur denjenigen Modellen, die du selbst – eventuell im Team – mit deinem beschränkten mäßigen Wissen und den verfügbaren teils dürftigen Daten und auch wagemutigen Annahmen bezüglich zentraler im Modell über Jahrzehnte stabiler Zusammenhänge modelliert hast! Nur dann kannst du wenigstens grob ahnen, was in welcher Richtung etwa wieviel falsch sein kann und wo noch erhebliche Daten- und Wissenslücken sind.

Welche Gewichtung der Beiträge zum Klimawandel a)–c) lässt sich nun somit „relativ sicher beweisen"? Ist (a, b, c) als (33 %, 30 %, 37 %) oder eher (27 %, 25 %, 48 %) oder gar (15 %, 20 %, 65 %) wahrscheinlicher, zumal der direkte $CO_2$-Effekt bisher bei unter 40 % Anteil läge? Selbst im dritten Fall verursachte das Gas $CO_2$ nur rund 55 % aller Klimaprobleme, da es ja auch noch andere relevante Treibhausgase gibt! Wie trennt man dies?

Und mit rein „statistischen" Zusammenhängen zwischen einer Variablen x und den „erklärenden Größen a, b und c (d, e, …)" lässt sich ohnehin keine Kausalität begründen, sondern nur ein ähnlicher Verlauf konstatieren: In der ersten Hälfte des

20. Jahrhunderts hatte die etwas weniger gebildete und stärker religiöse Landbevölkerung im Durchschnitt eine deutlich höhere Geburtenzahl als die Städterinnen, weil auch Selbstversorgung und einfaches Wohnen möglich war. Auf dem Lande gab es deutlich mehr Störche als in städtischen Gebieten. Korrelierte man Geburtenzahl und Störche miteinander, so war der Zusammenhang sehr gut und über Jahrzehnte stabil: Wäre damit statistisch nachgewiesen, dass der Storch die Kinder brächte? Offensichtlich eine sachlich völlig unsinnige Fehlinterpretation der Korrelation!

Das Ergebnis für die praktische Politik ist jedoch ernüchternd:

- Punkt [a] ist derzeit politisch „igitt", vor allem durch den politischen Teil des IPCC (Intergovernmental Panel on Climate Change; auf Deutsch häufig: „Weltklimarat")[3] und politisch „grünen Organisationen" nicht gelitten, d. h. auch ungern erwähnt, und
- Punkt [b] wird wegen vermeintlicher politischer Unlösbarkeit (katholische Kirche, Muslime, ...) lieber nicht erst breit öffentlich diskutiert, obwohl die weiterwachsende Menschheit auch als starker Treiber für [c] gilt.
- Somit bleibt als einzige genannte „Ursache" für eine langsame Erwärmung seit etwa 1850 letztlich Punkt [c] und davon politisch wiederum bevorzugt zu rund 90 % vor allem „$CO_2$" als Quelle allen Übels übrig.

Wäre jedoch der „wahre" isolierte Einfluss von $CO_2$ deutlich geringer und wir würden vorrangig dessen Ausstoß zukünftig mit erheblichen Kosten stark verringern, dann gingen die Auswirkungen der übrigen Einflussgrößen eventuell munter weiter hoch: Tropische Regenwälder würden weiter stark abgeholzt und in Palmöl-Plantagen umgewandelt, damit Deutschland „Biokraftstoff" herstellen kann, massenhafte Haltung riesiger Rinder- und Schafherden sowie Nassreisanbau etc. und deren Methanemissionen gingen weiter: Die in Richtung über 10 Milliarden wachsende Erdbevölkerung benötigt letztlich dringend Lebensmittel, und sie will sich ja manchmal auch etwas Gutes gönnen oder auch einfach nur überleben!

Der Zuwachs anderer Treibhausgase und der treibende Faktor für den weiter wachsenden Energieverbrauch der immer größeren Menschheit ließen eventuell über viele Jahrzehnte kaum nach. Schon dies wäre bereits selbst stark

---

[3] Für den politisch-ökonomischen Teil des 2. „IPPC Sachstandsberichts" wurde der Autor Mitte der 90er-Jahre zur sachlichen Kritik und möglichen Verbesserungsvorschlägen einer Entwurfsfassung eingeladen. Nachdem ich auf einige ökonomisch eher dürftige Argumente wie bspw. Ignorierung aller Rebound-Effekte u. a. hingewiesen hatte, wurde ich dazu nie wieder gefragt.

klimaschädlich. Schlimmstenfalls würde das Weltklima seine Dynamik bei Fokussierung auf nur vorwiegend $CO_2$ eventuell nur sehr gering verändern.

Das heißt natürlich nicht, dass „Weitermachen wie bisher" eine gute Strategie wäre: Man sollte jedoch bei allen guten Absichten auch die Probleme bei der Umsetzung neuer Maßnahmen realistisch im Blick haben und dann das ganze Bündel bewerten. Höre ich auf der Autobahn im Radio eine leicht verrauschte Durchsage über einen sich aufbauenden großen Stau, sollte ich eventuell nicht mehr mit 150 km/h, sondern eher mit 100 km/h und besonders aufmerksam weiterfahren. Umgekehrt sollte ich auch keine sofortige Vollbremsung machen: Diese könnte Ursache für einen weiteren schweren Unfall sein. Und wenn die übrigen Verkehrsteilnehmer weiter mit 150 km/h fahren, ist mein individueller Sicherheitsgewinn auch deutlich geringer.

Das weiß jeder Autofahrer, der im Winter plötzlich starkes Glatt-Eis auf der Autobahn bemerkte und auf der ganz rechten Seite der Fahrspur mit 60 km/h und Nebelschlussleuchte weiterfuhr. Manche Lastkraftwagen donnerten mit fast 100 km/h am Pkw vorbei – einige hupten sehr empört über dieses sehr weit rechts fahrende Auto mit nur 60 km/h! Ganz offensichtlich auch ein praktisch sehr relevantes Verständnis- und Koordinierungsproblem!

**Fazit**
- dass einerseits über die Vielzahl möglichen Ursachen der seit etwa 1850 beobachteten Erwärmung noch erhebliche Unsicherheiten herrschen, welche auch nicht mit „statistischen Methoden" beweiskräftig geklärt werden können, da die denkbaren erklärenden Faktoren in hohem Maße in der Zeit „sehr ähnlich" verlaufen sind,
- sowie weiter anwachsende Bevölkerung in jedem Fall zwei wichtige Größen, nämlich sowohl die noch verbleibenden „$CO_2$-Budgets" (pro Kopf oder auch regional differenziert) als auch die Belastbarkeit der natürlichen Kreisläufe durch „Umpflügen" derart massiv beeinträchtigen könnte, dass eine sehr baldige Stabilisierung der Weltbevölkerung Bestandteil jeder Politik sein müsste. Diese wichtige treibende Kraft hinter den Dynamiken „Energieverbrauch" und „Umpflügen der Erde" muss ohnehin bald zwingend zur Ruhe kommen: Ansonsten sind sämtliche Pseudo-Rechnungen über $CO_2$-Budgets (für wie viele Menschen?) ohnehin nur Makulatur.

# Der EU-$CO_2$-Emissionshandel seit 2005

**12**

Um das Kyoto-Protokoll von 1997, das völkerrechtlich für genau fünf Jahre von 2008 bis 2012 galt, auch praktisch umzusetzen, führte die EU beginnend mit einer „Versuchsphase" ab dem Jahr 2005 einen $CO_2$-Emissionshandel (auf Englisch: EU-ETS= emissions trading system) für bestimmte energieintensive Wirtschaftszweige wie Kraftwerke, Zement-, Papier-, Eisen- und Stahlindustrie und bestimmte Chemieanlagen, ein. Dieses spezielle in der Abb. 12.1 im linken unteren Teil sektoral abgegrenzte, System betraf nur eine Teilmenge der Wirtschaft (weder Handwerk, Dienstleistungen, …) und auch nicht alle THG (weder Lachgas, Methan, …) des Kyoto-Protokolls.

Von den damals sechs THG (heute hat man 7 wichtige) des Kyoto-Protokolls wurde damit nur das THG $CO_2$ als Teilmenge der Gase und von allen Bereichen der Wirtschaft auch nur eine Teilmenge der Sektoren herausgenommen und in ein europaweites Handelsregime integriert. Für die darin eingeordneten Sektoren gilt seitdem ein jeweils für mehrere Jahre im Voraus festgelegtes EU-Gesamtmengenziel. Inzwischen nehmen weiterhin UK (Großbritannien) und auch noch Norwegen, Island und Liechtenstein und in anderer Form die Schweiz am EU-ETS teil.

Das Handelssystem nennt man auf Englisch: „Cap-and-trade-System". Vorab wird ein ökologisch vernünftig als Zwischenschritt gut begründetes und an nationalen zugesagten Beiträgen orientiertes Gesamtziel der in der EU insgesamt zulässigen $CO_2$-Emissionen (Cap) festgelegt und dafür Zertifikate vergeben. Dies geschah bis 2012 größtenteils kostenlos, inzwischen werden die Berechtigungen für eine Tonne $CO_2$ im Wesentlichen versteigert.

Diese Emissionsberechtigungen können auf dem Markt frei gehandelt werden (Trade). Hierdurch bildet sich ein EU-weit einheitlicher Preis für den Ausstoß von Treibhausgasen. Dieser reizt dann Brennstoffwechsel oder Modernisierungsstrategien

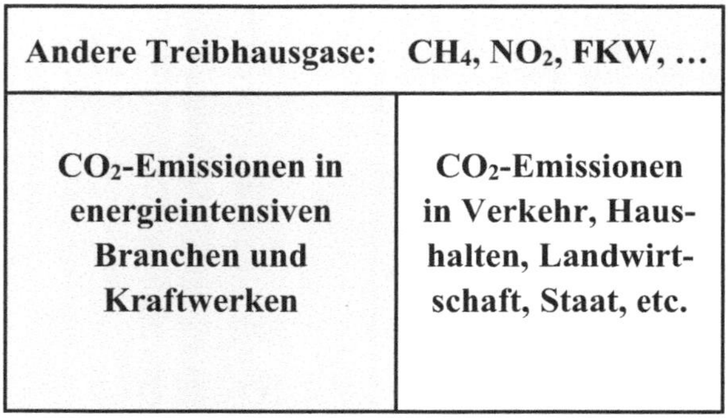

**Abb. 12.1** EU-$CO_2$-Emissionshandel als Teilsystem

| | |
|---|---|
| **Andere Treibhausgase:** | **$CH_4$, $NO_2$, FKW, …** |
| **$CO_2$-Emissionen in energieintensiven Branchen und Kraftwerken** | **$CO_2$-Emissionen in Verkehr, Haushalten, Landwirtschaft, Staat, etc.** |

der Industrie dort am ehesten an, wo es derzeit in ganz Europa am kostengünstigsten ist. Seit einigen Jahren ist auch der innereuropäische Luftverkehr in den EU-ETS integriert.

Sobald im EU-$CO_2$-ETS das EU-$CO_2$-Gesamtziel für Papierindustrie, Eisen- und Stahlindustrie, Stromerzeuger, Zementindustrie etc. ex ante (im Voraus, zu Beginn der Periode, d. h. heute für die 4. Handelsperiode 2021–2030) festliegt, können die dortigen Unternehmen untereinander EU-weit $CO_2$-Zertifikate handeln. Durch den Handel kann das EU-Ziel für die maximal zulässige EU-Gesamt-Emissionen von $CO_2$ bspw. im Extremfall fast völlig durch kostengünstige Maßnahmen über einige Jahre in den Ländern A und B erreicht werden, weil diese Länder die meisten kostengünstigen Potenziale für rationelle Techniken oder erneuerbare Systeme haben und die Unternehmen in den anderen EU-Ländern C, D mit sehr teuren Potenzialen zur $CO_2$-Vermeidung verzichten vorläufig darauf und kaufen stattdessen Zertifikate von den anderen hinzu.

Für die nicht im EU-ETS liegenden Bereiche (Gewerbe und Dienstleistung, Verkehr, Haushalte, Handwerks- und Industriebetriebe, Staat, etc. = übrige Flächen) und die sonstigen Treibhausgase müssen die nationalen Regierungen anteilig als noch verbleibende nationale Ziele deren Emissions-Minderungen mit anderen Instrumenten anstreben.

Damit wurde zumindest für große Teile der Industrie der Idee des europäischen Binnenmarktes Rechnung getragen: Wenn nämlich europaweit agierende Großunternehmen mit Standorten in etwa 5 verschiedenen EU-Ländern an jedem Standort unterschiedlich „strenge" nationale $CO_2$-Ziele einhalten müssten, könnte man jeweils nationale Ziele ja durch Standortverlagerung in noch „freie Spielräume" ausnutzen. Dies wird aber bei einem global wirkenden Impuls letztlich völlig unsinnig.

Im Grund müsste dann logischerweise zu Ende gedacht auch ein weltweites solches System eingeführt werden. Wenn in Asien oder Südamerika mit deutlich „schwächer ambitiösen" Zielen und deshalb noch viele Kohlekraftwerken wichtige energieintensiv hergestellte Vorprodukte importiert werden, fielen dort die entsprechenden $CO_2$-Emissionen an: Weltweit gesehen wenig nützlich. Bei weltweitem $CO_2$-Handel entsteht ein neues Problem: In der Praxis dürfte diese Idee, ähnlich wie eine weltweite einheitliche $CO_2$-Steuer daran scheitern, dass der „Währungskorb", in welchem die $CO_2$-Zertifikate bzw. -Steuer gelten soll, für einige Länder noch erträglich wäre, für die untere Mittelschicht etwa in Indien oder ähnlichen Ländern jedoch eine sehr drastische Realeinkommenssenkung bedeutete.

Der EU-$CO_2$-ETS ist noch heute das wichtigste europäische Klimaschutzinstrument. Neben den 27 EU-Mitgliedstaaten und trotz des EU-Austritts auch UK (Großbritannien) haben sich inzwischen auch Norwegen, Island und Liechtenstein dem EU-Emissionshandel angeschlossen (EU 31). Darin werden mittlerweile die $CO_2$-Emissionen von europaweit rund 11.000 Anlagen der Energiewirtschaft und der energieintensiven Industrie (davon in Deutschland ca. 1850) erfasst, was damit rund 40 % der Treibhausgas-Emissionen in Europa abdeckt. Seit 2012 ist auch der europäische Luftverkehr mit Starts oder Landungen in der EU in den EU-ETS einbezogen.

In einem vorab festgelegten Umfang können auch Gutschriften aus internationalen Clean-Development-Mechanismen und Joint Implementation-Projekten, d. h. international vereinbarten Maßnahmen des Kyoto-Protokolls eingebracht werden. Durch die Nutzung derartiger internationaler Mechanismen wird natürlich die faktisch zulässige Emissionsobergrenze für die EU etwas erhöht. Die Logik ist jedoch, dass eine höhere Reduktion von Treibhausgas-Emissionen etwa in Brasilien oder Südost-Asien mit Finanzierung durch ein EU-Unternehmen pro Million € letztlich für die gesamte Welt deutlich vorteilhafter ist.

Seit Beginn der dritten Handelsperiode 2013 wurde die Anzahl der im EU-ETS befindlichen Anlagen (wie Nichteisenmetallverarbeitung, Aluminium, Ammoniak und weitere Stoffe) erweitert. Außerdem gelten seit der dritten Handelsperiode modifizierte Regeln für einige FKW- oder $NO_2$-Emissionen der energieintensiven Industrien. Für die vierte Handelsperiode ab 2021 sind teils berechtigte, teils sogar die Funktionsweise des EU-ETS überlagernde Korrekturen vorgenommen worden. Auf diese Fragen soll hier nicht näher eingegangen werden, da sie zu stark in die Details gehen.

Die jeweiligen Emissionsobergrenzen für den EU-ETS für die erste (2005–2007), zweite (Kyoto-Periode 2008–2012) und dritten Handelsperiode (2013–2020) wurden jeweils eingehalten. Obwohl natürlich ein nationales Teilziel im Rahmen des EU-ETS sinnlos ist, stellen Journalisten gerne fest, ob etwa Deutschland „seine

Gesamt-Ziele" für 2020 erreichen konnte oder nicht. Bei dieser nicht besonders erhellenden Diskussion hätte es ohnehin nur um die außerhalb des EU-ETS liegenden THG-Emissionen gehen können. Als Folge der durch die CORONA-Pandemie verursachten wirtschaftlichen Krise wurden letztlich auch diese Teil-Ziele für die nicht im EU-ETS liegenden Sektoren sämtlich erreicht.

Manche Politiker hätten auch lieber eine für einen gewissen Zeitraum fixe und dann langsam ansteigende $CO_2$-Steuer eingeführt. Im Unterschied zum EU-ETS wäre dann die Bepreisung von $CO_2$ fixiert worden, wobei nach acht Jahren eventuell das Mengenergebnis der Emissionen überrascht hätte. Im EU-ETS war hingegen das Mengenziel fixiert und der ETS-Preis für $CO_2$ schwankte je nach Wetter oder Konjunkturlage: Gutes Wirtschaftswachstum und kalte Winter erhöhen tendenziell den $CO_2$-Preis; nach Wirtschaftskrisen oder milden Wintern fällt der $CO_2$-Preis am Markt. Man kann jedoch nicht gleichzeitig beide Größen fix halten. Die jeweils andere Größe verbleibt als Restrisiko der Politik.

Drei grundsätzliche Probleme einer für einen Raum A (wie Europa) geltenden $CO_2$-Preise, ob durch den EU-ETS bestimmt oder als $CO_2$-Steuer festgelegt, sind wie folgt:

- Wenn dieser $CO_2$-Preis im Raum A recht hoch ist, geraten die hiesigen Firmen entweder derart unter den Importdruck der ausländischen Konkurrenten, die keinen oder sehr niedrigen $CO_2$-Preis entrichten müssen. Entweder gehen diese Firmen dann hier pleite oder sie verlagern ihren Standort in das Ausland, wo günstigere Energiepreise gelten. Das nennt man „Leakage-Effekt" der $CO_2$-Politik in Raum A. Derartigen Effekten kann man nur entkommen, wenn entweder alle mitmachen oder ein äußerst kompliziertes „Grenzausgleichssystem" für den internationalen Handel für energieintensive Güter geschaffen und praktiziert wird, was durchaus sehr hohe Bürokratie- und politische Kosten haben wird.

- Die Anbieter fossiler Energien mit noch recht großen Vorräten an Kohle, Öl oder Gas müssen ihre optimierten Pläne des Abbaus über die nächsten Jahrzehnte überprüfen. Manche mit besonders günstigen Förderkosten und großen Reserven werden dann den heutigen Ölpreis ein wenig senken, um wenigstens für die nächste Zukunft über einige Jahrzehnte noch gute Öleinnahmen zu haben. Dies nennt man einen „Rebound-Effekt" von Seiten der Ressourcenanbieter.

Einen anderen Rebound-Effekt kann es auch auf Seiten der Energienachfrager geben. Wenn mein neues Auto statt wie bisher 8 Liter/100 km nunmehr nur noch 5,5 Liter verbraucht, könnte ich geneigt sein, es etwa bei schlechtem

Wetter öfter als bisher zu benutzen: Meine höhere Bequemlichkeit bei der Autonutzung kostet mich ja jetzt weniger als vorher.
- Alle Unternehmen bzw. Handwerksbetriebe, aber auch die privaten Haushalte müssten eine ernsthafte Wechsel-Option für „neue umweltfreundlichere" Lösungen haben, die bei einem $CO_2$-Preis von ca. 80 €/t $CO_2$ auch funktionieren würde. Derzeit ist auf vielen konkreten Gebieten wie „grüne" Gebäudeheizung oder flächendeckende E-Mobilität eher das Wunschdenken verbreitet. Damit steigen effektiv nur die Staatseinnahmen an.

Deutschland als größter Mit-Spieler im EU-ETS beeinflusst natürlich den resultierenden $CO_2$-Preis. Etwa 245 Mio. t $CO_2$-Äq (rund 70 % der deutschen ETS-Emissionen) stammten im Jahr 2019 aus Energieanlagen, obwohl diese nur etwas mehr als die Hälfte des deutschen Anlagenbestandes (1850) ausmachen. Maßgeblich trugen dazu die so genannten „Großfeuerungsanlagen", das heißt Kraftwerke, Heizkraftwerke und Heizwerke mit einer Feuerungswärmeleistung von über 50 MW bei. Die deutschen Industrieanlagen verursachten mit rund 119 Mio. t $CO_2$-Äq rund 30 % der Emissionen im ETS; darunter Eisen- und Stahlindustrie, mineralverarbeitende Industrie wie Zement, Raffinerien und chemischen Industrie.

Die Emissionen der energieintensiven Industrie lagen schon 2013 bis 2018 jeweils in einer Größenordnung von rund 125 Mio. t $CO_2$-Äq und fielen 2019 gering auf 119 Mio. t $CO_2$-Äq, so dass seit 2013 die Emissionssenkungen der Energieanlagen (wie Kraftwerke, Raffinerien, …) den Löwenanteil der $CO_2$-Minderungen beitrugen.

Die Erfüllung nationaler oder gar regionaler Ziele etwa für Bundesländer jetzt noch nachträglich (ex post) für besondere Unternehmensgruppen zu verlangen, ist unlogisch und konterkariert die Handelsidee: Die oben genannten Länder C und D hätten ihre nationalen Ziele rein statistisch ex-post (im Nachhinein) zwangsläufig verfehlt. Das heißt konkret: Jeder spezielle heutige deutsche Wunsch, mit zusätzlichen Maßnahmen weniger Kohle nur in der deutschen Stromerzeugung einzusetzen, nützt anderen wie der spanischen Stahlindustrie, der EU-Zement-, Chemie- oder Papierindustrie oder den griechischen Braunkohlekraftwerken. Dem Weltklima nützt diese gute und „hehre" Absicht während der Handelsperiode leider nichts, es sei denn, man „erfindet" völlig neue teils absurde Spielregeln im ETS!

Die EU hält durch dieses System die Gesamt-Obergrenze für die EU an $CO_2$-Emissionen (für das blaue System im gesamten europäischen ETS) zu 100 % exakt ein, und das war genau die politische Absicht. Der tatsächlich im Markt realisierte $CO_2$-Preis kann dann mit Wetter, Konjunktur, Rebound-Effekten und anderen Faktoren schwanken. Für die nicht im EU-ETS-System befindlichen Sektoren sowie die übrigen THG muss natürlich deren angestrebter verbleibender

Reduzierungsanteil jeweils in jedem Land mit nationalen Maßnahmen in jeder Periode gesondert erreicht werden.

In den bisherigen Jahren 2008–2020 erlaubte deshalb die deutsche Stromerzeugung aus erneuerbaren Energien jeweils erst für die dann nachfolgende Handelsperiode eine etwas „schärfere" $CO_2$-Obergrenze der EU. Nach der erfolgten Festlegung dieser Obergrenze konnten bspw. besonders windreiches Wetter oder unerwartet starker Ausbau der Fotovoltaik keine einzige t $CO_2$ zusätzlich global einsparen. Diese Einsparung erfolgte vielleicht in Deutschland, jedoch nicht in der ganzen EU (außergewöhnlich erfolgreiche deutsche Fördermaßnahmen oder gutes Wetter für EE-Strom bedeuten weniger intensive $CO_2$-Minderungsanstrengungen andernorts in der EU). Und dies jährlich mit einem inzwischen deutlich zweistelligen Milliardenbetrag von über 25 Mrd. €, was immerhin einem $CO_2$-Preis von deutlich über 150 bis zu 400 €/t entspricht, während der $CO_2$-Börsenpreis im EU-ETS viele Jahre zwischen 60 und 5 €/t $CO_2$ schwankte: Derartige faktisch entstandenen Preis-Unterschiede deuten auf große unsinnige Ineffizienzen hin!

Noch ein kleiner Hinweis für die Leser: Immer wieder wird von Ökonomen und Journalisten aus statistischen Analysen zwischen Bruttoinlandsprodukt und $CO_2$-Ausstoß abgeleitet, dass mit wachsendem Pro-Kopf-Einkommen in „reifen Volkswirtschaften" der Industriestaaten die Emissionsmenge absolut zurückgehen würde. Dann bräuchte man eigentlich ja nur zuzuwarten, dass es weltweit allen Menschen materiell deutlich besser ginge, und alle Probleme lösten sich dann von selbst.

Diese in der Fach-Sprache so genannte Kuznets-Kurve ist natürlich in einer weltweit stark verflochtenen Volkswirtschaft empirisch ziemlich schwierig zu überprüfen: Durch etwa steigenden Import als Ersatz für bisher im Inland energieintensiv hergestellter Güter verlagert sich offensichtlich ein Teil der bisherigen Emissionen verstärkt in das Ausland, wo noch nicht so harte Ziele wie in der EU gelten. Basierend auf diesem „Leakage-Effekt" der nur für einen speziellen Wirtschaftsraum geltenden Umweltpolitik könnte man sich als Extremfall ein Industrieland vorstellen, welches sämtliche „schmutzigen" und belastenden Emissionen ins Ausland verlagert und sich für seine rasche Annäherung an „Klimaneutralität" als besonders erfolgreich und sauber darstellt – was es natürlich bei einem global wirkenden Gas keineswegs ist: Die Probleme haben jetzt ausweislich der Statistik nur andere Staaten.

Statistisch wird dieses Land jedoch nunmehr als „vorbildlich" ausgewiesen. Untersuchungen des IFO-Instituts deuten klar darauf hin, dass nach Bereinigung um derartige Außenhandelseffekte die dann resultierende „korrigierte" Kuznets-Kurve weiter, wenn auch mit leicht abflachender Steigung zunimmt, wobei eine

Mischung aus Umweltpolitik und tatsächlich relativ abnehmender energieintensiver Käufe wirksam sein kann.

**Fazit**
In unterschiedlich intensiv ökonomisch integrierten Räumen ist die insgesamt kostengünstigste Klimaschutzpolitik nicht ganz einfach umzusetzen.

Wenn es für einen wichtigen Teilbereich wie die EU bereits mit dem EU-ETS ein gut wirkendes System gibt, sollte man dies als Bürger zu Kenntnis nehmen und das System nicht mit 27 diversen gewünschten Sonderregelungen überfrachten und letztlich in seiner Logik beeinträchtigen.

# Die Vorgeschichte der deutschen Energiewende: Von 1970 bis 2011

# 13

Ein Blick zurück wirkt manchmal sehr erhellend – auf Straßen und Autobahnen ist der Blick in den Rückspiegel sogar dringend vor jedem Fahrmanöver zu empfehlen. Manchmal ist dieser Hinweis auch im menschlichen Zusammenleben nützlich. Deshalb folgt jetzt grob skizziert ein Rückblick über die wichtigsten Themen der Energiepolitik seit den siebziger Jahren.

Die ersten 2 ¾ Jahre der siebziger Jahre waren für die Bürger wirtschaftlich und auch noch hinsichtlich der Energieversorgung recht entspannt. Der damals äußerst wichtige Weltölmarkt wurde von den „Sieben Schwestern" Standard Oil of New Jersey (Exxon), Texaco, Gulf, Standard Oil of New York (Mobil) und Standard Oil of California (Socal; heute ihr Kraftstoffname: Chevron) sowie den westeuropäischen Ölfirmen British Petroleum (BP) und Royal Dutch Shell (SHELL) dominiert, welche die riesigen Ölreserven im Nahen Osten in verschieden zusammengesetzten Konsortien aufgeteilt hatten und damit faktisch zum marktdominierenden Kartell geworden waren. Es gab zwar ab 1970 erste starke Konflikte um die Aufteilung des Ölpreises zwischen den Ölunternehmen einerseits und den immer selbstbewusster werdenden Ölstaaten andererseits; noch ohne arge Konsequenzen!

Ein weiteres – jedoch fast nur von Energie-Fachleuten wahrgenommenes – wichtiges Ereignis war, dass ab dem Jahr 1971 die USA nicht mehr Netto-Ölexporteur, sondern zum -Importeur wurden. Da der Nahe Osten die damals größten bekannten Ölreserven neben der Sowjetunion hatte, verlagerte sich die Macht über Entscheidungen für Ölförderungen somit zunehmend zu den Konzern-Tochterunternehmen in dem politisch instabilen ressourcenreichen Nahen Osten, dessen Öl-Exporte für viele Länder wichtig waren. Die beiden wichtigsten Einflussfaktoren für diese Instabilität waren seit 1949 bis zum heutigen Tag: Eine den meisten arabischen Staaten und Iran gemeinsame feindselige Haltung gegenüber dem Staat Israel und eine innermuslimische Glaubensspaltung in schiitische (Iran, große Teile Iraks) und sunnitische (Saudi-Arabien und andere Golfstaaten) Richtungen, die sich gegenseitig ablehnten oder sogar feindselig gegenüber standen.

Dort begannen im Herbst 1973 für viele Länder erschreckende Ereignisse: Am 6. Oktober 1973, dem höchsten jüdischen Feiertag Jom Kippur, starteten Ägypten und Syrien praktisch zeitgleich einen Überraschungsangriff sowohl auf der Sinai-Halbinsel als auch den Golanhöhen. Beide Bereiche waren seit dem Sechstagekrieg 1967 von Israel besetzt. In den ersten zwei Tagen rückte die ägyptische Armee zügig vor, ebenso die Syriens. Israel hatte wegen des hohen jüdischen Feiertages zunächst seine Truppen mobilisieren müssen.

Schon in der zweiten Kriegswoche waren die Syrer vollständig aus den Golanhöhen wieder zurückgedrängt worden, und nach einem taktisch geschickten Rückzug auf dem Sinai stieß Israel dann nach zwei Tagen auf der gesamten Sinai-Halbinsel gegen die weit vorgestoßenen ägyptischen Armeen mit einem massiven Gegenangriff vor. Es drohte bald eine Einkesselung und Abschneiden des Nachschubs und damit ein erheblicher Gesichtsverlust für die Regierung Ägyptens. Israelische Truppen erreichten bereits den Suezkanal, bevor ein von den Großmächten initiierter UN-Waffenstillstand am 24. Oktober 1973 in Kraft trat. Der „Jom-Kippur"-Krieg im Herbst 1973 hatte trotzdem weitreichende Konsequenzen.

Die arabischen Ölstaaten wie Saudi-Arabien, Emirate oder Kuwait und Irak griffen nicht direkt in den Krieg ein, sondern eröffneten eine ganz andere „Front": Unter Führung Saudi-Arabiens wurde ein Ölembargo gegen die inzwischen ja auch von Ölimporten abhängigen USA und gegen Westeuropa und dabei vor allem gegen Öllieferungen via Rotterdam in das westliche Mitteleuropa verhängt. Zum ersten Male erlebten viele Bürger in Deutschland eine Situation mit realer Knappheit an Heizöl oder Kraftstoff. Mit Sonntagsfahrverboten und damit leeren Autobahnen reagierte bspw. die deutsche Politik, um den Ernst der Lage zu zeigen.

Letzten Endes nahm die Krise ein doch gemäßigtes politisches Ende: Der ägyptische Präsident verschwieg der Bevölkerung seine faktische Beinahe-Niederlage, denn Israel musste letztlich auf Druck mehrerer Großmächte „vernünftig" bleiben. Beide Staaten näherten sich dann unter aktiver Mitwirkung westlicher Großmächte einander an, und ab der zweiten Jahreshälfte 1974 war die „erste Ölkrise" bezüglich der Liefermengen beendet, jedoch immerhin mit einem von 2,5–3 US-\$/b auf etwa 10–12 US-\$/b innerhalb eines Dreivierteljahres deutlich gestiegenen Rohölpreis.

Über eine zweite Folge des verhängten Ölembargos wurde in der Öffentlichkeit weniger diskutiert: Faktisch waren die in verschiedenen „Konsortien" organisierten Ölgesellschaften der „Sieben Schwestern" im Nahen Osten seit Ende 1973

## 13 Die Vorgeschichte der deutschen Energiewende: Von 1970 bis 2011

nicht mehr alleiniger „Herr im Haus", sondern vielmehr die jeweiligen Ölländer, die dem dortigen Management klare Vorgaben machten. In den Folgejahren wurden die Konsortien auch unterschiedlich schnell de jure tatsächlich enteignet. Die „Sieben Schwestern" mit einer dank der Konsortien recht stabilen Kartellstruktur verloren in recht kurzer Zeit diesen für ihr Kartell sehr wichtigen Unterbau und mussten jetzt anstelle der bisher „eigenen Mengen" größere Mengen Rohöl einkaufen.

Da die neuen Ölherrscher ihrerseits weder ausreichend Raffinerien noch eine Vertriebsebene für Ölprodukte (wie Heizölhandel, Tankstellen, …) in Nordamerika oder Europa hatten, musste ein bis Mitte 1973 praktisch unnötiger freier Rohölhandel samt Börsenplätzen wie in London (IPE) oder New York (NYMEX) neu entstehen.

Die politisch motivierten Mengenbeschränkungen hatten als bleibendes Ergebnis einen sehr deutlich gestiegenen Ölpreis zur Folge. Als zweites verloren die großen „Sieben Schwestern" wichtige Teile ihrer bis dahin gesicherten Machtbasis im Nahen Osten: Der gesamte Ölmarkt veränderte sich und wurde schrittweise durch Markteintritt von Newcomern wettbewerblicher.

Zu Beginn des Jahres 1979 kulminierten die seit Jahren bestehenden religiösen Spannungen zwischen dem „erzkonservativen" sunnitischen Saudi-Arabien (mit den für alle Muslime heiligen Stätten in Mekka) und dem schiitischen Iran, wo gerade ein ebenso unerbittlicher Religionsführer Ruhollah Chomeini von Paris aus die „iranische Revolution" angestoßen hatte. Damit trug er zum Sturz der Regierung von Mohammad Reza Pahlavi, dem damaligen Schah des Iran bei und wurde selbst zum politischen und religiösen (schiitischen) Führer Irans. Sunniten und Schiiten haben bis heute ein recht „unfreundliches Verhältnis" wie etwa die evangelische und katholische Kirche im Europa des 17. Jahrhunderts.

Auf diesem angespannten und fanatisch angeheizten Hintergrund musste das sunnitische Saudi-Arabien aus religiös-machtpolitischen Gründen eine für alle sichtbare „unfreundliche Geste" gegenüber dem „bösen Westen" machen und signalisierte dafür seine Bereitschaft, den Ölpreis für die OPEC als stärkster Anbieter in die Höhe zu treiben: Der damalige Ölminister Scheich Yamani äußerte sich etwa 10 Jahre später sinngemäß wie folgt: „Wir wussten, dass wir für dieses primär politisch motivierte Manöver einen ökonomischen Preis zu entrichten hatten; wir wussten damals nur nicht, wie schrecklich teuer es für uns werden würde!" Immerhin führte dieser Akt zu einem erneuten drastischen Anstieg des Ölpreises in Größenordnungen über 30 US-$/b ab dem Frühjahr 1979. Nach 1973 kam es 1979 deswegen zu einem zweiten kräftigen Ölpreisanstieg.

Die Öl-Kunden in Nordamerika, Westeuropa und Japan wurden einerseits recht nervös und reagierten teils mit Panikkäufen, was die Rohölpreissteigerung zumindest kurzfristig noch verstärkte. Andererseits wurde die sehr aufwändige Ölförderung in Alaska oder Sibirien in der damaligen UdSSR äußerst rentabel, so dass absehbar war, dass diese zweite Ölpreiserhöhung mittelfristig mit erheblicher Produktionsausweitung an anderer Stelle beantwortet werden würde. Dies geschah dann Schritt für Schritt und alle OPEC-Staaten verloren parallel dazu sukzessive an Marktanteilen. In den sieben Jahren ab 1979 konnte insbesondere die damalige Sowjetunion vom hohen Ölpreis profitieren und auch ihre verbündeten Staaten des „sozialistischen Lagers" mit Hilfe von Rohöllieferungen zu günstigeren Sonderpreisen unterstützen.

Ab 1985 zog ein von der UdSSR delegierter sowjetischer Geheimdienstmitarbeiter namens Wladimir Putin in seinen neuen Wohnort Dresden, d. h. in das „Tal der Ahnungslosen", weil die Fernsehsender des Westens nicht bis Dresden und weiter südöstlich liegen Gebiete reichten. Aus seiner Sicht erlebte er eine recht wohlhabende und ökonomisch gut funktionierende Deutsche Demokratische Republik: Deren realen „Sozialismus" nahm er im Verhältnis zu seiner Heimat Russland äußerst positiv wahr! Dass dieser Staat dann ab November 1989 „umkippte", musste er aus seiner Wahrnehmung auf westliche Intrigen und einen „unmöglichen" UdSSR-Chef Gorbatschow schieben, denn dieser hatte die vermeintlich doch ökonomisch und politisch „gut funktionierende DDR" fallen gelassen. Von Öl wusste er damals wenig!

Gleichzeitig wurde in den siebziger Jahren die Kernenergie als vermeintliche „Wunderwaffe" gegen weitere Energiepreissteigerungen politisch in den Vordergrund geschoben. Der Ministerpräsident von Niedersachsen Ernst Albrecht empfahl sogar im Landtag den Bau von Kernkraftwerken für Heizzwecke, um einen „Deckel" für weitere Ölpreissteigerungen zu setzen.

Er übersah natürlich, dass zusätzliche Kernkraftwerke und Stromsysteme für etwa 2500–3000 Vollaststunden im Winterhalbjahr gegenüber Öl astronomisch teuer werden würden: Stromerzeugung aus Kernenergie rechnete sich nur, wenn eine Anlage mindestens 6500–7500 Jahresstunden laufen konnte, weil man dann die sehr hohen Kapitalkosten eines Kernkraftwerks auf sehr viele damit erzeugte kWh pro Jahr umlegen konnte. Manche Anlagen liefen sogar zeitweise nahe um 8000 Stunden jährlich, was eine sensationell gute Auslastung von 92 % bedeutete: Bei 1280 MW Leistung konnte ein Block in solchen Jahren sogar eine Erzeugung knapp über 10 Mrd. kWh erreichen. Bei 2750 Stunden war Kernenergiestrom einfach extrem teuer. Und mit Kernenergie konnte man auch weder Auto fahren noch fliegen.

1979/1980 gründete sich eine neue Partei in der Bundesrepublik Deutschland: Die Grünen verfolgten einen Anti-Kernkraftkurs und waren sehr für Umweltschutzthemen engagiert. Etwas später trat in der ersten Hälfte der achtziger

Jahre im Rahmen des Bundesimmissionsschutz-Gesetzes eine kurz als „Großfeuerungsanlagen-Verordnung" in Kraft, die in einer Umsetzung einer EU-Richtlinie erste wichtige Grenzwerte vorgab. Für viele Brennstoffe wurde die Entschwefelung und für Abgase Entstickung durch Katalysatoren verpflichtend. Der mittlerweile „klassische Umweltschutz" betrat die politische Bühne von mehreren Seiten. Auch das bleihaltige Benzin verschwand nach und nach, und die Autos wurden zunehmend mit Katalysatoren ausgestattet.

Ab Beginn des Jahres 1986 traten zwei entscheidende neue Impulse ein:

- Saudi-Arabien änderte im Januar seine bis dahin verfolgte Strategie als der einzige „brave Bruder" in einem ansonsten disziplinlosen „Möchte-gern-Kartell" namens OPEC. Es erbrachte zahlreiche wirtschaftliche Opfer zugunsten der „Kartellbrüder" und damit auch als besonders unerwünschten Nebeneffekt für die UdSSR, welche ihrerseits stark von der Förderdrosselung der OPEC profitierte. Da der saudische Staat selbst in technische (fehlendes mit der Ölförderung „associated gas" für die notwendige Meerwasserentsalzung) und ökonomische (bspw. großes Haushaltsdefizit wegen Rückgang der Ölexporte) Schwierigkeiten geriet, drehte er den Ölhahn um die Jahreswende 1985/1986 ein wenig auf. Schon eine relativ geringfügige Erhöhung der saudischen Ölförderung ließ den Marktpreis regelrecht abstürzen – zeitweise sogar unter das Niveau vom Frühjahr 1974. Auch die anderen OPEC-Staaten bekamen jetzt große wirtschaftliche Probleme.

  Ebenso kam die zur Devisenbeschaffung reichlich Öl exportierende Sowjetunion mit ihrem neuen politischen Führer Gorbatschow schnell in erhebliche finanzielle Probleme: Einerseits gingen ihre Importmöglichkeiten für Westwaren dadurch dramatisch zurück, andererseits entfielen alle bisherigen Chancen zur Unterstützung der osteuropäischen „Bruderstaaten", die bis Ende 1985 dank der billigen sowjetischen Öllieferungen bei teuren Ölproduktexporten mit guter Gewinnmarge noch optimistisch von einer „langfristige Überlegenheit ihres Staatssozialismus" geträumt hatten.
- Am 26. April 1986 explodierte das sowjetische Kernkraftwerk Tschernobyl mit großräumigem Transport radioaktiv hoch belasteter Luft über das nordwestliche Mitteleuropa. Im Westen fiel dieser katastrophale Unfall durch Messung radioaktiver Partikel in Schweden auf: Die Isotopenanalyse verriet die osteuropäische Herkunft.

Zum zweiten Mal innerhalb weniger Monate traf ein negatives Ereignis die UdSSR und den gerade als Reformer angetretenen Gorbatschow.

Da jetzt das Öl wieder relativ billig geworden und auch erhebliche Mengen Erdgas auf den europäischen Markt kamen, welche bei der damaligen Preisbildung an die Ölpreise gekoppelt war, entspannten sich die Versorgungslage und die Preise wieder erheblich. Dies hielt über etwa 14 Jahre mit einem „Ölpreis-Ausreißer beim 1. Golfkrieg" 1991 mit dem Überfall der irakischen Herrschers Saddam Hussein auf das benachbarte Ölscheichtum Kuwait bis ins Jahr 2000 an. Schon damals trug diese vermeintlich „entspannte Phase" jedoch schon den Keim für neue später folgende Überraschungen.

Als Folge der recht niedrigen Preise nach 1986 und zunächst genügend verfügbarer Mengen von Öl und Erdgas unterblieben nämlich zeitweise langfristig doch notwendige Explorationstätigkeiten und auch die Weiterentwicklung so genannter Sekundär- und Tertiär-Technologien, welche eine deutlich bessere Ausbeute bereits erschlossener Felder (gegenüber den üblichen Förder-Techniken mit nur bis 30 % Ausbeute) mit sich gebracht hätten. Die Folgen dieser Kurzsichtigkeit zeigten sich später.

Bei der Betrachtung der nominalen Ölpreisentwicklung muss man natürlich die parallel auch allgemein angestiegenen Güterpreise sehen. Bereinigt man den Ölpreis um diese „allgemeine Inflationsrate", so ist der in „Gütereinheiten" pro Barrel definierte „reale Ölpreis" etwas weniger stark angestiegen. Schon eine allgemeine Inflationsrate von nur 3 % jährlich verdoppelt die Güterpreise in 23 Jahren. Sollte sich der nominale Ölpreis in diesen 23 Jahren verdreifacht haben, so wäre er real nur um 1,78 % p.a. gestiegen. Was nominal kurzfristig ein Schock war, wurde mittelfristig in der allgemeinen schwachen Inflation letztlich weniger schmerzhaft (Abb. 13.1).

Das schwere Unglück im sowjetischen Reaktor Tschernobyl warf mittel- und langfristige Fragen der Stromversorgung auf. Die in der Natur sehr reichlich vorhandene Steinkohle und wo örtlich vorhanden auch die oberflächennahe Braunkohle waren gegenüber Öl und einfachen Gasturbinen in der Stromerzeugung deutlich günstiger. An $CO_2$ dachte man damals weniger als an die „klassischen Schadstoffe" Schwefeldioxid und Stickoxide. Die deutsche Steinkohle wäre ohne Subventionen nicht mehr gegenüber polnischer, US- oder australischer bzw. kolumbianischer Kohle nicht wettbewerbsfähig gewesen, schied also als Ersatz aus. In der Bevölkerung einiger westlicher Industriestaaten wurde die spannende Frage nach einem möglichen Verzicht auf die Nutzung der Kernenergie intensiv diskutiert.

Dazu wurden in der Bundesrepublik Deutschland nach dem Tschernobyl-Unfall drei „Ausstiegsstudien aus der Kernenergie" in Auftrag gegeben. Der damalige Bundeskanzler Helmut Kohl wollte das recht „grüne Öko-Institut" wegen der von ihm fast sicher erwarteten „sachfremden Spinnerei" über einen möglichen Kernenergieausstieg desavouieren. Dagegen sollte ihm das RWI in Essen die erhoffte

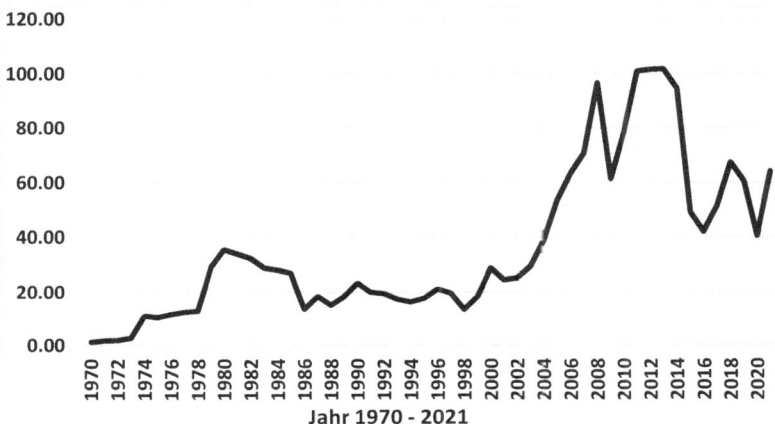

**Abb. 13.1** Rohölpreis in nominalen US-$ pro barrel 1970–2021. (Quelle: BP 2021; modifiziert durch den Autor)

„seriöse Aussage" liefern, dass ein Kernenergieausstieg für das Industrieland Bundesrepublik Deutschland faktisch unmöglich wäre. Der DGB-Vorstand seinerseits sah voraus, dass eine derartige Zuspitzung der Debatte für die Gewerkschaften sinnlos war und sie damit Gefahr liefen, in einer solchen Konstellation politisch zwischen Baum und Borke zerrieben zu werden. Deshalb vergab er einen eigenen Gutachterauftrag an die Oldenburger Professoren Pfaffenberger und Ströbele, um durch sachliche Argumente besser gerüstet zu sein.

Zur Überraschung des Bundeskanzlers schlug sein eigener Plan fehl, weil alle drei veröffentlichten Studien sich in der grundsätzlichen Ausrichtung fachlich fundiert sehr ähnlich waren und lediglich hinsichtlich Gewichtung und der Geschwindigkeit der Umsetzung neuer Lösungen etwas variierten: „The chancellor was not amused!"

Alle drei Gutachten setzten letztlich mit unterschiedlichen Gewichten auf jeweils die drei Säulen:

- Weniger Bedarf an Stromerzeugung durch deutlich energieeffizientere elektrische Geräte, was damals angesichts der tatsächlich „recht verwegenen" Stromverbrauchswerte von Kühlschränken, Tiefkühltruhen, Staubsaugern oder großen Elektromotoren recht naheliegend war, sowie Zurückdrängen von „energetisch problematischen Stromanwendungen" wie elektrische Warmwasserbereitung oder Nachtspeicherheizungen,

- Ersatz von nuklearer Stromerzeugung durch Zubau von Ersatzkraftwerken, die hauptsächlich mit importierter Steinkohle und zu einem kleineren Teil mit Erdgas befeuert sein sollten sowie
- schrittweiser Einsatz peu à peu ansteigender Stromerzeugung aus erneuerbaren Quellen, wodurch etwa im Sommer die Mittags-Spitzenlasten besser abdeckbar waren.

Einer heute merkwürdigerweise populären, doch niemals genauer erforschten Idee, einen zunehmenden Anteil des Endenergieverbrauchs durch mehr Stromerzeugung zu ersetzen, standen sämtliche damaligen Experten skeptisch gegenüber: Strom war das qualitativ höchste, aufwändigste und deswegen auch teuerste Energiegut. Warum sollte man dieses edle und auch teure Gut für energetisch einfachste Aufgaben einsetzen?

Wegen der eher niedrigen Ölpreise unterblieben mittelfristig nötige Explorationstätigkeiten, was sich etwa nach 1999 rächen sollte. Weil einzelne Regionen in der Welt schneller als erwartet real wuchsen, stieg dadurch auch deren Bedarf an Öl- und Kohleimporten, was sich wiederholt an den Märkten in Form anziehender Preise zeigte. Insbesondere ab 2008 stieg der Ölpreis auf zeitweilig auf um 100 US $/bl an und später erneut ab 2010/2011. Die Wirtschaftskrise nach der Finanzkrise ab der Pleite von Lehman Brothers im September 2008 und dem folgenden Zusammenbruch des US-Immobilienmarktes führte zu neuen Turbulenzen und auch starkem Fall des Ölpreises.

Der Ölpreis in US-$ muss zur Ermittlung in Deutscher Mark (DM) oder ab 2000 in € jeweils mit dem durchschnittlichen Wechselkurs des Jahres umgerechnet werden, um die realen Effekte für Deutschland zu sehen. Zudem wich der Preis für die Nordsee-Referenzmarke „Brent" manchmal wegen Qualitätsunterschieden zum etwas höherwertigen West-Texas-Öl um einige Prozentpunkte nach unten oder bei speziellen Marktbedingungen wie regionale Transportengpässe in den USA o. ä. zeitweilig nach oben ab.

Im Juni 1992 wurde die Konferenz der Vereinten Nationen über Umwelt und Entwicklung in Rio de Janeiro abgehalten, wo zum ersten Mal in Fortsetzung des „Brundtland-Berichts" der UNO-Kommission für Umwelt und Entwicklung eine gewisse internationale Verantwortlichkeit für den weltweiten Umweltschutz und auch Klimafragen behandelt wurde. Dies gab den Anstoß für die späteren regelmäßig im Herbst stattfindenden Klimakonferenzen, welche bald als „conferences of parties" bezeichnet wurden, abgekürzt als CoP und regelmäßig im Spätherbst stattfinden sollten.

Auch die Strom- und Erdgasmärkte in der EU erlebten eine Neuordnung: Bis in Ende der 1990er-Jahre dominierten in den meisten EU-Staaten jeweils nationale (wie die französische EDF) oder regionale (wie in Deutschland RWE, Preußen-Elektra, Bayernwerk, Badenwerk etc.) Monopole für Stromproduktion und integrierte Stromnetze. Im Erdgasmarkt in Deutschland war es ähnlich, wobei die Firma „Ruhrgas" mit ihrem damaligen Sitz in Essen dominierend auch im Ferngasgeschäft und Transportpipelines war. Angesichts der Vielzahl von nationalen Modellen kamen die EU und deren Mitgliedstaaten überein, die (leitungsgebundenen) Strom- und Gasmärkte schrittweise für den Wettbewerb zu öffnen.

Die ersten Liberalisierungsrichtlinien (das erste Energiepaket) dazu wurden ab der zweiten Hälfte der 1990er-Jahre erlassen und sollten dann in das Recht der Mitgliedstaaten umgesetzt werden. Ein zweites Energiepaket wurde 2003 verabschiedet, was bis Mitte der 2000er-Jahre umgesetzt werden sollte. Damit erhielten Strom- und Erdgaskunden erstmalig die Möglichkeit, ihre Gas- und Stromversorger in einem Wettbewerb-System aus einer breiteren Menge von Anbietern zu wählen.

Wegen der Besonderheiten des Strommarkts, jederzeit exakt die Übereinstimmung der jeweiligen Stromerzeugung mit dem -bedarf sicher zu stellen, wofür ursprünglich jeder regionale Monopolist zuständig war, entstanden Regelenergiemärkte für sehr kurzfristig und mittelfristig lieferbare Stromerzeugung. Wenn dann allerdings ein teures Erdgaskraftwerk in Region A einspringen musste, weil das vertraglich als Lieferant vorgesehene Kohlekraftwerk mangels Leitungskapazitäten nicht in diesen benötigten zehn Minuten nicht liefern konnte, musste zwangsläufig das teure Erdgaskraftwerk in der von „Stromknappheit" betroffenen Region doch liefern, was als „Redispatch" bezeichnet wird. Die Märkte wurden etwas komplizierter.

Ab Anfang der 2000er-Jahre entstanden so im Strom- und Erdgasmarkt neue Strukturen, wie etwa Terminmärkte und viertelstündlicher Stromhandel an Börsenplätzen. Die Regulierung der Strom- und Gasnetze wurde der seit Anfang 1998 bestehenden damals nur für Telekommunikation zuständigen Bundesnetzagentur (BNetzA) als zusätzliche Aufgabe übertragen: Je drei Universitätsfachleute für Energie-Recht, -Technik und -Wirtschaft wurden in den Beraterstab der BNetzA ab Herbst 2005 berufen. Diesem Gremium (WAR) gehörte der Autor über neun Jahre bis Dezember 2014 an.

In Deutschland kam etwas überraschend 1998 eine rot-grüne Bundesregierung unter dem Kanzler Gerhard Schröder zustande, welche die CDU mit dem lange regierenden Kanzler Helmut Kohl ablöste. Bundesminister für Umwelt wurde Jürgen Trittin von den „Grünen". Diese Regierung sah in längeren Verhandlungen bis Juni 2000 und schließlich einem „Ausstiegsgesetz" 2002 vor, dass jedes Kernkraftwerk in Deutschland bestimmte „Restlaufzeiten" und damit eine maximale kumulierte Stromerzeugung zugeteilt bekam. Dadurch sollte etwa geschätzt um das Jahr

2020 das letzte Kernkraftwerk vom Netz gehen. Offensichtlich beruhen die damaligen Begründungen dafür auf den nach Tschernobyl 1987 erstellten „Ausstiegsstudien" mit den drei Säulen einer Gesamtlösung aus

- verstärkter Kohleverstromung,
- sukzessive wachsendem Zuwachs erneuerbarer Stromerzeugung und
- Einsparpolitik für Stromanwendungen teils durch technisch bessere Geräte wie Kühlschränke, Staubsauger oder Glühbirnen und teils durch Ersetzen von Stromanwendungen durch Erdgas.

Etwa 15 Jahre später hatten die „Grünen" und andere Parteien diese damalige sachliche Fundierung eines denkbaren mittelfristigen Kernenergieausstiegs schlicht „vergessen". Es blieb einfach der simple Gedanke übrig, dass man die Kernenergie nicht mehr dringend brauchte! Wozu benötigt man auch den Diskussionshintergrund und für die Sachanalyse benötigte Fakten?

Als Kanzler Schröders Regierung durch die Bundeskanzlerin Angela Merkel (CDU) in einer Koalition mit der FDP 2005 abgelöst wurde, kam die Sinnhaftigkeit der Kernenergienutzung wieder auf die Agenda. Die ab Ende Oktober 2009 regierende große Koalition „Schwarz-Rot" aus CDU/CSU und SPD hob im Herbst 2010 den Kernenergieausstieg von „Rot-Grün" auf. Dieser Beschluss war jedoch nicht von langer Dauer, da sich im März 2011 im japanischen Kernkraftwerk „Fukushima" ein sehr schwerer Unfall ereignete, woraufhin sich relativ überraschend schnell im Sommer 2011 eine wiederum völlig neue Kehrtwende ergab: Nun sollte die Stromversorgung mittel- und langfristig schneller auf erneuerbare Quellen umgestellt werden und die Kernenergienutzung definitiv bis Dezember 2022 beendet werden.

Allerdings wurde kein technisch fundierter Gesamtplan vorgelegt, wie das Ganze mit einem hohen Anteil volatiler Stromerzeugung (Wind, Fotovoltaik) gelingen sollte. Zunächst wurden seit Herbst 2011 zahlreiche Windräder und PV-Anlagen mit steigendem „Subventionsvolumen" zugebaut, was man wegen des EU-Rechts nicht so nennen durfte: Stattdessen heißen diese Beträge „EEG-Umlage", „Vorhaltung von Reservekapazitäten", „steigende Netzkosten wegen nötigem Redispatch", „Offshore-Netzumlage", und vieles andere mehr, was in der Stromrechnung im Kleingedruckten ausgewiesen wird. Die reine EEG-Umlage liegt bis 2021 in einer Größenordnung von rund 25 Mrd. jährlich. Die anderen genannten Kostenblöcke sind zwar im Einzelnen kleiner, aber dennoch in der Summe auch schon recht erheblich.

Wie das ganze System funktionieren soll, welcher regionale Netzausbau mit welchen Kosten und Umsetzungsgeschwindigkeiten dafür notwendig ist, wieviel

13 Die Vorgeschichte der deutschen Energiewende: Von 1970 bis 2011    113

Wasserstoff in fünf oder in zehn Jahren benötigt wird usw. wurde bis 2020 nicht offen erörtert. Und wenn jemand technisch gut begründete und sachlich fundierte Zweifel am Funktionieren dieser speziellen Form der „Energiewende" äußert, wird sie oder er gerne als „Spinner" oder gar als „Klima-Leugner" gebrandmarkt, was eine geniale Bezeichnung ist!

Wer kennt eine Person, die „das Weltklima" leugnet: Es ist ja doch ständig einfach da! Außer in etwas schrägen Fernsehkrimis, welche die Bewohner von Münster gern veralbern, wird ja auch nicht die Existenz der Stadt „Bielefeld" geleugnet, zumal diese derzeit eine deutlich erfolgreichere Fußballmannschaft als Münster hat. Ebenso wenig gibt es „Ostsee- oder Alpenleugner". Geht es diesen angeblichen „Diskutanten" in ihrer Sprachverwirrung eher um „gute Haltung" und Diskreditierung anderer Einschätzungen oder um sachlich gut begründete oder gar funktionierende technische Lösungen?

Strittig ist in der Sache ja nur zum einen, ob es eine einzige gravierende Ursache wie das gerne gewählte $CO_2$ für den real zu beobachtenden Klimawandel gibt oder ob gar mehrere Faktoren mit unterschiedlichen Gewichten der Beiträge dafür sorgen. Die zweite Frage ist letztlich die nach der funktionierenden Lösung eines vor allem auch technischen Problems.

**Fazit**
Rund 50 Jahre nach 1970 waren zwar von einigen Schocks geprägt – wie etwa die beiden drastischen Ölpreisanstiege 1973 und 1979/1981 – aber auch von besonders starken Preisabstürzen wie ab Dezember 1985 und auch Störungen durch lokale Kriege. Trotz solcher Turbulenzen war die Versorgung mit ausreichenden Mengen aller wichtigen Energieträger in Mitteleuropa zu mäßigen bzw. anfangs niedrigen Preisen fast immer gewährleistet.

Durch eine seitens der EU europaweit veranlasste Neuordnung der Strommarktsysteme ab 2000 wurden die ehemaligen klassischen vertikal integrierten Gebietsmonopole der Stromerzeuger aufgebrochen und durch eine regulierte Netzöffnung der Strom- und auch Gasnetze wettbewerblicher organisiert.

Daneben entstand ab 1990 mit der hoch-subventionierten erneuerbaren Stromerzeugung ein eigener Teilbereich, der dank seines „Vorrangs" bei der Stromeinspeisung absehbar zügig expandierte. Diese Lösung wäre im alten Zustand der Gebietsmonopole einfacher zu integrieren gewesen, führt aber bei einem Marktregime zu einem „Deliver and forget"-Verhalten der EE-Stromanbieter. Weder für Bereitstellung positiver Regelenergie (kurzfristig zusätzlich abrufbarer erzeugter Strom, um bei kurzfristigen Nachfragesteigerungen den Black-Out wegen zu wenig Stromerzeugung zu verhindern) oder Sicherheit der Stromversorgung, geschweige denn einen dringend zusätzlich nötigen Netzausbau übernahmen die EE-Stromanbieter bisher irgendeine Form von sachlicher oder finanzieller Verantwortung.

# Erneuerbare Stromerzeugung: Fundament der Energiewende

# 14

Eine erste Öffnung des deutschen Strommarktes für Strom aus erneuerbaren Quellen wurde 1991 mit einem einfachen nur 5 Paragrafen umfassenden „Stromeinspeise-Gesetz" erreicht. Da ab 1998 der gesamte Strommarkt in Umsetzung einer EU-Richtlinie neu geordnet wurde, wurde das bisherige „Einspeise-Gesetz" durch ein neu gefasstes „Erneuerbare-Energien-Gesetz (EEG)" abgelöst, was jetzt 13 Paragrafen hatte. Um dieses an neue EU-Regeln anzupassen, wurde das EEG im Jahr 2004 novelliert und hatte dann schon 22 Paragrafen.

Dieser Trend zu immer differenzierten Regelungen führte dazu, dass mittlerweile sowohl die Gesetzgebung samt Ausführungsbestimmungen den Umfang von eigenen Büchern erreicht hat und im Detail nur noch von Spezialisten im Energiewirtschaftsrecht durchschaut wird – ein in der Politik durchaus beliebter Weg, um faktische „Subventionen" oder klammheimliche Begünstigungen in einem Dickicht von Regelungen geschickt zu tarnen, oder still und verborgen politisch motiviert einzugreifen und somit gut getarnte „27 Sonderregelungen" für interessierte Gruppen zu ermöglichen.

Nachdem in Folge des Fukushima-Unfalls die Entscheidung zum Ausstieg aus der Kernenergie ohne gleichzeitigen Ersatzbau anderer konventioneller Gas- oder Kohlekraftwerke gefallen war, hätte die Politik ab Mitte 2011 sich stärker als bisher mit dem langfristig nötigen Gesamtsystem nach weitestgehendem Ausbau der Stromerzeugung aus erneuerbaren Energien befassen müssen. Ähnlich wie bei anderen Krisen (2008/2009 Euro-Krise; 2015 Flüchtlingskrise) wurde seitens der Bundesregierung jedoch kein strategischer Plan mit schrittweise abzuarbeitenden Einzelpunkten von großer Bedeutung aufgestellt. Man vertraute zunächst den „segensreichen Wirkungen" von weiteren EE-Stromerzeugungsanlagen – obwohl ein großer Anteil davon volatil war. Deren Finanzierung erfolgte über ein neues (EEG-)

Umlagesystem auf die meisten Stromverbraucher und betraf damit nicht direkt den Staatshaushalt. Dabei gab es im Strombereich drei neue wichtige „Baustellen":

a) Durch den Beschluss zum Ausstieg aus der Kernenergie bis 2022 verändert sich absehbar auch die regionale Verteilung der Stromerzeugungsanlagen in Deutschland. Entweder wären in den betroffenen Regionen vor allem in Süddeutschland neue Ersatzkraftwerke oder neue Stromtrassen zur Anbindung etwa von Offshore-Windanlagen in Nord- und Ostsee oder mittelfristig geplanten Stromtrassen für Wasserkraft aus Norwegen zu errichten. Letztere bestehen teilweise in einem Ausbau der bereits vorhandenen Hochspannungsnetze für Wechselstrom und teilweise zur besonderen Entlastung auch im Neubau einiger großer HGÜ-Leitungen von Norddeutschland nach Süden. Besonders deren Umsetzung gestaltete sich bisher dank einer Vielzahl von Einsprüchen gegen die jeweilige Trasse als so schwierig, dass eine ursprünglich für Anfang der 20er-Jahre geplante Inbetriebnahme im Jahre 2021 längst noch nicht absehbar ist und voraussichtlich noch deutlich länger über Jahresende 2022 hinaus dauert.

Mit den Planungen und Genehmigungen dieser Ausbauten bzw. „Buchung von Reservekraftwerken" wurden sowohl die überregionalen Netzbetreiber, als auch die Aufsichts- und Regulierungsbehörde „Bundesnetzagentur" in Bonn betraut, welche den Auftrag zur staatlichen Regulierung bestimmter Bereiche hat, die bisher als „natürliches Monopol" angesehen wurden, wie Eisenbahn-, Telekommunikations- und auch Stromnetze.

Auch wenn inzwischen die Stromtrasse mit der Kapazität eines großen Kernkraftwerks zum Anschluss an Wasserkraftwerke aus Norwegen bis nach Schleswig-Holstein verlegt ist, so nützt selbst diese Verbindung natürlich mangels fertiger Trassen für Bayern faktisch noch nicht viel.

b) Als möglichst vollwertigen Ersatz für sukzessive wegfallende Kernkraftkapazitäten (welche faktisch im Jahr mit rund 6,5–7500 Volllaststunden eingesetzt wurden) setzte man auf den zügigen Ausbau der erneuerbaren Stromerzeugung aus Wind (durchschnittlich dank vieler Offshore-Anlagen mit heute 2200 Volllaststunden (demnächst bei höherem Offshore-Anteil bald 2500 im Mix) und dabei hoher Schwankungsbreite), Fotovoltaik (unter 1000 Volllaststunden und NULL bei Dunkelheit) sowie Biomasse, die auf dem Wege der Biogasgewinnung (zum größten Teil Methan) aus landwirtschaftlichen Abfällen und speziell dafür gezogenen Pflanzen-Produkten zuletzt in (Methan-)Gasmotoren sichere Stromerzeugung erlauben sollten mit im Jahre 2021 rund 10.000 Anlagen. Geringere noch ökologisch vertretbare Ausbau- und Modernisierungslösungen für Stromerzeugung von Wasserkraftwerken aus Laufwasser (aus leicht aufgestauten Flüssen) und Stauseen wurden ebenfalls angestoßen.

Anfangs blieb das inzwischen heikle Thema Kohleverstromung noch offen, doch geriet es bald nach 2012 unter Druck besonders engagierter vorgeblicher „Umweltschützer", die auch einen baldigen Verzicht auf jegliche Kohleverstromung forderten – angesichts des für Ende 2022 anstehenden Ausstiegs aus der Kernenergie ein sehr ambitiöses oder sogar höchst riskantes Unterfangen! Zudem wäre ein nationaler Kohleausstieg bei weit über hundert Neubauten von Kohlekraftwerken andernorts weltweit fragwürdig in seiner Klimaschutzwirkung.

Ein Beispiel aus der Realität: In den acht Tagen vom 18.–25. Januar 2019 kamen in Deutschland fast 10 Mrd. kWh, d. h. 77 % aller Stromerzeugung, aus konventionellen Kraftwerken, weil die Erneuerbaren abschlafften! An einzelnen Tagen war dabei diese durchschnittliche Quote von 23 % für die EE-Stromerzeugung noch deutlich schlechter. Ohne rechtzeitig auch aufgeladene (Wasserstoff-)Speicher zur Wiederverstromung in dieser Größenordnung führt der Kern- und dann folgende Kohleausstieg direkt in den Black-Out. Derartige Speicher vom Typ „Power-to-gas" (P2G) gibt es ab 2023 in einer Größenordnung von 100 MW im Probebetrieb – das reicht jedoch nicht weit! Andere auch denkbare Wasserstoff-Speichertechniken in industriellem Maßstab stehen gerade am Anfang der großtechnischen Entwicklung. Sie müssten bald gebaut sein, denn auch eine Verdreifachung der EE-Kapazitäten bis 2035 würde bei anwachsendem Strombedarf (E-Mobilität, Wärmepumpen, Wasserstofferzeugung, …) nicht den Stromerzeugungsbedarf dieser 8 Tage abdecken können!

c) Gleichzeitig entwickelten sich recht zügig optimistische Vorstellungen, weitaus größere Teile der bisher konventionell mit Erdgas, Kraftstoff, Heizöl etc. versorgten Bereiche auf erneuerbare Systeme umzustellen. Da dies mit Biomasse, Erdwärme oder ähnlichen Konzepten (derzeitige Größenordnungen um 180 Mrd. kWh) nur begrenzt möglich erschien, sollten immer mehr dieser Bereiche auch elektrisch versorgt werden: E-Autos statt mit Verbrenner-Motoren angetriebene Fahrzeuge, elektrisch betriebene Luft- oder Wasser-Wärmepumpen, um die Umgebungswärme für Heizung und Warmwasserbereitung „anzuzapfen" etc.

Dieses wiederum erforderte natürlich eine deutliche Steigerung der erneuerbaren Stromerzeugung und als Folge wachsender Aufgaben in der Fläche auch einen sehr starken Ausbau der Stromverteilungsnetze, um diese für die absehbar höheren Lasten durch Aufladen von E-Autos oder den abendlichen Betrieb von Wärmepumpen im Winter zu ertüchtigen. Da zudem wichtige EE-Stromerzeugungsquellen wie Fotovoltaik oder Windenergie volatil anfallen, ist als Drittes ein sehr großer Ausbau von Speichern von Stromerzeugungspotential nötig. Da Wasserkraft und Pumpspeicherwerke in Deutschland fast ausgereizt sind, werden derzeit immer noch neue ausreichend gute Lösungen wie Wasserstoff o. ä. gesucht.

Mit den Punkten [b] und [c] wurden immerhin zwei der drei Säulen aller drei wichtigen Kernenergieausstiegsstudien von 1987 beiseitegeschoben, was allerdings niemandem in der Politik auffiel. Vielleicht hatten manche Politiker*innen vage Hoffnungen auf völlig neue technische Entwicklungen in absehbarer Zukunft, ohne diese konkret zu benennen – vielleicht war es auch einfach schlichte Unkenntnis der Ergebnisse dieser „alten Studien".

In der Grafik des Bundesumweltamtes (Abb. 14.1) erkennt man die (vor allem im Strombereich durch die Corona-Pandemie statistisch etwas zu hohen EE-Anteile wegen insgesamt gesunkener Stromerzeugung) verschiedenen Anteile in den wichtigen Bereichen Strom, Wärme und Verkehr. Bei Wärme wurden in der Vergangenheit mit Holzschnitzelfeuerungen und Biomasseverbrennung bzw. biogener Müllverbrennung und damit Wärmeerzeugung für Nah- und Fernwärmenetze der Beitrag erneuerbarer Energieträger erhöht. Will man Holz als zusätzlichen Brennstoff verstärkt einsetzen, kommt man bei der bald auf 10 Mrd. Menschen gewachsenen Weltbevölkerung zu einer drastischen weiteren Reduzierung der Waldflächen, was aus ökologischer Sicht wiederum nicht lange gut ginge. In Deutschland gibt es noch einige Potenziale zur energetischen Nutzung von Holz. Für die energetische Versorgung des gesamten deutschen Wärmemarkts sowie

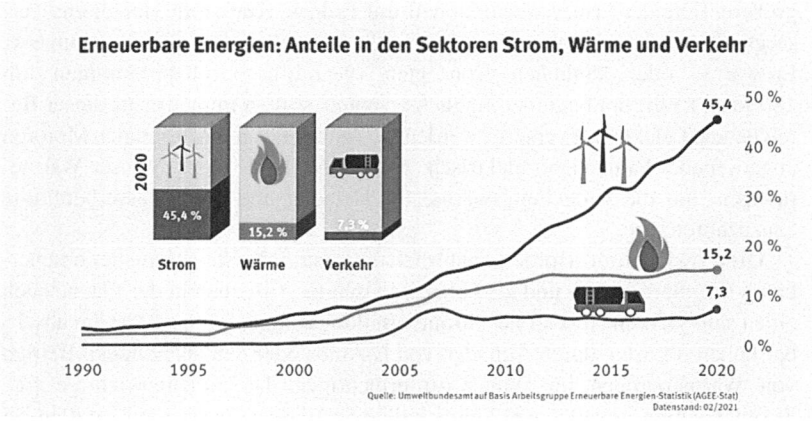

**Abb. 14.1** Anteile erneuerbarer Energien an Strom, Wärme und Verkehr. (Quelle: Umweltbundesamt (2021): https://www.umweltbundesamt.de/themen/klima-energie/erneuerbare-energien/erneuerbare-energien-in-zahlen)

andere wichtige Holzbedarfe (Bauholz, Möbel, ...) würde diese Größenordnung jedoch ohne massive ökologische Schäden nicht ausreichen.

Da der Anteil der verschiedenen Arten der Wärmebereitstellung (Warmwasser, Raumwärme, Prozesswärme) mit bisher über 1300 Mrd. kWh mehr als 50 % des Endenergieverbrauchs ausmacht, liegt hier eine künftig große Herausforderung: Was würden 250 Mrd. kWh Niedertemperatur-Wärme aus erneuerbaren Quellen im Sommerhalbjahr nützen? Vor allem Temperaturen weit über 100 °C oder gar Kälteproduktion erfordern ganz neue Lösungen – vermutlich letztlich doch wieder über Elektrizität und daraus abgeleitet noch größere Mengen an Wasserstoff.

Mittelfristig müsste dann eine erheblich höhere Stromerzeugung aus EE-Anlagen kommen, teils per Elektrolyse zur Gewinnung von Wasserstoff benutzt werden, um auch andere Bereiche angemessen abdecken zu können. Über die dafür nötigen Größenordnungen sprechen Politiker- und einige gerne „leicht grüne" Wissenschaftler- und Journalist*innen höchst ungern.

Noch ein letzter Hinweis: Die Stromerzeugung im Jahr 2020 war wegen der CORONA-Pandemie und deswegen geringeren Wirtschaftsleistung um rund 4 % geringer als im Jahre 2019. Da die erneuerbare Stromerzeugung auch wetterbedingt um 3,8 höher ausfiel und nunmehr auf eine geringere Gesamtstrommenge bezogen werden musste, fiel der prozentuale Anteil der EE-Stromerzeugung in 2020 etwas verzerrt zu hoch gegenüber dem Trend aus. Dieser Effekt mit anteilig höherer EE-Erzeugung hätte aber wegen des in der Summe geringeren Stromabsatzes zu einer recht deutlichen Erhöhung der EEG-Umlage – wegen der nunmehr kleineren Basis für das Aufbringen einer etwas höheren EEG-Summe – führen müssen.

So kurz vor den anstehenden Bundestagswahlen im Herbst 2021 hätte dies doch einigen Unmut der Bürger auslösen können, die bisher fromme Sprüche zur angeblichen Wirtschaftlichkeit der EE-Stromerzeugung hörten. Daher wurde die EEG-Umlage als eine „spezielle Corona-Maßnahme" etikettiert gedeckelt und die fehlenden Gelder aus einem „Extra-Topf" genommen. Dieser Effekt wird langfristig immer schärfer spürbar: Der weiter steigender Anteil von EE-Strom verlangt zwingend nach einer höheren Summe der aufzubringenden EEG-Umlage, solange es diese gibt. Für das Erreichen eines stabil bleibenden oder gar fallenden Förderbetrags in Milliarden € müsste die EEG-Umlage je kWh künftig mindestens um den Prozentsatz fallen, den EE-Strommenge prozentual steigt. Bisher ist davon nichts zu sehen.

Eine „Lösung" könnte in stark steigenden Erzeugungskosten (bspw. durch Steuern erzwungen) für Erdgas- und Kohlekraftwerke liegen: Der Abstand zu den (Voll-)Kosten der EE-Anlagen würde deutlich geringer. Dann müssten die Stromverbraucher generell deutlich höhere Strompreise hinnehmen.

**Fazit**
Längerfristig ist vieles denkbar und möglich. Da viele Einzelaspekte der erneuerbaren Energien noch nicht zu einem funktionierenden gesamten Energie- und Stromsystem zusammenpassen, ist derzeit noch sehr vieles offen.

# Volatile Stromerzeugung aus Wind und Sonne 15

Als „volatile Stromerzeugung" könnte man rein logisch jede Stromerzeugungstechnik bezeichnen, die nicht 99 % der Zeit mit einer gesicherten planbaren Verfügbarkeit von über 95 % ihrer Kapazitäten bereitstehen kann.

Auch einzelne konventionelle Kraftwerke wie Kernkraftwerke oder Erdgas- bzw. Kohlekraftwerke können natürlich wegen technischer Störungen ausfallen, wenn etwa Pumpen, Dampfkessel oder Steuerungen für gewisse Zeit versagen: Solange einzelne Störungen jeweils unabhängig voneinander passieren, ist das relativ unproblematisch. Der Ausfall eines wichtigen technischen Teils in einem GuD-Block in Bayern hat ja keinen Einfluss etwa auf eine spezielle Pumpe in einem Kohlekraftwerk in Nordrhein-Westfalen. Problematischer sind hingegen gemeinsame Ursachen, wie etwa extrem niedrige Wasserführung von großen Flüssen, aus denen Kühlwasser entnommen wird. Dies geschah in der Vergangenheit wiederholt in Frankreich am Fluss Rhone, den mehrere Kernkraftwerke zur Kühlung benötigen. Die gemeinsam genutzte Ressource Kühlwasser stellte sich in heißen Sommerwochen als kritische Größe für den Betrieb mehrerer Kraftwerke heraus.

Ähnliches gilt auch für Wasserkraftwerke vor allem im Voralpenbereich Deutschlands: Auch sie benötigen ausreichend Wasserführung, die nach heißen und trockenen Sommerwochen reduziert sein kann. Ebenso im Winter: Bei starker länger anhaltender Kälte ist einerseits die Wassermenge geringer und der jeweilige Fluss kann auch an manchen Tagen derart viele Eisschollen mit sich führen, dass die Wasserkraftstromerzeugung stark eingeschränkt wird. Derartige „Klumpenrisiken" etwa für 5 Wasserkraftwerke in Bayern sind jedoch durch den Wetterbericht einige Zeit vorher absehbar und damit bei verfügbaren anderen Kapazitäten bisher recht gut beherrschbar.

Wassermassen hinter aufgestauten Talsperren dienen auch anderen Zwecken wie dem Hochwasserschutz oder gleichmäßiger Wasserverfügbarkeit abwärts liegender Gebiete, so dass auch derartige Überlegungen die tatsächliche Stromerzeugung zeitweise einschränken kann.

Nach länger anhaltender Kälte oder Schnee kann auch die Verfügbarkeit von Biogasanlagen oder anderer Biomasse deutlich reduziert sein. Eine völlig andere Unsicherheit besteht hingegen bei Fotovoltaik und Windenergie.

Um die wichtigen Unterschiede zu verdeutlichen, definiere ich drei spezielle „Strom-Jahreszeiten" à 4 Monate Länge: Aus energiewirtschaftlicher Sicht bezeichnen wir als „E-Winter" die Monate Januar-Februar-November-Dezember. Die Übergangszeiten à je zwei Monate Frühling und Herbst sollen als „E-Frübst" bezeichnet werden, welcher die Monate März-April-September-Oktober umfasst und schließlich als „E-Sommer" die vier Monate Mai-Juni-Juli-August. Diese drei „Energiejahreszeiten" unterscheiden sich sowohl im Windaufkommen als auch bezüglich der Ergiebigkeit von Photovoltaik erheblich. Wie wir später sehen werden, weisen die vier „E-Winter"-Monate zudem auf der Stromnachfrageseite eine ausgeprägte abendliche zweite Lastspitze in der für wenige Stunden benötigten Leistung in MW aus, welche in den übrigen Jahreszeiten so nicht auftritt.

Fotovoltaik ist zum einen systematisch von der Jahreszeit abhängig: In den Sommermonaten sind die Tage länger und umgekehrt in den Wintermonaten recht kurz, wie ein Blick auf die Tabellen des jeweiligen Sonnenaufgangs und -untergangs zeigt. Außerdem kommen als „zufällige" beeinträchtigende Faktoren kurzfristige Sondereinflüsse dazu wie bspw. längere Bewölkung eventuell auch mit Niederschlägen wie Regen oder Schneebedeckung von mehreren Zentimetern und ähnliche Wetterfaktoren. Wie die Tab. 15.1 mit den für die Jahre 2019 und 2020 gemittelten Anteilen zeigt, kommen im „E-Winter" unter 11,5 % der gesamten

**Tab. 15.1** Anteile der Stromerzeugung aus Wind, Fotovoltaik und gesamte Stromerzeugung, jeweils 4 Monate 2019/2020 gemittelt. (Quelle: eigene Berechnungen auf Basis der Stromerzeugung, BNetzA, SMARD)

| Anteile 2019/2020 | | PV | Wind | Gesamterzeug.[a] |
|---|---|---|---|---|
| E-Winter | *Jan-Febr-Nov-Dez* | 11,3 % | 41,0 % | 36,4 % |
| E-Frübst | *März-Apr-Sept-Okt* | 36,3 % | 37,1 % | 33,5 % |
| E-Sommer | *Mai-Juni-Juli-Aug* | 52,5 % | 21,9 % | 30,1 % |
| 2019 Mrd. kWh | | 42,1 | 123,8 | |
| 2020 Mrd. kWh | | 45,8 | 130,7 | |

[a]CORONA-bedingt ist die Gesamterzeugung im Jahr 2020 wenig aussagekräftig. Im E-Winter ist der Strombedarf um fast 21 % höher als im Sommer

## 15 Volatile Stromerzeugung aus Wind und Sonne

jährlichen Fotovoltaik-Stromerzeugung zustande, während die vier „E-Sommer"-Monate mit 52,5 % den Löwenanteil der jährlichen PV-Erzeugung ausweisen.[1]

Die Tab. 15.1 liest sich wie folgt am Beispiel „E-Winter": Von der gesamten Jahreserzeugung der Fotovoltaik-Anlagen entfielen nur 11,3 % auf die vier E-Wintermonate, vom gesamten Windkraftstrom dagegen mit 41 % der Wind-Erzeugung überdurchschnittlich viel. Andererseits zeigt die rechte Spalte der jahreszeitlichen Anteile der benötigten Gesamtstromerzeugung, dass in den vier „E-Wintermonaten" mit nur 120 Tagen eine um fast 21 % höhere Stromerzeugung gegenüber den vier „E-Sommermonaten" anfällt, wobei letztere sogar in den beiden Jahren 2019 und 2020 jeweils 2,5 % mehr Tage mehr hatten als der „E-Winter". Die Jahreszeit „E-Frübst" (mit 122 Tagen) liegt hingegen recht gut im Jahresdurchschnitt mit ganz leicht überdurchschnittlichen Anteilen von PV- und Wind-Strom.

Dies heißt in der Kurzfassung: Im „E-Winter" bringt Fotovoltaik an jedem Tag rund 15 Stunden praktisch nichts oder kaum etwas, die übrige Zeit sehr wenig und dann auch nur wenige Stunden um die Mittagszeit je nach Wetterlage heftig schwankend bescheidene Beiträge – selbst zur Mittagsspitze bestenfalls um 15 % der PV-Kapazitäten wegen des niedrigen Sonnenstands.

Die Stromerzeugung aus Windenergie ist umgekehrt wegen eines insgesamt höheren Windaufkommens im „E-Winter" über 85 % höher als im E-Sommer – allerdings nur in den Durchschnittswerten. Die prozentualen Maxima der Kapazitätsverfügbarkeiten lagen im E-Winter nahe 90 %, während die Minima der verfügbaren Kapazitäten unter 1,5 % betrugen. Das wäre vielleicht noch hinnehmbar, falls es dabei jeweils nur um sehr kurze Zeiträume etwa nachts bei Schwachlasten ginge.

Dass es durchaus schlimm werden kann, belegt folgendes Beispiel: Von 48 Stunden am 10. und 11. November 2020 waren bspw. für fast 44 Stunden die Windanlagen (mit Ausnahme der 4¼ Stunden am 11.11. ab 19:45 Uhr) unter 5000 MW (ca. 8 % der Kapazitäten), davon sogar über 18 Stunden unter 2500 MW (= 4 %) verfügbar.[2]

Mit anderen Worten: Selbst eine Wind-Kapazität von 150.000 MW im Jahre 2030 könnte sehr lange weit unter 12.000 MW (45 % der Zeit davon sogar unter

---

[1] Quelle aller Stromerzeugungsdaten: BNetzA, Bonn, Programm SMARD, eigene Auswertungen: Ausgangsdaten „Viertelstündliche Stromerzeugung" je Herkunft (Biomasse, Wasserkraft, …, Kohle, Kernkraft) in kWh multipliziert mit 4 ergibt die durchschnittliche viertelstündliche Leistung in kW: Eine Anlage mit 4000 kW Leistung und vollem Einsatz über 15 Minuten erzeugt nämlich genau 1000 kWh Strom.

[2] „Dank" Corona waren die abendlichen Spitzenlasten nur bei 65.000 MW; normal sind deutlich mehr!

6000 MW) verfügbar sein. Das ergäbe ein sehr ernsthaftes Problem für die gesicherte Stromversorgung, wenn nicht bald ausreichende „Ersatzkapazitäten" in Form von ausreichend konventionellen planbar einsetzbaren Kapazitäten oder neue Formen einer sicheren Wiederverstromung von riesigen Mengen etwa gespeicherten Wasserstoffs $H_2$ via Brennstoffzellen o. ä. verfügbar gemacht werden können.

Die Abhängigkeit der EE-Stromerzeugung von Jahreszeiten und Wetter hat völlig neue massive Konsequenzen für die Ermittlung einer Black-Out-Gefahr: In jedem Winterhalbjahr entstehen *zufällig* „ungünstige Wetterlagen" für die EE-Stromerzeugung über Mitteleuropa in Form einer „Dunkelflaute mit Kälte und eventuell auch mit Schnee", die aber dann nach ihrem Zustandekommen nunmehr *systematisch* mit neuen anderen Eintrittswahrscheinlichkeiten für viele folgende Stunden oder gar Tage anhalten können.

Die sachgerechte Störungsanalyse des Stromsystems kann somit nicht mit einem bei Modellierern beliebten weißen Rauschen erfolgen, sondern muss die „zufällige Ankunft" einer ungünstigen Wetterlage und dann nach deren Eintreten (erstes stochastisches Ereignis) die wiederum jetzt neue „zufällige Verweildauer" dieser systematisch anders wirkenden teils auch länger (etwa mehrere Tage) anhaltenden speziellen Wetterlage berücksichtigen.[3] Der Wettereinfluss auf Verfügbarkeit von Windkraft etwa in Norddeutschland ist eben anders zu modellieren als bei konventionellen Kraftwerken. Wenn nämlich zwei Windparks à 200 MW nur 15 Kilometer auseinanderstehen, ist ihre jeweilige Ausfallwahrscheinlichkeit bei einer bestimmten Flauten-Wetterlage sehr ähnlich und damit nicht mehr unabhängig voneinander.

Die Abb. 15.1 zeigt den guten Beitrag der PV im Sommer: In der ersten Hälfte des Juli 2019 waren stets gut zur Lastspitze um die Mittagszeit (in MW) passende PV-Werte verfügbar mit nur einer geringen Ausnahme am 11. Juli. Selbst der dann sehr schwache Wind konnte das insgesamt sehr gute Bild eines soliden Beitrags der EE-Erzeugung zur Gesamtlast nicht trüben.

Die Tab. 15.2 mit jeweils 36 „schwierigen" Stunden im Januar und November 2019 zeigt die schlechte Verfügbarkeit der EE-Stromerzeugung bei ungünstigen Wetterlagen. Insgesamt konnte sie jeweils nur rund 15 % zur Deckung des gesamten Erzeugungsbedarfs in jeweils 36 Stunden beitragen. Was würde dann eine

---

[3] Hier ist eine MMS-Modellierung (Markov-Markov-Stationen) anzuwenden, welche seit langem im Operations-Research bekannt ist: Ankunft der Wetterlage M, dann zufällige Verweildauer über Mitteleuropa M, Zahl der Anlagen S jeweils mit eigenem Markov-Prozess (hier: Poisson) und Durchrechnen deren Konsequenzen in 10.000 Simulationen für jede der rund 35.000 Viertelstunden des Jahres hinsichtlich der „Black-Out"-Gefahren.

## 15 Volatile Stromerzeugung aus Wind und Sonne

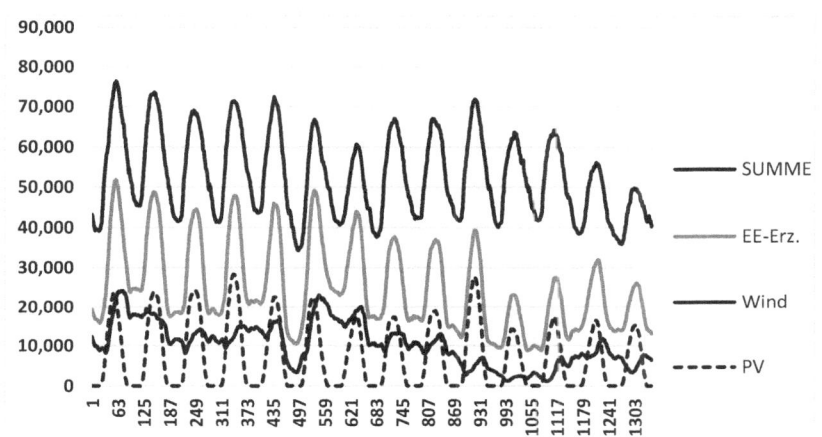

**Abb. 15.1** Viertelstündliche Stromerzeugung; Gesamt-, -EE-Erzeugung und aus Wind, Fotovoltaik – 1. Hälfte Juli 2019 in MW. (Quelle: eigene Berechnungen und Auswertungen des Autors auf Grundlage der Stromerzeugungsdaten der BNetzA (SMARD) für Juli 2019)

**Tab. 15.2** Ungünstige Wetterlagen Januar und November 2019. (Quelle: eigene Berechnungen und Auswertungen auf Basis der viertelstündlichen Stromerzeugungsdaten von: BNetzA, Programm SMARD)

| 36 spezielle Stunden im Januar & November 2019 | Stunden mit EE-Erzeugung < 12.000 MW | Gesamterzeugung in Mrd. kWh (TWh) | EE-Erzeugung in Mrd. kWh | Nötige konventionelle Erzeugung. in Mrd. kWh |
|---|---|---|---|---|
| 24.–25.01. 12:00 Uhr | 34,00 = 94,4 % | 2,37 | 0,34 = 14,4 % | 1,96 |
| 20.–21.11. 12:00 Uhr | 30,75 = 85,4 % | 2,19 | 0,35 = 15,9 % | 1,84 |

Verdoppelung der EE-Kapazitäten angesichts eines wegen E-Mobilität und Wärmepumpen um 20 % gestiegenen Strombedarfs im Jahr 2032 nützen? Gerade im E-Winter läge der Strombedarf deutlich höher als bisher: Nur 25 % dieses höheren Strombedarfs durch EE-Strom?

In den 36 Stunden des Januars waren für 25 Stunden (fast 70 % der Zeit) die Windkraftwerke unter 2500 MW verfügbar; im November 27 Stunden (d. h. 75 % der 36 Stunden) unter 2500 MW (< 4 % der Kapazitäten). Insbesondere eine geniale Idee, jetzt nicht dringend benötigten Stromverbrauch (Waschmaschinen,

E-Auto-Aufladung o. ä.) einfach um einige Stunden zu verlagern, erweist sich hier als unmöglich zu realisieren. Ganz anders als in Abb. 15.1 für den Sommermonat Juli stellte sich die Situation Ende Januar 2019 dar, was jetzt exemplarisch für „E-Winter" steht.

Wer sich an die damaligen starken Schneefälle in Süddeutschland erinnert und dass es über längere Zeit sehr kalt war, der erkennt die Gefahr, falls bei diesen schon ungünstigen Bedingungen für EE-Stromerzeugung zusätzlich auch noch sehr wenig Windverfügbarkeit auftritt. Diese Konstellation traf Ende Januar über längere Zeit ein, wie man in der Abb. 15.2 erkennt. Von den 45.300 MW installierten Fotovoltaik-Kapazitäten waren in diesen 72 Stunden nur 2 Stunden über 5000 MW und 8 Stunden über 3000 MW (6,6 % der Kapazität) verfügbar.

Da sich über mehrere Stunden eine sehr große Differenz zwischen nötiger (teils durch Lastabwurf schon reduzierte) Erzeugung und EE-Verfügbarkeit in MW ergibt, braucht man für Deckung der sogenannten Residuallast (was die Differenz zur volatilen Stromerzeugung beschreibt) eine enorm große Kapazität anderer Art. Derartige planbare Kapazitäten waren 2019 mit einigen Kern- und vielen Kohle- sowie Gaskraftwerken noch am Netz, so dass damals noch keine ernsthafte Black-Out-Gefahr entstand.

Die beiden unterschiedlichen Beispiele in Abb. 15.1 und 15.2 mit

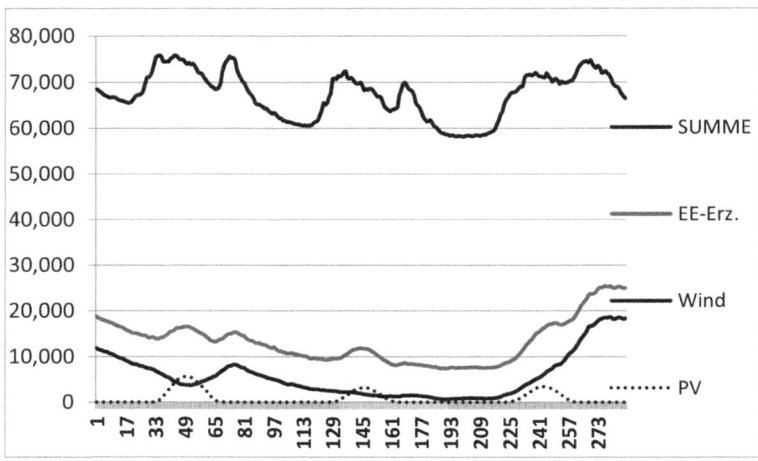

**Abb. 15.2** Gesamtstromerzeugung, Wind- und PV-Erzeugung 23.–25. Januar 2019 (3 Tage = 288 zusammenhängende Viertelstunden). (Quelle: eigene Berechnungen und Auswertungen auf Basis der viertelstündlichen Stromerzeugungsdaten von: BNetzA, Programm SMARD)

- einem „schönen" Sommermonat und recht gut passendem Beitrag der EE-Stromerzeugung einerseits und
- einer durchaus schwierigen Konstellation in einem Wintermonat mit außergewöhnlich schlechtem Beitrag der EE-Erzeugung andererseits,

zeigen die große Bandbreite der EE-Erzeugung. Während „grün denkende" Menschen bevorzugt das erste Beispiel aus dem Juli 2019 zitieren, weisen seriöse Wissenschaftler auch darauf hin, dass es für die unter Energieaspekten auch mögliche ganz schlechten Wetterlagen im „E-Winter" eine dennoch stundenlang funktionierende Lösung geben muss.

Ab 2023 sind keinerlei Kernkraftwerke mehr verfügbar und zudem erfolgt schrittweise der Kohleausstieg mit Abschaltung von immer mehr Kohlekraftwerken, was 2030 eine Abnahme der Kern- und Kohlekapazitäten gegenüber 2020 um 66,7 % gegenüber 2020 (um insgesamt 34.500 MW) bedeutet. Damit sind ungünstige und teils äußerst ernste Situationen selbst bei nur mäßig wachsenden Stromanwendungen wie etwa Internet G5, Umstellung auf vorwiegend elektrische Systeme für Mobilität oder Heizung etc. noch weitaus eher vorstellbar.

Zusammenfassend kann man für konventionelle Kraftwerke (unterschiedlicher Technik, Lage etc.) von einem jeweils separat ermittelten Ausfallrisiko einzelner Erzeugungseinheiten ausgehen. Wie am Beispiel des gemeinsam aus einem großen Fluss genutzten Kühlwassers deutlich wurde oder auch bei der durch eine hohe Tsunami-Welle zerstörten mehreren Blöcke in der Anlage Fukushima betrifft diese solide und häufig bewährte Rechenmethode schon nicht mehr die einzelne und eine gemeinsame Ausfallwahrscheinlichkeit an einem für die gerade relevante Störung gemeinsamen Standort. Für eine Erzeugung vorwiegend mit erneuerbaren wetterabhängigen Systemen sind neue angemessene Methoden gegenüber den bisherigen anzuwenden.

**Fazit**
Besonders übel kann sich die Volatilität der beiden EE-Erzeuger PV und Wind im E-Winter bemerkbar machen.

1. Die vier E-Wintermonate weisen schon heute eine um über 20 % höhere nötige Stromerzeugung auf als der E-Sommer. Dieser Anteil der nötigen Stromerzeugung wird sich zukünftig weiter dank elektrisch basierter Heizungssysteme oder E-Mobilität (mit höherem Stromverbrauch in den Wintermonaten) stark erhöhen.
2. Zudem weist der E-Winter eine zweite abendliche Leistungsspitze zwischen 18:00 und 20:30 Uhr in einer Größenordnung heute bis zu 80.000 MW auf; bald 100.000 MW. Zu dieser Zeit im E-Winter ist Fotovoltaik systematisch niemals verfügbar. Sobald dank ungünstiger Wetterlagen mehrere Stunden mit sehr schwachem Wind oder gar Flaute vorherrschen, entsteht eine höchst riskante Versorgungssituation, wenn keine ausreichenden Speicher- und andere Erzeugungstechniken verfügbar sind.

Damit ist das Winterhalbjahr als eine besondere „Hochrisiko-Jahreszeit" bei anwachsenden EE-Erzeugungskapazitäten und Abnahme konventioneller Kraftwerke einzustufen.

# Die E-Mobilität: Batterie- oder Wasserstoff-E-Auto 16

Heute basiert der motorisierte Straßenverkehr mit rund 48 Mill. Pkws sowie Lastwagen, Bussen, Motorrädern, landwirtschaftlichen Fahrzeugen wie Treckern und Mähdreschern vor allem auf Verbrennungsmotoren, für deren Betrieb entweder Diesel oder Benzin (deutlich weniger: auch etwas Erdgas) getankt werden müssen. Für dieses Gesamtsystem benötigt man neben ausreichender Ölförderung auch Transportmöglichkeiten für die Anlieferung des Rohöls an große Raffinerien, in denen aus dem Rohöl u. a. die Kraftstoffe gewonnen werden. Wenn diese an verstreut liegende Tankstellen und Autobahnraststätten per Tanklastwagen verteilt worden sind, kann jeder Autofahrer dort je nach Größe des Tanks zügig 40 bis 100 Liter Kraftstoff tanken.

Auf der Fahrt in den Skiurlaub in den Dolomiten kamen der Autor und Ehefrau mit ihrem vollgetankten Diesel-Pkw von Münster ohne Tank-Zwischenstopp in den Bereich von Innsbruck, wo in 12 Minuten der noch zu 20 % volle Tank wieder gefüllt wurde, was auch noch einige Ausflüge in den italienischen Dolomiten ohne weiteres Tanken erlaubte. Auch die Rückfahrt über mehr als 920 Kilometer war nach 10-minütigem Nachtanken nahe Innsbruck ohne weiteres Zwischentanken gesichert. Der verbrannte Kraftstoff erhitzte natürlich den Motorblock, was im Winter quasi als „Abfallprodukt" die Innenraumheizung bei einer üblichen Außentemperatur von bspw. −5 °C ermöglichte. Da beim laufenden Motor auch bei Bedarf die Lichtmaschine zur Stromerzeugung lief und somit die Batterie nachgeladen wurde, konnten elektrische Scheibenwischer, Scheibenheizung, Autoradio und bei schlechter Sicht auch die Scheinwerfer angeschaltet werden. Das System funktionierte sehr zuverlässig, hatte aber den einzigen Nachteil, dass aus dem Auspuff von Millionen Autos doch größere Mengen $CO_2$ emittiert wurden.

Seit einigen Jahren wird die öffentliche Diskussion vom Elektroauto mit einer mitgeführten (recht schweren) Batterie als Energiequelle beherrscht. Für größere Fahrzeuge wie elektrische Schienenfahrzeuge oder Lastkraftwagen wären derartige Batterien zu schwer, so dass dort bereits Wasserstoff getankt und dann bei Bedarf via Brennstoffzelle wieder in Strom umgewandelt wird. Auch Pkw-Hersteller wie das japanische Unternehmen Toyota mit dem größeren Mittelklassewagen „Mirai" haben 2020 diese spezielle bereits im kleinen Maßstab erprobte Technik, die allerdings derzeit kaum übermäßig nachgefragt wird. Wie wir später zeigen werden, ist allerdings Wasserstoff oder damit verbundene Lösungen wie synthetische Treibstoffe o. ä. in riesigen Mengen bei jeder primär elektrischen Lösung immer notwendig.

Die derzeitigen Reichweiten von Verbrenner-Motoren mit Diesel oder Benzin oder auch E-Autos werden gemäß dem sogenannten WLPT-Zyklus (Worldwide harmonized Light Duty Procedure Test) auf Prüfständen ermittelt. Da der Autor heute einen kleinen „Stadtflitzer" fährt, welcher nach diesem Test einen Norm-Verbrauch von 4,6 l/100 km aufweist, kann er die Zuverlässigkeit für die Praxis im realen Betrieb einschätzen: Je nach Verkehrslage und „grüner Welle" erreicht man selbst bei zügigem Hochschalten einen realen Verbrauch zwischen 5,6 und 7,2 Litern auf 100 Kilometer, also durchschnittlich fast 40 % (22 % bis 57 %) höher als im offiziellen Prüfstand-Zyklus mit sehr speziellen Bedingungen. Bei einem Tank mit 45 Litern Volumen wäre die WLPT-Reichweite rund 970 km, die faktische hingegen mit einer Tankfüllung nur bei 690 km, fast 30 % geringer. Bei einer „WLPT-Reichweite" von 500 km sind maximal eher 350 km realistisch!

Die meisten Batterie-Autos benutzen heute i. d. R. eine Lithium-Ionen-Batterie, wobei dieser Oberbegriff eine große Bandbreite von zusätzlich benötigten Materialien, Größe und Bauarten zulässt. Zudem können sie auch für unterschiedliche Spannungsbereiche gebaut werden. Vermutlich lassen sich auch bisher noch weniger bekannte Varianten als die heute üblichen NMC-Akkus (Lithium-Nickel-Mangan-Kobalt-Oxide) vorstellen, da Erfahrungen und technisches Ausprobieren noch nicht zu Ende sind.

Ein solches System der Elektromobilität erfordert natürlich nicht nur eine große Abdeckung der Fahrzeugflotten mit E-Autos, sondern auch die zugehörige Auflade-Infrastruktur muss flächendeckend gegeben sein. Wie verhalten sich tatsächlicher Verbrauch und Reichweite (Tab. 16.1)?

Da die Lithium-Ionen-Akkus recht schwer sind, kann man nicht das reine Fahrzeuggewicht durch Hinzupacken sehr vieler Akkus drastisch erhöhen, denn dieses würde wiederum den Verbrauch pro 100 km deutlich erhöhen. In Kleinwagen werden deshalb auch Akkus mit 200 kg, in den größeren Autos auch mit 500 kg Gewicht eingesetzt. Man findet in den Anzeigen zu E-Autos fantastisch niedrige

# 16 Die E-Mobilität: Batterie- oder Wasserstoff-E-Auto

**Tab. 16.1** Bandbreite der Verbräuche von E-Autos. (Quelle: eigene Berechnungen)

| Verbräuche von E-Autos mit Batterie | | | |
|---|---|---|---|
| Nutzung: | Sommer | Stadt | Winter |
| WLPT-Angabe: | +20 % [a] | −33 % [b] | +50 % [c] |
| Verbrauch kWh/100 km | tatsächl. Verbrauch | tatsächl. Verbrauch | tatsächl. Verbrauch |
| 15,0 | 18,0 | 20,0 | 22,5 |
| 18,0 | 21,6 | 24,0 | 27,0 |
| 21,0 | 25,2 | 28,0 | 31,5 |
| 24,0 | 28,8 | 32,0 | 36,0 |

**Tab. 16.2** Reichweiten von E-Autos mit 90 kWh geladener Batterie. (Quelle: eigene Berechnungen)

| Vollgeladen | 90 kWh | Reichweiten von | E-Autos |
|---|---|---|---|
| | Sommer | Stadt | Winter |
| Angabe: | [a] | [b] | [c] |
| Reichweite km | tatsächliche Reichweite | tatsächliche Reichweite | tatsächliche Reichweite |
| 600,0 | 500,0 | 450,0 | 400,0 |
| 500,0 | 416,7 | 375,0 | 333,3 |
| 428,6 | 357,1 | 321,4 | 285,7 |
| 375,0 | 312,5 | 281,3 | 250,0 |
| prozentual: | −16,67 % | −25,00 % | −33,33 % |

Verbrauchswerte (um 12–18 kWh/100 km), was bestenfalls WLPT-Zyklus-Werte sind. Manche davon gelten sogar nur im Eco-Modus „Besonders sparsam" und bei günstigen warmen Außentemperaturen. Praxiserfahrungen zeigen, dass bei E-Autos die Abweichungen im Fahrbetrieb sogar noch stärker sein können als bei Verbrenner-Motoren und Reichweiten insbesondere bei Winter-Kälte teils extrem schlecht sind (Tab. 16.2).

Wenn somit ein E-Auto mit einer Verbrauchsangabe von 18 kWh/100 km in der Werbung antritt, ist es durchaus möglich, dass im Praxisbetrieb insbesondere im Winterhalbjahr mit vier Personen mit Skiausrüstung und Gepäck der tatsächliche Strombedarf (inkl. Batterieladeverluste) bis zu 28 kWh/100 km reicht. Anstelle der angegebenen 500 km WLTP-Reichweite kommt es leider nur auf 320 km, was faktisch 35 % geringere Reichweite und häufigeres Aufladen bedeutet. Die Gründe dafür sind etwa: Bei Temperaturen klar unter null Grad ist zum einen die Batterieleistungsfähigkeit stark reduziert. Zum anderen werden insbesondere im Winter mit früher Dunkelheit, Kälte und Schneefall zusätzlich zum Antrieb viele weitere elektrische Aggregate benötigt. Das E-Auto muss zum einen auch elektrisch beheizt werden und hat zum anderen natürlich keine „Lichtmaschine" wie ein Verbrenner-Auto.

Die derzeitige Bundesregierung möchte bis zum Jahr 2030 10 Millionen E-Fahrzeuge mit Batterien auf der Straße haben. Der weit größte Teil der übrigen Kfz-Flotte von rund 46 Millionen Fahrzeugen hätten dann immer noch Verbrennungsmotoren mit Benzin- oder Dieselantrieb: Verschiedene Autofirmen führen derzeit E-Fahrzeuge auch mit verschiedenen Batterie-Lademöglichkeiten dieser E-Fahrzeuge ein. Besonders sind Schnell-Ladefunktionen mit teilweise deutlich über 100 kW derzeit im Fokus. Bei Pkws werden diese von den Herstellern immer mehr mit leistungsstärkeren Lademöglichkeiten (Teslas Topmodelle mit 140 kW, Audi über 125 kW) versehen.

Es besteht natürlich ein Zusammenhang zwischen Ladeleistung und dem Gleichzeitigkeitsfaktor: Ein Auto benötigt für etwa 80 kWh Ladestrom bei 16 kW über 5 Stunden, bei 45 kW rund 2 Stunden. Eine höhere Ladeleistung macht es somit unwahrscheinlicher, dass gleichzeitig etwa rund 25 % der Fahrzeuge laden: Der sogenannte Gleichzeitigkeitsfaktor für eine Viertelstunde wird mit steigenden kW-Ladewerten geringer. Unterstellt man eine Mischung aus 27,5 % à 16 kW, 60 % à 50 kW und 12,5 % à 125 kW (d. h. durchschnittlich nur 50 kW pro E-Auto), so ergibt sich für die Zeit 17–22 Uhr bei einem ebenfalls optimistisch niedrigen „Gleichzeitigkeitsfaktor" von 5 % (also pro 1 Million E-Autos etwa nur 50.000), dass die abendlichen Spitzenlasten sich (als Schätzung) um die folgenden Werte erhöhen (Tab. 16.3).

Im Jahr 2030 könnte besonders die winterliche Abendspitze der nötigen Stromerzeugung, welche heute werktags bei rund 78–81 GW liegt, schon alleine wegen der E-Autos auf deutlich über 100 GW ansteigen.

Dafür sprechen sogar insgesamt drei treibende Faktoren: Der Internet-Ausbau G5 (+ 2 GW), 10 Millionen E-Autos (+ 25 GW) und Umstellung eines Teils der

**Tab. 16.3** Zahl der E-Autos und mögliche Lastspitzen abends in MW. (Quelle: eigene Abschätzungen)

|   | Millionen E-Autos | gleichzeitig 5,00 % |   |
|---|---|---|---|
| 2023 | 1 | 2,50 | GW |
| 2025 | 2,4 | 6,00 |   |
| 2030 | 10 | 25,00 |   |
| 2040 | 18 | 45,00 |   |

Heizungen auf elektrisch betriebene Wärmepumpensysteme (+ 5 GW) erhöhen insgesamt die Abendspitzen im Winter 2030 leicht zusätzlich um etwa 32 GW. Als Gegenmaßnahmen kämen zunächst der Lastabwurf von Kühlhäusern, Kupfer- und Aluminiumhütten und ähnlichen im Umfang bis zu 4000 MW in Frage, was eine recht hohe Annahme wäre. Damit würde die heutige Abendspitze um 4 GW verringert und bei ca. 75 GW liegen. Im Jahre 2030 wäre dann trotz massiven Lastabwurfs mit einer Winter-Abendspitze von ≈ 105 GW für mehrere Stunden zu rechnen. Wie wird diese Spitzenlast über eventuell 2–4 Stunden bei ungünstiger Witterung abgedeckt?[1]

Hier kommt die naheliegende zweite Anforderung für E-Mobilität ins Spiel: Millionen E-Ladesäulen machen ja nur Sinn, wenn sie auch den zu einer bestimmten Zeit benötigten Ladestrom jederzeit liefern können. Mancher Stromkunde legt vielleicht gar keinen besonderes hohen Wert darauf, dass sein E-Auto bis 24 Uhr wieder aufgeladen ist: Wichtig ist ihr oder ihm nur, dass es am Morgen um 6:45 Uhr vollgeladen wieder verfügbar ist.

Wenn die Person aber gegen die 6:20 Uhr feststellt, dass der Auto-Akku wegen anhaltend schlechten Winds immer noch nur zu 25 % aufgeladen ist und deswegen eine wichtige Dienstfahrt über 250 km nicht angetreten werden kann, dürfte nicht nur diese Person, sondern auch einige Kolleg*innen etwas sauer sein. Es soll ja auch ab und zu für manche Menschen „recht wichtige" berufliche Termine geben! Der Autor hat es selbst mehrfach erlebt, dass er wichtige Termine im Rheinland wegen Gleisarbeiten oder Lokomotivführer-Streik nicht wie gewohnt mit der Bahn wahrnehmen konnte – er wäre ohne das Auto schlicht zu spät zu den Terminen gekommen.[2]

E-Mobilität und gleichzeitig hoher Anteil volatiler Stromerzeugung vor allem von Fotovoltaik und Wind können somit nur dann funktionieren, wenn eine „Puffer"-Technik etwa in Form von großen Mengen eingespeichertem Wasserstoffs, der aus „überschüssigem" EE-Strom in sonnigen und windreichen Zeiten gewonnen wurde, zur Verfügung stehen. Deshalb wird Wasserstoff in riesigen Mengen immer benötigt – gerade und insbesondere auch für die immer jeweils passende Stromer-

---

[1] Zur Erinnerung: Selbst gut gefüllte Pumpspeicherwerke könnten bei Kälte höchstens 8 GW für kurze Zeit liefern. Laut empirischen Daten dauerten „schlechte Wetterlagen" mit praktisch Dunkelflaute jedoch schon sehr viele Stunden (bspw. 8–12).

[2] Durch die Gewöhnung an den Kraftstoff-Tank nehmen bisher Autofahrer den Optionswert eines stets verfügbaren Autos schon als selbstverständlich.

zeugung zum Aufladen der E-Autos mit einem Lithium-Ionen-Akku besonders an Winterabenden.

Allerdings gäbe es dann wiederum eine zweite Option: Die in jedem Fall benötigte Wasserstoff-Menge könnte stattdessen unmittelbar auch im Tank des E-Autos mitgeführt werden und via Brennstoffzelle für die nötige Stromerzeugung des E-Motors sorgen. 480 kWh Wasserstoff mit 14,5 kg Gewicht, welche etwa 240 kWh Strom erzeugen könnten, dürften mitsamt solidem Tank und Brennstoffzelle maximal 200 kg wiegen, deutlich weniger als die herkömmliche Li-Batterie! Die deutlich höhere Reichweite des derart bestückten E-Autos von um 800 km wäre ein weiterer Vorteil.

Es gibt somit mindestens zwei technische Möglichkeiten für E-Autos:

a) Im System „EE-Strom erzeugen – Elektrolyse – Wasserstoff-Einspeicherung – Wiederverstromung in einer Brennstoffzelle – Strom zur Auflade-Station leiten – Batterie laden" gibt es natürlich beträchtliche Wirkungsgradverluste, so dass für das (wegen der nötigen Batterie zudem 30 % schwerere) E-Auto effektiv dabei aus 100 kWh EE-Strom letztlich nur etwa 25 % verfügbar sind. Diese Rechnung gilt natürlich für diejenigen Zeiten (etwa 20–30 % der 8760 Jahresstunden) mit benötigtem Strom aus Zwischenspeichern.

b) Man könnte gleich den erzeugten und gespeicherten Wasserstoff für das E-Auto „tanken" – was zudem die Flexibilität der Autofahrer und des Gesamtsystems verbessern würde. Von der besonders schweren Batterie entfielen einige 100 kg, so dass die Verbrauchswerte etwas geringer würden. Die E-Auto-Brennstoffzelle samt dafür benötigtem Wasserstoff könnte das ganze Jahr über benutzt werden. Toyota hätte mit dem Elektro-Pkw Mirai mit Stromgewinnung aus Wasserstoff und Brennstoffzelle eventuell auf lange Sicht doch das überlegene System.

Die obige Batterielade-Konstellation käme nämlich besonders im Winter abends in Schwierigkeiten: Selbst mehr als die hypothetische Verdopplung der PV- und Windkapazitäten bis 2030 (nach derzeitigem Planungsstand der Politik völlig unrealistisch) auf PV = 120 GW und Wind = 140 GW brächte an einem Winterabend mit fast Windstille bei einer Windkraftverfügbarkeit von unter 7,5 % (empirisch stundenlang teils deutlich niedriger)[3] lediglich weniger als 10,5 GW. Zusammen

---

[3] So lagen etwa im Monat November 2020 rund 133 (= 18,5 %) der 720 Stunden teils sehr deutlich unter 7,5 % der Windkapazitäten, davon 52 Stunden (7,25 % der Stunden) sogar unter 4 % der Kapazitäten. Im Dezember war es nicht ganz so schlimm: Dort waren nur 83,5 Stunden lang (= 11,2 % von 744 Stunden) die Windkapazitäten schlechter als 7,5 % verfüg-

mit rund 15 GW verfügbarer Stromerzeugung aus Biomasse, Wasserkraft und sonstigen Erneuerbaren ergäbe dies in der Abendspitze um oder unter 25 GW verfügbare EE-Kapazität. Entweder wären dann bei einer Abendspitze um 105 GW

- konventionelle Kapazitäten von über 80 GW oder
- riesige gespeicherte Wasserstoffmengen sowie hohe Brennstoffzellen-Kapazitäten im Bereich über 35 GW zur Wiederverstromung mit sehr großen Wirkungsgradverlusten oder
- riesige Strom- oder Wasserstoff-Importe aus dem Ausland nötig.

Alle drei Optionen scheiden beim heutigen Stand der Energiepolitik und deren Wahrnehmung der Realität aus: Die konventionellen Kapazitäten schrumpfen (Kohle bis 2030 auf rund 17 GW), die beste Wasserstoffeinspeicherung (hoher Druck, Tiefkühlung, zunächst Bindung an und später Ablösung von anderen Substanzen) ist noch offen, also auch noch nicht großtechnisch für mehrere Millionen Tonnen Wasserstoff im Bau. Wichtige potenzielle ausländische Stromlieferanten wie Frankreich haben bei starker Kälte schon heute riesige Probleme, belgische Kernkraftwerke müssen aus sicherheitstechnischen Gründen bis Ende der 20er-Jahre sukzessive vom Netz, und osteuropäische Kohlekapazitäten in Polen oder Tschechien reichen kaum aus: Die Lage kann ernst werden!

Wenn der Umweg über die abendliche Stromerzeugung für längere Batterieaufladung entfiele, könnte dies bei ausreichender Wasserstoff-Verfügbarkeit ein Beitrag zur Entspannung solcher Situationen sein. Und für die Autofahrer wäre ein gespeicherter und in 15 Minuten an einer Wasserstoff-Tankstelle wieder gefüllter Wasserstoff-Vorrat eher mit der Zuverlässigkeit eines vollen Benzintanks vergleichbar. Die Flexibilität des Automobils wäre deutlich besser als beim Batteriesystem. Zudem müssten die lokalen und regionalen Stromnetze auch nicht ganz so massiv verstärkt werden, so dass auch die Strompreise nicht so stark steigen müssten.

Ähnliche Argumente gelten für sogenannte „E-Fuels" (= Brennstoffe), die zwar derzeit noch teuer in der Produktion sind, aber die Weiterbenutzung der bereits installierten Infrastruktur praktisch $CO_2$-frei erlauben würden – ebenfalls eine große volkswirtschaftliche Kostenersparnis.

---

bar. Im Januar 2021 lagen dagegen wieder mit 112,5 h rund 14,7 % der 744 Stunden (Offshore 16,2 %; Onshore bei 18,5 % wegen unterschiedlicher regionaler Mischung) bei einer Windkraft-Verfügbarkeit unter 7,5 % der Kapazitäten. Derartig ungünstige Konstellationen sind somit durchaus nicht selten und sind auch regelmäßig abends anzutreffen. Und selbst bei 240 GW Wind-Kapazitäten wären 7,5 % nur 18 GW, was nicht einmal das Aufladen der E-Autos abends sichern würde!

**Fazit**
Als Ergebnis dieses Kapitels bleibt die Frage nach der besten Form von E-Mobilität.

Das E-Auto mit Batterie ist bei volatiler Stromerzeugung à priori nicht besser als ein E-Auto mit Wasserstoff-Tank und mitgeführter Brennstoffzelle zur Verstromung dieses Wasserstoffs. Gerade bei Kälte in den Monaten November bis Februar (E-Winter) benötigt das Batterie-E-Auto überdurchschnittlich viel Strom pro 100 km. Dies könnte bspw. den Gleichzeitigkeitsfaktor gerade abends dummerweise deutlich ansteigen lassen und damit das Black-Out-Risiko im ohnehin sensibleren E-Winter erhöhen.

Technikoffenheit noch einige Jahre auch in der Technik für Pkw und andere Fahrzeuge könnte sich als vorteilhaft erweisen.

# Umstellung der Wärmeversorgung auf erneuerbare Energien

## 17

Im Kap. 9 wurde gezeigt, dass bisher die typischen Anwendungen des elektrischen Stroms (Licht, Computer, Telekommunikation, Elektromotoren in Produktionsanlagen und Küchengeräten, …) mit rund 500 Mrd. kWh jährlich erst an der dritten Stelle des energetischen Endverbrauchs stehen. Klar an erster Stelle des Endenergiebedarfs stehen die verschiedenen Wärmeerzeugungen für hauptsächlich drei große Bereiche:

- Der Raumwärmebedarf von rund 650 Mrd. kWh Endenergieträger (Erdgas, Heizöl, …) mit einem ganz deutlichen zeitlichen Schwerpunkt im Winterhalbjahr und davon besonders in den vier Monaten November bis Februar (von mir oben so genannter „E-Winter") für Wohn-, Büro-, gewerbliche und andere Gebäude, Krankenhäuser, Schulen usw.
- der Warmwasserbedarf, der eher gleichmäßiger über das gesamte Jahr verteilt anfällt, mit derzeit rund 130 Mrd. kWh Energieeinsatz beim Endnutzer und schließlich
- der Prozesswärmeeinsatz mit rund 540 Mrd. kWh zur Erzeugung von Temperaturen teils deutlich über 400 °C vor allem in industriellen Prozessen zum Schmelzen, Schmieden oder Verformen von Metallen, aber auch in Keramiköfen, Reifenindustrie o. ä. mit relativ gleichmäßiger Bedarfsverteilung über das gesamte Jahr und teils auch nachts.

Am Beispiel der Raumwärme lässt aufzeigen, dass je nach Heizungssystem unterschiedliche Energieträger wie Holzpellets, Erdgas oder Heizöl oder auch elektrischer Strom zum Betreiben einer Wärmepumpe mit dem abzukühlenden Außenmedium Luft oder Wasser zum Zuge kommen können. Dabei ist auch bei der

Erzeugung und Bereitstellung der Wärme mit dem Ziel einer bestimmten Innenraum-Temperatur (21,5 °C) bei einer teils deutlich kälteren Außentemperatur (wie −8 °C) je nach Technik mit unterschiedlich hohen Verlusten zu rechnen.

Für getrocknete Holzpellets als Heizmaterial sollte im wesentlichen Holzverschnitt oder recyceltes Altholz verwendet werden, keinesfalls extra gepflanzte Wälder in einem kurzen Rotationsystem geschlagen werden. Letzteres wäre nämlich auch nicht besonders klimafreundlich bzw. ökologisch wertvoll. Erdgas und Heizöl haben inzwischen dank der Brennwerttechnik sehr gute Effizienzwerte in der Umsetzung des Brennstoffs für Wärmeerzeugung, sind aber seit einigen Jahren als fossile Brennstoffe mittel- bis langfristig nicht mehr „wohlgelitten".

Eine Wärmepumpe ist technisch gesehen „ein umgedrehter Kühlschrank": Letzterer soll es innen kalt haben und pumpt dafür möglichst alle durch die Außenwände oder zeitweise offene Tür des Geräts zugewanderte Wärme dank eines Kühlaggregats nach „außen" – dummerweise meistens in den warmen Küchenraum. Daher sind Zweitkühlschränke für kalte Getränke o. ä. bei Menschen mit einem unterkellerten Haus beliebt. Wenn man diese im aus natürlichen Gründen kühleren Keller betreibt, sinkt natürlich dessen Stromverbrauch bei gleicher Größe und Bauart. Die Wärmepumpe will umgekehrt innen im Haus für Wärme sorgen, kühlt deswegen ein geeignetes Medium wie Wasser oder Umgebungsluft „außen" ab und pumpt die dabei anfallende Wärme gezielt nach innen.

Der bisher statistisch ermittelte Raumwärmebedarf ist mit recht hoher Wahrscheinlichkeit trotz zahlreicher inzwischen erfolgter „Modernisierungs- und Energiespar-Investitionen" durchschnittlich um etwa weitere 20–25 % absenkbar: Ein durch Heizungssysteme abzudeckender Raumwärme-Bedarf von rund 500 Mrd. kWh Wärmeenergie erscheint dann möglich.

Da der Heizungsbedarf am höchsten in den vier Monaten des E-Winters (November–Februar) ist, braucht die Wärmepumpe genau dann ein möglichst warmes Medium „außen", wenn die Außentemperatur manchmal sehr deutlich unter null Grad für mehrere Tage liegt. Im E-Frübst mit den Monaten März, April, September und Oktober ist eine Wärmepumpe mit deutlich weniger Stromverbrauch als im E-Winter zu betreiben, um eine angenehme Innenraumtemperatur zu erreichen, im E-Sommer (Mai-August) dient sie nur der Warmwasserbereitung. Das A & O einer Wärmepumpenheizung ist somit eine gute Technik, aber auch eine möglichst gute Quelle für Außenwärme, die effektiv abgekühlt werden kann. Damit scheiden Wärmepumpen für die Beheizung einer recht dicht Bebauung in der Regel aus: Nachbar A würde seine stark abgekühlte Luft ins Grundstück von Nachbar B blasen, der wiederum seinen Nachbarn C mit stärker abgekühlter Luft „beglückt", bis schließlich Nachbar Z mit seiner stark abgekühlten Luft wiederum Nachbarn A versorgt, so dass auch dessen Wärmepumpe ans Limit kommt. Derartige Probleme

## 17 Umstellung der Wärmeversorgung auf erneuerbare Energien

traten mit umgekehrten Vorzeichen bei Klimaanlagen in dicht bebauten Stadtzentren in heißen Sommermonaten auf. Ergebnis ist ein beiden Fällen, dass die Außenluft nur noch sehr begrenzt ihren jeweiligen Zweck erfüllen kann und der Stromverbrauch der Anlagen dramatisch steigt.

Wenn man hingegen ein „warmes Gewässer" wie einen Fluss zum Zwecke der Abkühlung für die Wärmepumpe als „Außenmedium" nutzen kann, ist das sicher für ein einziges Haus vertretbar: Das gering abgekühlte Flusswasser durchmischt sich schnell mit anderem noch etwas wärmerem. Problematisch wird es, wenn 500 Häuser einer Wohnsiedlung denselben Flussabschnitt für ihre Heizung- und Warmwasserversorgung benötigen: Dann ist das ökologische Risiko für Pflanzen, Kleinstlebewesen und Fische und andere Tiere zu ermitteln. Es ist ähnlich wie beim Auto: Zwanzig Autos richten kaum Schaden an – zwanzig Millionen hingegen schon, wenn keine neuen Standards durchgesetzt werden. Fünf Häuser mit Wärmepumpen an Fluss X sind harmlos, 50 gingen vielleicht noch, aber 1000 Häuser können hingegen die Fluss-Fauna und -Flora schon sehr stark beeinträchtigen. Und wenn der Fluss bei länger anhaltender Kälte – etwa wie der Rhein zu Beginn des Jahres 1956[1] – wochenlang einfriert, haben die Wärmepumpenbetreiber ein großes Problem: Ihr Wärmebedarf ist genau dann maximal, wenn die Erzeugungsmöglichkeit über das Außenmedium nahe Null oder zumindest sehr schlecht sind.

In den 40 deutschen Städten mit über 200.000 Einwohnern gibt es Siedlungsgebiete und vor allem Stadtzentren, wo sich kein Wärmepumpensystem installieren lässt. Bereits in den acht größten deutschen Städten wohnen rund 10 Millionen Einwohner, davon mehrere Millionen in Gebieten, die ohne neue externe Wärmequellen nicht mit Wärmepumpen versorgt werden können. Für erneuerbare „Fernwärme" müsste erst sehr große Mengen bis 250 Mrd. kWh von neuen Energieträgern bereitstellen wie „synthetisches Erdgas" oder ähnliches. Noch ist nicht abzusehen, wie schnell in den nächsten 15 Jahren riesige Mengen davon über EE-Systeme produzierbar sind.

Dasselbe gilt erst recht für die längerfristig rund 450 Mrd. kWh an benötigter Prozesswärme. Auch nach Einsparungen verbliebe in der Summe ein Nutz-Wärmebedarf von rund 1000 Mrd. kWh. Selbst wenn nur 45 % davon zur Hälfte aus Außenwärme mit Wärmepumpen gewonnen würde und 550 Mrd. kWh mit „synthetischen" Gasen erzeugt werden, ergäbe sich für eine erforderliche Wasserstofferzeugung mit Speicherung nur für diesen Zweck eine zusätzliche „grüne"

---

[1] Der Autor besucht über Weihnachten als 7½ – jähriger Junge (mit Familie) seine Oma in Wiesbaden und erlebte dies im Januar und Februar 1956 persönlich.

Stromerzeugung in der Größenordnung von ca. 1000 Mrd. kWh jährlich, was etwa 33 Millionen Tonnen $H_2$ entspricht.

**Fazit**
Der vielfältige Wärmebedarf einer Industriegesellschaft mit einem hohen Anteil städtischer Bevölkerung ist zumindest in den nächsten 25 Jahren kaum überwiegend durch erneuerbare Systeme und auch nicht vorwiegend durch Wärmepumpen zu decken.

Der „grüne" Wasserstoffbedarf und daraus gewinnbarer neuer Energieträger auch für Prozesswärme überstiege praktisch alle Grenzen der in dieser Zeit in Mitteleuropa und Deutschland installierbaren EE-Stromerzeugungsanlagen und deren Erzeugung.[2]

---

[2] Das eher „grüne" Wuppertal-Institut hält in einem Gutachten für FFF vom Oktober 2020 eine Menge an gespeichertem Wasserstoff von durchschnittlich 667 Mrd. kWh ≈ 20 Millionen Tonnen $H_2$ für sehr bald nötig, um so etwas wie eine $CO_2$-freie Energieversorgung zu schaffen. Deutlich höher wird auf der Internet-Seite des Bundesministeriums BMBF der jährliche Wasserstoff-Bedarf (ermittelt vom FZ Jülich) gesehen.

# Notwendigkeit neuer Techniken, deren Größenordnungen und Zeitachse

**18**

Es gibt zwei wichtige denkbare Ansatzpunkte, weniger Treibhausgase als bisher bei der Verbrennung fossiler Brennstoffe zu emittieren:

1) Stellen Sie sich vor, dass bei − 8 °C Außentemperatur ihr Wohnzimmer dank schlechter Fenster und nicht gut schließender Terrassen- oder Balkontür bei stärkerem Wind trotz Heizung nicht wärmer als 18,5 °C wird. Oder ihr Auto verbraucht plötzlich 1 Liter Kraftstoff mehr auf 100 km als bisher. Sie sind in der letzten Zeit gerne mit Vollgas über die Autobahn gebrettert, was einen halben Liter Mehrverbrauch erklären könnte. Plötzlich fällt Ihnen ein, dass Sie sowohl die Mulch-Säcke und auch diverse schwere andere Einkäufe im Kofferraum mit herumgefahren haben. Im ersten Fall müssten ganz einfach die Fenster erneuern oder besser abdichten lassen; im zweiten Fall den Kofferraum ausräumen und damit über 60 Kilogramm vermeidbares Gewicht entfernen und eventuell auch den Luftdruck prüfen lassen und auch nicht immer am Limit fahren etc.

    Die Botschaft lautet: Sowohl die technischen Installationen (Einstellungen der Geräte, Vermeidung von Wärmelecks, …) müssen einigermaßen stimmen als auch Ihr Verhalten bei der Nutzung von Auto, Heizung oder Geräten. Mit kluger Kombination beider Strategien erreichen Sie mit weniger Energieeinsatz trotzdem praktisch dieselben „Energiedienstleistungen" wie warmer Raum oder Transport über 80 km. Diesen Sachverhalt nennt man „Energiesparen" bzw. „rationelle Energieverwendung".

2) Sie wechseln das bisher genutzte technische System (Erdgas- oder Ölheizung, Benzin- oder Dieselmotor im Auto, etc.) und ersetzen bspw. in einer Kleinstadt die Heizung durch eine Holzpellet-Anlage, wobei die Pellets aus Holzverschnitt

hergestellt sind, und ersetzen den bisherigen Pkw durch ein E-Auto, was natürlich möglichst mit $CO_2$-frei erzeugtem Strom aufgeladen werden soll. Diese Energienutzungen wären als $CO_2$-frei zu etikettieren, was derzeit mit noch teils deutlich über 60 % konventionellem Stromanteil abends leider ein gehöriger Etikettenschwindel ist.

Diese beiden Ansätze werden in möglichen Überlegungen und auch Computer-Modelluntersuchungen hinsichtlich einer möglichen „umweltfreundlicheren" Energie-Dienstleistungs-Versorgung für die Zukunft zugrunde gelegt. Angesichts des de facto sehr unterschiedlichen Alters und Renovierungszustands von Gebäuden oder technischen Systemen aber auch Lebensdauer von Heizungen oder Autos ist es plausibel, dass dies hinsichtlich der künftigen Spielräume nur recht grob geschätzt werden kann.

Der rechnerisch „einfachste", aber umgekehrt auch für praktische Umsetzung am wenigsten nützliche Ansatz ist ein nicht näher spezifizierter „technischer Fortschritt". Statt wie bisher 100 Einheiten „Energie" benötigt man künftig nach einem Jahr nur noch 96 Einheiten, nach zwei Jahren nur noch 92,16, was einer jährlichen Senkung des Energiebedarfs um 4 % entspricht. In einem mathematischen Modell kann man selbstverständlich getrost schöne Jahreswachstumsraten von nicht näher konkretisierten „Effizienzsteigerungen" ansetzen, was immerhin zumindest die Autoren und eventuell auch die Auftraggeber einer solchen Studie erfreut.

Über die konkreten Umsetzungsprobleme, Zeithorizonte dafür und Kosten braucht man ja nicht Näheres zu schreiben. Wenn ich als „Modellierer" eine jährliche durchschnittliche Effizienzverbesserung von nur um 2 % über 15 Jahre unterstelle, sänke dadurch der Energiebedarf des betrachteten Gebäude-, Automobil- oder Flugzeugbestandes nach 15 Jahren quasi „automatisch" um rund 26 %: Statt wie vorher 100 Energie-Einheiten, benötige ich dann nur noch 74 Einheiten davon. Derartige Rechenergebnisse, die auch auf jedem Taschenrechner ermittelt werden können, ergeben sich ganz einfach gemäß Tab. 18.1.

Gelingt es hingegen, eine Verbesserung um 4 % jährlich zu erreichen, stelle ich in der Modellierung schon eine Einsparung von 46 % nach 15 Jahren fest – was natürlich zumindest im Computer-Modell den „Umweltschutz" und „Klimarettung" vermeintlich erheblich leichter macht. Diese etwas dürftige und simple Art der „Modellierung" hat in den letzten Jahrzehnten ausgiebig Kritik erfahren und wird deswegen inzwischen etwas seltener bemüht.

Im Folgenden soll ein Beispiel, welches sich teils auf eigene Abschätzungen und auch hilfsweise teils auf die Größenordnungen der Studie des Wuppertalinsti-

**Tab. 18.1** Sinkender Energiebedarf dank Effizienzsteigerung mit jährlich konstanter Rate. (Quelle: eigene Berechnungen)

| Effizienzsteigerungen – EN-Bedarf | |
|---|---|
| Prozent p.a. | über 15 Jahre |
| 0,5 % | 92,8 % |
| 1,0 % | 86,0 % |
| 1,5 % | 79,7 % |
| 2,0 % | 73,9 % |
| 2,5 % | 68,4 % |
| 3,0 % | 63,3 % |
| 3,5 % | 58,6 % |
| 4,0 % | 54,2 % |
| 4,5 % | 50,1 % |
| 5,0 % | 46,3 % |

tuts für Klima, Umwelt, Energie für „Fridays for Future" vom Oktober 2020 (PDF-Download) stützt, die Größenordnung einiger absehbarer Punkte wie neue Techniken und Effizienzsteigerungen aufzeigen:

- Der absehbar riesige Bedarf an zukünftiger Wasserstoff-Erzeugung aus „überschüssigem EE-Strom", dessen großtechnische Speicherung und dann Reaktivierung entweder zur Stromerzeugung in Zeiten zu geringer EE-Erzeugung oder zur Bereitstellung in Wasserstoff-Tankstellen für beispielsweise größere E-Autos mit einer Brennstoffzelle zur Stromgewinnung bei Bedarf und,
- als sehr groß unterstellte energetische Effizienzsteigerungen und deren Realisierungschancen in den kommenden Jahren bis 2040, sowie
- möglicher Bedarf an wiederum mit Hilfe von Wasserstoff erzeugten synthetischen Treibstoffen bspw. für Flugzeuge oder andere Fahrzeuge etc.

sind sehr viel anspruchsvoller, als bisher in der Öffentlichkeit, Medien und den Parteien verlautbart wurde.

Das jahrelang „sehr grüne" Wuppertal-Institut errechnet in seinem Diskussionsbeitrag 2020 einen Bedarf an Wasserstoff von rund 667 Mrd. kWh jährlich für etwa 2040: *„In einem klimaneutralen Energiesystem ist mit einem Bedarf an Wasserstoff und gasförmigen sowie flüssigen synthetischen Energieträgern in einer Größenordnung von etwa 400 bis 900 TWh pro Jahr zu rechnen, …"*, was sich auf Seite 15 der Kurzfassung findet. Das Bundesministerium für Bildung und Forschung BMBF geht in einer veröffentlichten Grafik von 1500 Mrd. kWh $H_2$ aus. Vereinfachend sei hier ein „niedriger Wert" von 1000 Mrd. kWh unterstellt.

WOHER kommt dieser? Sollte ein „DESERTEC II-Projekt" in nordafrikanischen Wüstenstaaten mit elektrolytisch erzeugtem $H_2$ Erfolg haben, dann bräuchte man neben einer guten Stromerzeugung auch sauberes Wasser, ein in der Wüste eher seltener Stoff. Meerwasserentsalzung, Elektrolyse sowie Speicherfähigkeit von $H_2$ erfordern zudem zusätzlich klar über 1600 Mrd. kWh „grüne Stromerzeugung" für rund gespeicherte 1000 Mrd. kWh $H_2$, was 30 Millionen Tonnen $H_2$ entspricht.[1] Sollten derartige Mengen in Deutschland bis 2040 hergestellt werden, wäre dafür die gesamte bisherige EE-Stromerzeugung für Strom- und Wasserstofferzeugung innerhalb von 18 Jahren zu verzehnfachen, was in jedem der 20 Jahre eine gewaltige Steigerung der Kapazitäten erforderte. Ab 2024 wären jährlich über 60.000 MW EE-Kapazität zu errichten. Zusätzlich wären gleichzeitig die nötigen Netzerweiterungen mit weiteren Starkstromverbindungen, regionale Netzverstärkungen in Deutschland, riesigen Wasserstoff-Speichersystemen und ähnliches neu zu bauen. Derzeit erscheint diese Variante als illusorisch.

Auch wenn in der Sahara 2000 Volllaststunden/Jahr der Fotovoltaik erreicht würden, benötigte man dort dafür das Zehnfache der in Deutschland 2020 installierten PV-Leistung (500.000 MW) oder 250.000 MW Fotovoltaik und 250.000 MW Windkraftkapazitäten.

Ähnlich deutlich wird das Wuppertal-Institut bezüglich der Umsetzung von enormen Energieeinsparungen im Gebäude- und Verkehrsbereich. Als Beispiel ein Zitat: *„Im Gebäudebereich ist die in den vergangenen Jahren beobachtete energetische Sanierungsrate von circa 1 Prozent des Bestands pro Jahr deutlich zu niedrig, um eine zeitnahe Treibhausgasneutralität zu erreichen. Eine vollständige oder auch nur weitgehende Abdeckung des Heiz- und Warmwasserbedarfs des Gebäudebestandes durch erneuerbare Energien erscheint in Deutschland ohne eine deutliche Steigerung der Sanierungsrate aufgrund der begrenzten Potenziale ausgeschlossen.*

(1) *Daher müssten bis 2035 jährlich circa 4 Prozent aller Gebäude energetisch saniert werden. Dies wäre ein historisch noch nie erreichter Umfang und läge auch deutlich über dem politischen Ziel der Bundesregierung von 2 Prozent. Dabei sollten idealerweise der Passivhausstandard oder mindestens der KfW-Effizienzhaus 55-Standard eingehalten werden.*

---

[1] Die gesamte Stromerzeugung Marokkos liegt derzeit bei knapp unter 35 Mrd. kWh jährlich. Lässt sich diese Stromerzeugung in zwei bis drei Jahrzehnten samt nötiger technischer Infrastruktur um über das 20-fache steigern? Wurde ein Projekt dieser Größenordnung überhaupt schon in einem Staat angefragt?

(2) *Die gegenwärtig dominierenden Heizungen auf Basis fossiler Energieträger müssten primär durch Wärmepumpen, solarthermische Kollektoranlagen oder grüne Nah- bzw. Fernwärme ersetzt werden.*
(3) *Für voraussichtlich unvermeidliche Restbestände fossiler Heizungsanlagen muss eine Versorgung über synthetische Energieträger erfolgen.*"[2]

Solche Modell-Rechnungen sind bspw. mit der faktischen Verfügbarkeit qualifizierter Handwerker und Gebäudetechniker in den kommenden Jahren zu konfrontieren: Diesbezüglich erleben wir schon heute bei Krankenpflegern, Polizisten und anderen Berufen einen erheblichen Fachkräftemangel. Einerseits bevorzugt ein Teil der heutigen Jugend so genannte „kreative" Tätigkeiten, und andererseits schafft inzwischen ein erschreckend hoher Anteil von über 10 % der Schulabgänger nicht einmal einen regulären (Haupt-)Schulabschluss. Dank dieser beiden Faktoren ist das Nachwuchsproblem für heute anspruchsvolle handwerkliche und technische Berufe von zwei Seiten her schon recht schwierig geworden. Auch an derart simplen Umsetzungsproblemen für die nächsten Jahrzehnte werden die leider in manchem Modell „vergessenen" Nebenbedingungen der faktischen Umsetzung des Sanierungsoptimismus offenbar: Wenn dort der Faktor „Arbeit" überhaupt vorkommt, wird er gerne als von homogener Qualität unterstellt – was realiter leider Unsinn ist, was jeder Ökonom schon seit 65 Jahren nach der Diskussion des Leontief-Paradoxons in der Außenhandelstheorie weiß.

Hinzu kommt auch noch folgender oft übersehener Aspekt: Die einfachsten Sanierungsmaßnahmen wie Dämmung von Kellerdecken und Dachstühlen und Einbau von Wärmeschutz-Doppelfenstern sind in vielen älteren Gebäuden schon seit einigen Jahren bei ohnehin fälligen Teil-Renovierungen vollzogen worden: Dadurch wird eine prozentuale Fortsetzung von vermeintlich einfachen „Effizienzsteigerungen" im Zeitablauf schrittweise immer deutlicher komplizierter und teurer, denn die jeweils nächste Stufe der Einsparung von jährlich 10 % der benötigten kWh/m² Heizenergie etc. ist schon erheblich schwieriger, aufwändiger und damit auch teurer.

Der Autor lebte während seiner Universitätszeit in Münster ab Sommer 1998 in einem Neubau etwa sieben Kilometer mit dem Fahrrad vom Büro entfernt. Das Haus hatte den besten Wärmeschutzstandard, einen modernen Erdgas-Brennwertkessel, recht hochwertige und fachkundig gut eingesetzte Fenster und war ohne gravierende Baumängel dank eines guten Architekten. Dadurch war dieses neue Haus klar besser als dem Standard Ende der 90er-Jahre entsprach. Jede

---

[2] Wuppertal-Institut: Gutachten für FFF, Oktober 2020, Kurzfassung, Seite 19; Hervorhebungen durch den Autor.

nachträgliche weitere Modernisierung oder gar Nutzung von Solarpanels zur Warmwasserbereitung hätten erhebliche Stemmarbeiten und auch recht teure Veränderungen erfordert. Dasselbe gilt für den Autofahrer, der sich vor 5 Jahren einen damals sparsamen „Flitzer" gekauft hat: Es macht auch ökologisch wenig Sinn, die Verschrottung des Autos zu verlangen, nur weil aktuell ein noch geringfügig „besseres" E-Modell verfügbar ist. Derartige Probleme einer nur langsamen Verbesserung bei der nach 25–30 Jahren ohnehin anstehenden Renovierung bestimmter Teile des Hauses oder erst nach 12–15 Jahren Nutzung des Autos ein Neukauf mit besseren Werten beruhen nicht auf „Bösartigkeit" der Haus- oder Autobesitzer, sondern sind in der Realität fast unvermeidlich und auch größtenteils vernünftig.

Wenn derartige Umsetzungsprobleme einer schrittweisen Modernisierung von Beständen noch funktionsfähiger Güter in Modellrechnungen „der Einfachheit halber" weggelassen werden, entsteht leider ein merkwürdiges Bild über faktisch schwer und nur eher sehr langfristig (beim nächsten Autokauf in 8 Jahren, bei der anstehenden Gebäuderenovierung in 20–30 Jahren etc.) tatsächlich zu hebende Effizienzpotenziale. Wer diese ohne solche „vernünftigen" Verzögerungen und ohne realistische Nebenbedingungen über benötigte Architekten, Bauarbeiter und Heizungstechniker abschätzt, hat schon seinen ersten (Modellierungs-)Fehler gemacht. Alles Folgende wird dann schlicht „zu optimistisch" berechnet: Der Computer merkt es ja nicht!

Ein ähnliches Problem habe ich bei mehreren Fernwärmeprojekten (zusammen mit meinem Kollegen und Freund Prof. Dr. Pfaffenberger) in einigen Großstädten mit Einwohnerzahlen von 200.000 bis über 550.000 festgestellt:

Während das eigentliche Stadtzentrum A eine recht hohe und somit für Fernwärme à priori gut geeignete Bebauung auswies, gab es einen etwas weiter entfernten Bereich B mit Mehrgeschosshäusern und mittleren Gewerbeflächen und schließlich noch weiter zum Stadtrand hin eine Bebauung mit überwiegend Ein- und Zweifamilien- oder Reihenhäusern C oder Gewerbegebieten. Das auf den ersten Blick scheinbar gut geeignete Stadtzentrum erwies sich dank extrem dichter Verlegung von Wasser-, Abwasser, Telekommunikations- und anderer Leitungen und einer schon sehr dichten Bebauung faktisch als schwer erschließbar für Fernwärmesysteme mit den aufwendigen Haubenkanälen, welche gerade dort aus statischen und nachfolgenden Wartungsgründen angebracht waren.

Besonders ungünstig für Fernwärme in den Stadtzentren erwies sich auch eine Unterpflasterstraßenbahn oder eine U-Bahn mit zahlreichen U-Bahnhöfen im oder nahe beim Stadtzentrum, wo kaum noch Platz für Fernwärmerohre möglich war. Als besser geeignet erwiesen sich letztlich die anschließenden relativ dicht bebauten Gebiete im Bereich B, wo auch mehr Platz für die Verlegung kostengünstiger

Verteilsysteme gegeben war. Und draußen im Bereich C mit eher geringer Wärmedichte waren wiederum eher Wärmepumpensysteme angebracht.

Der oben genannte Wasserstoff gilt zurecht als einer der wichtigsten kommenden Energieträger. In der Industrie und in Raffinerien wird er heute schon im mittleren Maßstab eingesetzt. Er wird bspw. durch Elektrolyse je nach Verfahren mit einem Wirkungsgrad von 70 % aus normalem Wasser $H_2O$ gewonnen. Meerwasser müsste erst entsalzt werden, was jedoch dank neuer technischer Verfahren durchaus mit mäßigem Energieeinsatz gut möglich wäre. Aus einem Kubikmeter – also eine Tonne – sauberen Wassers lassen sich mit Hilfe von elektrischem Strom rund 3330 kWh Wasserstoff mit der chemischen Formel $H_2$ gewinnen.

Je nach „Farbenlehre" der Wasserstofferzeugung gibt es auch andere Techniken wie bspw. die Gewinnung aus Methan (in Erdgas zu 90 % enthalten), indem das $CH_4$-Molekül durch einen speziellen Prozess „zerhackt" wird, so dass $2 \cdot H_2$ und ein Atom Kohlenstoff [C] übrig bleiben. Besonders eifrige „Klimaschützer" verdammen derzeit noch jede weitere Art von nicht-grüner Wasserstoffgewinnung, und sei es vorrangig vorübergehend für 10 bis 15 Jahre zu Forschungs- und Entwicklungszwecken.

Auch die offene Frage nach der „bestmöglichen" Lagertechnik ist derzeit noch nicht endgültig beantwortet. Es bieten sich bspw. an: Speicherung unter hohem Druck, starker Tiefkühlung, Bindung an andere Substanzen wie Metallpulver, spezielles Öl, Salzlake o.ä. Diese Prozesse müssen natürlich wieder vor Verwendung als $H_2$ rückgängig gemacht werden. Der Gesamtwirkungsgrad bis zu diesem Punkt ist demgemäß noch nicht genau beschreibbar. Er dürfte getrost optimistisch auf 60 % geschätzt werden, könnte in der großtechnischen Praxis aber auch eher etwas niedriger liegen.

Falls dann der Wasserstoff in einer Brennstoffzelle wiederum mit einem Wirkungsgrad von praktisch 50–55 % in Strom verwandelt wird, hat die Kette „Elektrolyse für $H_2$ + Einspeicherung + Ausspeicherung + Wiederverstromung in einer Brennstoffzelle" den optimistisch hoch geschätzten Gesamtwirkungsgrad von um 30 %, vielleicht auch etwas weniger.

Diese Größenordnungen erklären natürlich auch den trotz immenser „Effizienzsteigerungen" in der FFF-Studie des Wuppertal-Instituts immer noch sehr großen Bedarf an Wasserstoff.

▶ Für die Umrechnung von Energie- in Gewichtseinheiten gilt für Wasserstoff: 1 kg $H_2$ = 33,3 kWh, was wiederum bedeutet: 100 kWh = 3 kg, bzw. auch: 100 Mrd. kWh $H_2$ = $100 \cdot 10^9$ kWh = $3 \cdot 10^9$ kg $H_2$ = 3 Mill. Tonnen $H_2$.

Betrachten wir einmal eigenständig grob überschlägig zur Abschätzung der Größenordnungen die Chancen für eine Elektrifizierung von rund 80 % des gesamten Endenergieverbrauchs und damit dessen Deckung durch erneuerbare Stromerzeugung – optimistisch gerechnet bis zum Jahr 2045!

Der Einfachheit halber sei ein mäßiges reales Wirtschaftswachstum mit einem Strukturwandel zu mehr Dienstleistungen unterstellt, obwohl ein starker Ausbau der Windkraftwerke, Speichertechniken und Gebäudesanierungen zusätzlich bestimmte Inputs wie Sand, Kies, Zement und Bauholz fordern wird. Das Wirtschaftswachstum sei annahmegemäß in optimistischer Rechnung etwa gleich hoch wie die weiteren Effizienzverbesserungen technischer Geräte und Systeme: Der Endenergieverbrauch in Mrd. kWh stiege also in der Summe nicht weiter an.

Ersetzt man langfristig den bisher konventionell gedeckten Bereich (B + C bisher rund 2000 TWh) zu 80 % durch elektrische Nutzer-Systeme mit EE-Strom, werden viele bisherige Umwandlungsverluste und Speicherprobleme vom Nutzer auf die Strom-Erzeugungsseite verlagert, denn elektrischer Strom hat auf der Nutzerseite allgemein sehr gute Wirkungsgrade.

Vom bisher konventionell gedeckten Endenergiebedarf von 1600 TWh mit Umwandlungsverlusten in Heizung oder Motor etc. werden dann per Schätzung zukünftig etwa 775 TWh Erzeugung für elektrische Systeme etwa für E-Mobilität und Wärmeerzeugung durch Luft- oder Wasser-Wärmepumpen benötigt.

Zusammen mit den 500 TWh „klassischen" Stromverbrauchs fielen bis 2045 rund 1.275 TWh Endenergieverbrauch elektrisch und rund 400 TWh konventionell (Erdgas, Heizöl, Kohle, Pellets, Biogas) für die nicht gut mit Strom bedienbaren Bereiche an. Der gesamte Endenergieverbrauch sänke auf etwa 1650 bis 1700 TWh: A + B + C.

| A | B | C |
|---|---|---|
| 2050: klassische Elektrizität I | neue Stromanwendungen II: Wärmepumpe, E-Auto, Warmwasserbereitung, … | konventioneller Rest + Biogas, Holzpellets, etc. |
| 500 TWh | 775 TWh | 400 TWh |

Was wäre dazu im Strom-Erzeugungsbereich etwa im Jahr 2045 nötig? Eine optimistische Überschlagsrechnung der Größenordnungen ergibt:

| A+B: | Bei Deckung der nötigen Stromerzeugung von 1275 TWh zu ca. 97,5 % aus EE-Strom (1245 TWh) und 2,5 % ($\approx$ 32 TWh) aus konventionellen Kraftwerken wie Erdgas-Turbinen und GuD-Anlagen ergäben sich bei |
|---|---|

# 18 Notwendigkeit neuer Techniken, deren Größenordnungen und Zeitachse

- Strom-Speicherbedarf (aus „Überschusszeiten" erzeugtem Wasserstoff für „EE-Mangelzeiten" und notwendige Industrieversorgung mit $H_2$) mit einem geschätzten Anteil von nur 25 % und
- geringem Wirtschaftswachstum und zugleich deutlicher Effizienzsteigerung der Nutzergeräte

eine nötige jährliche Brutto-EE-Erzeugung von $1{,}02 \cdot (3 \cdot 0{,}25 + 0{,}75) \cdot 1.275$ TW h $\approx$ 1950 TWh. Der Grund ist einfach: Bereits ein 25 % Speicheranteil für die Deckung der volatilen Lücken verlangt bei 33,3 % Systemwirkungsgrad eine 1,5-fache Stromerzeugung: Um den denkbaren Black-Out zu verhindern, immer auch rechtzeitig! Die nötige Brutto-Stromerzeugung aus Erneuerbaren (2020: 240 TWh) stiege auf rund das 8-fache von 2020; selbst bei nur 22 % Speicherbedarf immerhin noch das 7,5-fache. Jährlich wären immerhin 900 Mrd. kWh Wasserstoff in Brennstoffzellen zu verstromen, um bei 52,5 % Wirkungsgrad nur für die EE-Stromerzeugung rund 475 Mrd. kWh zu erhalten. Alleine diese für das Stromsystem benötigte Menge Wasserstoff ergäbe schon 27 Millionen Tonnen benötigter $H_2$ p.a.

Zusätzlich müssten bald riesige „Speicherkapazitäten" mit einem Volumen für Einspeicherung von ca. 250 Mrd. kWh Wasserstoff (was rund 7,5 Mill. t $H_2$ entspricht), obwohl sich damit nur etwa 30 % des künftigen Strombedarfs eines Winters, wo die größten Lücken zu erwarten sind, abdecken ließe, technisch bereitstehen. Sowohl eine Verachtfachung der erneuerbaren Erzeugungskapazitäten und der starke Ausbau zugehöriger Netze als auch Bau derart großer Speicher wären eine enorme Aufgabe. Man bedenke: Die Kälte-Firma Linde baut Anfang der 2020er-Jahre in Leuna eine Wasserstoff-Erzeugungs- und Speicheranlage mit unter 5000 Tonnen $H_2$-Kapazität. So wichtig dies als erster Schritt ist: Wir bräuchten in wenigen Jahrzehnten über das Tausendfache von diesen Anlagen, 2030 fast das 500-fache davon als funktionierendes System.

Bei 2021 über 125.000 MW installierter EE-Kapazität, welche dank anteilig stärker ausgebauter Offshore-Windanlagen mit besonders guter Jahresstundenzahl auf rund 1.000.000 MW erhöht werden sollen, müssten über die nächsten 25 Jahre jährlich jeweils 40.000 MW netto zugebaut werden, inklusive der notwendigen Ersatzbauten für sehr alte Anlagen brutto sogar bis zu 5000 MW mehr. Das könnte schwer umzusetzen sein.

Nicht nur die Stromerzeugungskosten dafür stiegen extrem stark, sondern vor allem in der Übergangszeit bis dahin wären auch sehr wichtige Fragen zu klären: Wer trägt im neuen Regime die Verantwortung für die Systemstabilität, wenn fossile Stromerzeugung-Kapazitäten dafür nicht mehr ausreichen? Nach welchem mit Versorgungssicherheitsaspekten des Stromsystems begründeten Fahrplan kann man dann einen zügigen Kohleausstieg (und eventuell auch Kernenergieausstieg) überhaupt verantworten. Auch die bisherige EE-Förderung ist beispielsweise neu zu überdenken: Nur wer relativ sichere Leistung anbietet, sollte überhaupt noch Unterstützung bekommen: Dies könnte zwingend für Wind- oder Solarparks mit integrierter Wasserstoffspeicherung und -verstromung gelten, natürlich gegebenenfalls auch im Verbund mehrerer derartiger Anlagen, usw. Das bisherige Einspeise-Regime des „Deliver and forget!" des EE-Stroms müsste bald zu Ende gehen!

| C: | Der mit fossilen Energieträgern zu deckende Restbedarf von rund 32 TWh jährlich erforderte für Strom aus jeweils 50 % Erdgas-Turbinen und GuD-Kraftwerken bei einem gemittelten Wirkungsgrad von ca. 50 % rund 65 Mrd. kWh Erdgas-Einsatz. |
|---|---|
| | Zusammen mit den restlichen 300 TWh (im Bereich C) Erdgaseinsatz, wären noch insgesamt fossil rund 365 Mrd. kWh Erdgas einzusetzen, was in Summe rund 70 Millionen t $CO_2$ emittieren würde. Zusammen mit einigen schwer zu vermeidenden weiteren Treibhausgasemissionen könnte sich eine Größenordnung von 100–120 Mill t $CO_2$-Äquivalente ergeben: Etwa 13,5 % des heutigen Werts. |

Angesichts derartiger Größenordnungen stellt sich auch die Frage, ob es eine besonders kluge Politik war, einen festen Fahrplan für die Abschaltung von Kapazitäten der Kohlekraftwerke bis 2038 zu beschließen. Dies bedeutet ja, vorhandene Kapazitäten stillzulegen und ohne heute zuverlässig absehbare Verfügbarkeit riesiger Speicher auf PV und Wind setzen! PV entfällt im Winter ab 16:30 Uhr ganz, und bei fast Windstille bzw. Schwachwind über 15–18 Stunden (Was ja vorkommen kann!) sind allenfalls unter 5 % der WKA-Kapazitäten verfügbar: Selbst von 280.000 MW nur < 14.000 MW!

Wenn heute Meteorologen zu Recht darauf hinweisen, dass als Folge des Klimawandels der bisherige starke Jet-Stream langsamer und etwas unregelmäßiger als bisher werden kann und deswegen sowohl Hoch- als auch Tiefdruckgebiete sich länger über einem größeren Gebiet aufhalten können, so heißt das auch: Das Eintritts-Risiko für eine winterliche Omega-Wetterlage über 2–3 Tage mit Kälte und fast keinem Wind steigt zukünftig tendenziell an. Dies lässt die Wahrscheinlichkeit für „ungünstige Wetterlagen" für EE-Strom steigen. Warum dann einsetzbare Kapazitäten endgültig abschalten?

Die Größenordnungen der zu bewältigenden Aufgaben in den nächsten zwei Jahrzehnten ab 2022 übersteigen sämtliche derzeit immer noch naiven Vorstellungen über sehr einfache Lösungen: Nur mit Einbeziehung sachkundiger Ingenieure und Ehrlichmachung bezüglich realistischerweise umsetzbarer Zeithorizonte für neue Techniken lässt sich mittel- und langfristig eine sachlich verantwortbare Umstellung erreichen.

Wie sagte einst ein kluges Sprichwort: „Gut Ding will Weile haben" – oder auf schwäbisch: „Nur net hudla!"

**Fazit**
Alle diese Probleme muss zunächst Deutschland erfolgreich bewältigen, bevor seine „Energiewende-Politik" als gutes Vorbild dienen kann. Ein sehr anspruchsvolles Vorhaben, das nur mit großem Problembewusstsein und Sachkompetenz hinsichtlich der möglichen technischen System-Lösungen angegangen werden kann.

Erst dann kann man einigermaßen zuverlässig die mögliche Geschwindigkeit und Kosten eines Übergangs und damit auch Vertretbarkeit auf ein völlig anderes System abschätzen.

Dazu muss jedoch die gesamte Sachdiskussion deutlich offener und klarer geführt werden als bisher.

# Ökonomische Größenordnungen – Ist „die Ökonomie" Schuld am Elend der Welt?

**19**

Auch wenn naive oder linke „gutmeinende" Menschen – was jedoch manchmal fast das Gleiche ist – gerne auf „Ökonomie heutiger Art" verzichten wollen, oder sogar darin die Wurzel aller Übel sehen wollen, so liegen diesem Thema drei systematische Probleme zugrunde:

- Wir leben nicht im Schlaraffenland, wo man ohne Produktion diejenigen Lebensmittel, Getränke oder sonstige Güter „einfach so" bekommt. Manche Kinder heutiger Generationen sind vielleicht in diesem Irrtum groß geworden, weil es im Supermarkt immer genug gab. In irgendeiner Form muss jedoch jedes Wirtschaften organisiert werden. Entweder finden Produktion und Verteilung der Güter wie bei einer Armee statt: Ein zentraler Stab hat das Kommando über die Produktion und teilt die Ergebnisse nach frei gewählten Kriterien auf: Langhaarige oder blonde Menschen bekommen weniger, und Ärzte, Komiker und Parteimitglieder bekommen „doppelte Ration" oder eine andere Zuteilung nach irgendwie sinnvollem oder willkürlichem Maßstab. Geht die Produktion nach Kommando, benötigt diese Gesellschaft viele „Aufpasser" für die Arbeitenden, was natürlich auch eine Art von Verschwendung der Ressource „Arbeit" ist.

Selbst unter den „rotesten Kommunisten Chinas" gab es in den sechziger Jahren nach dem schwedischen Autor Jan Myrdal[1] mit „Arbeitspunkten" Anreize für Arbeitnehmer, besonders fleißig zu sein, was viele Aufpasser weniger nötig machte. An die längerfristigen Folgen von Luft- oder Wasserverschmutzung oder gar weltweiten Klimaschutz haben deren Funktionäre allerdings auch

---

[1] Jan Myrdal: Rapport från kinestisk by, PAN/Norstedts, Stockholm, 1967.

nicht gedacht: Die Millionen hungriger Mägen zu versorgen, war auch verständlicherweise aus ihrer Sicht zunächst wichtiger!

Das bedeutet: Eine wie immer geartete Ökonomie, wo entschieden wird „WAS wird produziert?", „WIE wird es produziert?" und schließlich „FÜR WEN wird produziert?" wird es immer geben. Sobald eine Gesellschaft etwas mehr hat als die Mittel zum reinen Überleben, entstehen bald derartige Fragen. Dann wäre es ja zudem auch klug, danach zu suchen, dass keine Ressourcen „unnötig" durch schlechte Organisation oder fehlende Anreize verschwendet werden: Also nicht in Woche 1 die Straße aufreißen und neue Rohre verlegen und danach die Straße neu teeren, um dann in Woche 5 das gleiche noch einmal zu machen, um stärkere Stromkabel für E-Autos zu verlegen. Ebenso wäre es Verschwendung von Ressourcen, einen ausgebildeten Elektro-Ingenieur im Straßenbau einzusetzen: Auf einem seiner Qualifikation entsprechenden Arbeitsplatz kann diese Person für die Gesellschaft und für sich selbst erheblich mehr leisten. Derartige Überlegungen nennt man: Vermeidung von ineffizienter Aufteilung der Ressourcen. Deshalb hat sich das Hineinregieren der SED-Kader in Betriebe auch nicht als vorteilhaft für innovative und besonders produktive und engagierte Menschen und die Produktionsprozesse erwiesen, und auch der Umweltschutz war gerade in der DDR eher ein Fremdwort.

- Die Produktion bestimmter Güter wie Brot, Marmelade, Bohrmaschinen oder Fahrräder oder Tapeten kann man einer großen Zahl von selbstständigen Bäckern oder Produzenten überlassen: Was den Menschen besonders gut zusagt, wird dann am Markt mit dem Angebot der Bäckereien und der Gesamtnachfrage in diesem Ort durch die Konsumenten festgestellt. Dasselbe gilt für Autos, Bücher oder Möbel. Bei bspw. Autos können staatlicherseits im Allgemeininteresse gezielt bestimmte Mindeststandards wie funktionierende Bremsen, Beleuchtung oder Emissionsgrenzwerte festgelegt werden, um Schädigungen anderer zu vermeiden.

Für andere Güter wie Schutz vor Sturmfluten an der Küste kann eine reine Marktlösung auch schlecht funktionieren: Von einem gebauten Deich profitieren viele tausend Menschen. Die Frage ist: Können sich einige tausend Menschen individuell (wie auf dem Wochenmarkt 2 Kilogramm Kartoffeln) „Deichschutz" kaufen? Was geschieht, wenn mein Nachbar ein großes Boot hat und mir sagt: „Ich brauche keinen Deich und beteilige mich auch nicht an dessen Kosten!" Soll dann der Deich im Zick-zack um sein Grundstück herumgebaut werden, was die Kosten absurd steigen ließe? Man merkt schnell, dass solche Güter durch eine gemeinsame Regelung „von allen produziert" werden müssen, ob in der Stadt, im Bundesland oder dem Zentralstaat. Ähnliches gilt für Schulen, Polizei, Gerichte und Verkehrsregeln etc. Das heißt: Einen reinen

Marktmechanismus für alle auch sehr wichtigen Dinge kann es gar nicht geben. Es würde stattdessen in Anarchie und räuberischem Verhalten enden. Die Institution, welche für alle Menschen eines Landes derartige koordinierende oder als Leitplanken verpflichtende Funktionen übernehmen muss, heißt ganz einfach „Staat".

Es ist immer zu diskutieren, in welchen staatlich gesetzten und dann auch garantierten Regeln der Marktmechanismus mit seinen nützlichen und für die Gesamtheit vorteilhaften Wirkungen sich besser entfalten kann und wo staatlich organisierte neue Lösungen für solche „öffentlichen Güter" wie Deichschutz, Polizei, Gerichte etc. eher zum Zuge kommen. Bei „globalen öffentlichen Gütern" wie Ozeanen und den darin lebenden Fischen oder die Atmosphäre ist selbst isoliertes nationalstaatliches Handeln kaum aussichtsreich, sondern erfordert internationale Kooperation mit gemeinsamen „Spielregeln" für alle Staaten und auch Um- und Durchsetzungsmechanismen. Was hülfe es der Dorsch-Population in der Ostsee, wenn Deutschland in seinen Gewässern zum Schutz der Fischbestände Fangquoten einführte: Der Fisch würde dann auch von deutschen Fischern vor Dänemarks, Schwedens und Polens Küsten überfischt.

Wie setzt man „Ansprüche auf Güter" wie Nahrung, Wohnung, Fahrräder oder Autos etc. um? Dabei geht es zwar oberflächlich zunächst um „Geld" als Mittel dazu, was natürlich weder essbar oder sonst irgendwie nützlich ist, außer sich pompös damit eine Zigarre anzuzünden. Geld ist ein Medium – heute noch mit staatlich (in der Euro-Zone via die EZB = Europäische Zentralbank für den Euro) hinterlegtem Monopol der „Schaffung" von neuem Geld unterlegt – das es erlaubt, etwa Ansprüche auf Güter wie Nahrungsmittel, Haus oder Wohnung, Urlaubsreisen, … oder auch Leistungen von Arbeitskräften, wie gute Handwerker zur energetischen Modernisierung, Haarschnitt, … in der Gesellschaft durchzusetzen: Wenn ich als Person A dieses reale Gut (Fass Bier, Haus, …) gekauft habe oder einen Ressourceneinsatz (Arbeit, Maschinen, …) beanspruche, kann in diesem Zeitraum kein anderer B oder C genau dieses Gut oder die für mich gerade tätigen Arbeitskräfte anderweitig verwenden. Ich „verdränge" mit meiner aktuellen Nutzung real deren heutigen Nutzungschancen dieser neuen Güter oder aktuell erbrachten Arbeitsleistungen potenziell für andere.

Wenn also der Staat „aus dem Nichts" für „wichtige" Aufgaben wie zusätzlichen Deichbau oder bessere Infrastrukturaufgaben durch Hergabe eines „Schuldscheins" an die Zentralbank neue Euro entstehen lässt, verdrängt die Verwendung dieser Euro faktisch bisherige Häuslebauer oder Fahrradkäufer, weil die benötigten Arbeitskräfte und Baumaschinen mit diesen staatlichen oder bezuschussten Aufträgen bereits gebunden sind: Ich oder jemand anderes muss i.d.R. mit meinen Plänen zurückstecken. In einer nahezu voll beschäftigten Wirtschaft mit einem bereits jetzt wachsenden Mangel an Facharbeitskräften in vielen Berufen wird dies an anderer Stelle zu steigenden Preisen führen: „Schuld" an diesen sind natürlich aus Sicht mancher Politiker mit ökonomischem Unverstand vor allem oder sogar ausschließlich „böse Kapitalisten"; niemals doch die Politik!

Der Staat könnte natürlich auch ehrlich sein und für „wichtige" Aufgaben oder auch etwas „unsinnige" wie bspw. einen Krieg führen, einige Steuern erhöhen, um der beabsichtigten realen Ressourcenentzug ehrlich sichtbar zu machen. Für die Finanzierung des 1. Weltkriegs gab die deutsche Reichsregierung Kriegsanleihen aus mit dem Versprechen, nach dem „sicheren Sieg" alles zurückzuzahlen: Wie man weiß, endete dies im Desaster spätestens in der großen Inflation 1923. Auch wenn dabei größere Teile der Wirtschaft einigermaßen weiterliefen, verloren viele kleinbürgerliche und ökonomisch naive Familien real einen Großteil ihrer Ersparnisse: Was 1915 noch der Preis eines Hauses war, reichte im Spätsommer 2023 gerade für ein Brot, wenige Wochen später noch für eine Briefmarke. Dass ein solcher Einschnitt die gesellschaftliche Stabilität entscheidend zusätzlich beeinträchtigte, kann man wohl nachvollziehen. Alle vermeintlich wichtigen Staatsaufgaben „auf Pump" zu finanzieren, wird früher oder später Ursache für die faktische etwas subtiler erfolgende faktische Schlechterstellung oder Teilenteignung (der Gläubiger) vieler dann wiederum unzufriedener Bürger: Generationengerechtigkeit gilt auch hier!

- Bei über den Nationalstaat hinausgehenden Problembereichen ist eine internationale Kooperation notwendig. Für Klimapolitik heißt das: Deren Rahmen, Ziele und die Regeln samt Überwachung und Durchsetzung muss man international vereinbaren. Wenn dann für bestimmte Bereiche als effizienter Koordinierungsmechanismus (wie etwa im EU-$CO_2$-ETS) der handelnden Akteure ein Marktsystem benutzt wird, kann das durchaus das beste Politik-Design gegenüber allen anderen Lösungen sein. Wer hier einen Gegensatz zwischen einem „Handelssystem" oder anderen Politiken konstruieren will, hat das Problem einfach nicht verstanden oder bevorzugt lieber unnötig teure und bürokratische Systeme. Ob deren Ergebnis tatsächlich überwiegend „besser" wird, kann man häufig bezweifeln.

Die Festlegung eines internationalen Zieles etwa für eine zulässige Emissionsobergrenze an Treibhausgasen wird oftmals mit einer simplen Regel „One man – one $CO_2$-right", die in Deutschland etwa auf den Umweltökonomen Lutz Wicke zurückzuführen wäre, benutzt. Angeblich ist diese Regel die einzig gerechte Zuweisung von Emissionsrechten.

Bei näherem Hinsehen bekommt man jedoch einige Probleme:

- Eine Obergrenze der „ökologischen Tragfähigkeit" müsste als absoluter Grenzwert festgelegt werden und nicht als Pro-Kopf-Wert. Wenn die jährliche Obergrenze noch ökologisch zulässiger Belastungen genau 100 betrüge und es gäbe weltweit 10 Menschen, dann entfielen auf jeden Menschen 10 Einheiten. Wächst jetzt in der Hälfte A der Welt die Menschheit von 5 auf 10, während sie in der anderen Hälfte B konstant bliebe, ist ja zu fragen, warum jetzt alle in Region A und B einheitlich nur noch 6,7 Einheiten bekommen sollen. Die ohne ihr eigenes Zutun „geschädigte" Hälfte B mit konstanter Bevölkerung 5 muss sich fragen, warum sie alleine ihren Beitrag zu einer Zielsetzung 100 geleistet hat, der jetzt durch die angeblich „streng religiöse", schlicht weniger disziplinierte oder gar großmachtsüchtige Hälfte A „verwässert" wird: Mit sehr guten Gründen könnte sie das Überwälzen eines derartigen externen Effekts auf ihre disziplinierte Gruppe B verweigern.
- Ein zweites Gegenargument wäre, dass ein einheitliches Pro-Kopf-Ziel beispielsweise den erheblichen Heizenergiebedarf in den pol-nahen Regionen vernachlässigt. Dann müssten eventuell Menschen in Alaska, Nordkanada, Nordskandinavien oder Sibirien entweder erfrieren oder weiter nach Süden ziehen, was neue regionale Probleme auslösen würde. Der objektive Grundbedarf an THG-Emissionen ist offensichtlich nicht überall gleich und auch nicht die neuartigen technischen Möglichkeiten, sich faktisch „klimafreundlich" zu verhalten.
- Als drittes Gegenargument wäre folgendes zu berücksichtigen: Die 100 Einheiten weltweit „zulässiger" Emissionen beruhen auf einem halbwegs intakten Ökosystem, welches diese 100 Einheiten langfristig verarbeiten kann. Was passiert, wenn eine Hälfte C der Bevölkerung dieses Ökosystem weitestgehend „in Ruhe" lässt, die andere Hälfte D ihre Hälfte weiter durch „changed land use" oder Umpflügen kaputt macht, was dann nur noch 80 Einheiten „verarbeiten" kann?

Ein einheitlicher Pro-Kopf-Zielwert ist somit keineswegs harmlos, sondern enthält eine größere Anzahl von impliziten Problemen, auch wenn er sich kurzfristig nur scheinbar am leichtesten rechnen lässt.

**Einiges zu finanziellen Belastungen und fiskalische Aspekte**
Ein Blick auf den eigenen Familienbereich zeigt die Größenordnungen:

Bewohnt eine vierköpfige Familie heute ein normal gut gedämmtes Haus von 145 qm, so verbraucht sie für Warmwasser und Heizung mit einem guten Brennwertkessel heute rund 1650 cbm Erdgas (≈ 16.000 kWh), mit sparsamen Elektrogeräten 2750 kWh Strom und 15.000 kWh Benzin für zwei Autos (21.500 km/a). Da eine Brennwertheizung einen recht guten Wirkungsgrad hat, wären mit einer Wärmepumpe etwa 13.500 kWh Wärme und beim Verkehr 6000 kWh Antriebsenergie beim E-Auto zu ersetzen.

DAS hätte schon allen Politikern und Bürgern auffallen können, die ihre Tank- und Stadtwerkerechnung lesen können! Die Energierechnung dieser Familie für alles läge heute in einer Größenordnung von 5000 € jährlich.

Der kleine Unterschied liegt in den Kosten: Pro kWh kostet Erdgas heute 6,5 Cent, Strom rund 32–35 Cent/kWh und Benzin mit Mineralölsteuer rund 19 Cent/kWh. Wenn die „Grünen" gerne erzählen, dass „die Sonne keine Rechnung schickt" und EE-Strom längst wettbewerbsfähig zu konventionell erzeugtem Strom inklusive seit 15 Jahren bezahltem EU-ETS-$CO_2$-Preis wäre, dann könnten wir schnellstens auf die gesamte EEG-Umlage verzichten: 25 Mrd. € jährliche Belastung würden wegfallen. Damit könnte der Strompreis immerhin um einige Cent/kWh fallen.

Sollte hingegen der EE-Stromerzeugungsanteil auf über 50 % steigen – wie es teilweise während der Corona-Krise 2020 bereits geschah, droht sogar ein Ansteigen der EEG-Umlage in große Höhen: Diese wird pro kWh erhoben. Wenn aber der Anteil der „unterstützungsbedürftigen" Stromerzeugung ansteigt, sei es in der Krise mit einem Rückgang des Gesamtstromverbrauchs oder sei es wegen stark wachsenden EE-Durchschnittsanteilen pro kWh, so steigt die angeblich unnötige EEG-Umlage weiter stark an: Eine Verlagerung dieser „versteckten Subvention" in den öffentlichen Haushalt würde jedoch mit dem EU-Beihilferecht kollidieren.

Ein didaktisch gemeintes simples Rechenbeispiel zeigt, dass einerseits die EEG-Umlage pro Einheit EE-Strom in 20 Jahren zwar um 20 % fallen kann, aber dennoch die Gesamtbelastung für die Bürger in Milliarden € angesichts des stark gestiegenen EE-Anteils an der Gesamtmenge gegenüber dem Basisjahr auf das 3,2-fache ansteigt. Die Gründe sind in Tab. 19.1 dargestellt.

Im Jahr x betrage die EEG-Umlage der EE-Erzeugung 0,1 €/kWh. Da im Beispiel 250 Mrd. EE-Erzeugung subventioniert werden, fallen insgesamt 25 Mrd. €

**Tab. 19.1** Bedeutung der Mengen- und Preiseffekte der EEG-Umlage. (Quelle: eigene Beispielberechnungen)

| Stromerzeugung in GWh | Jahr x TWh | EEG-Umlage Jahr x | x + 20 TWh | EEG-Umlage Jahr x+20 |
|---|---|---|---|---|
| EE-TWh/Umlage | 250 | 25 Mrd. € | 1000 | 80 Mrd. € |
| *Umlage pro EE-kWh* | | *0,10 €/EE-kWh* | | *0,08 €/EE-kWh* |
| Gesamter Verbrauch | 500 | *0,05 €/kWh* | 1200 | *0,067 €/kWh* |
| Anteil EE/Verbrauch | 20 % | | 83,3 % | |

Umlage an. Bei einem Gesamt-Stromverbrauch von 500 Mrd. kWh liegt die zu tragende Subvention bei 0,05 €/kWh insgesamt.

Zwanzig Jahre später geht die Umlage pro Einheit EEG-Strom um 20 % von 0,10 € auf 0,08 € zurück. Zugleich vervierfacht sich die EE-Stromerzeugung auf 1000 Mrd. kWh bei einem Gesamtstromverbrauch von nun 1200 Mrd. kWh. Dies führt zu einer Subventionssumme des EE-Stroms in Höhe von 0,08 [€/kWh] · 1000 Mrd. [kWh] = 80 Mrd. €, was 320 % des Wertes aus dem Jahr x entspricht. Die 80 Mrd. € werden auf den Gesamtverbrauch von 1200 Mrd. kWh umgelegt, was 0,067 €/kWh ergibt.

Trotz des Rückgangs der EEG-Umlage pro kWh EE-Strom um 20 % steigt die Gesamtbelastung der Bürger in Milliarden € jedoch von 25 Mrd. € innerhalb von 20 Jahren massiv auf 80 Mrd. € um 220 % an: Traue keiner Statistik und „freundlicher" Interpretationen anderer, die Du nicht selbst in den Originaldaten gesehen und nachgerechnet hast.

Die Gesamtbelastung B in Mrd. € jährlich ist nämlich das Produkt aus der der EEG-Umlage x in €/GWh und EE-Strommenge y in GWh an der Gesamtstrommenge: Belastung [€] B = x · y. Selbst wenn x im Zeitablauf fällt, kann das stark steigende y (EE-Menge) die Belastung z in Euro dramatisch steigen lassen. Und wenn im Jahr x+20 der EE-Anteil von 83,3 % auf 90 % stiege (d. h. 1080 Mrd. kWh à 0,08 €) müssten die Stromverbraucher im Beispiel oben bereits 86,4 Mrd. € aufbringen. Selbst derartige Trivialitäten werden in politischen Diskussionen gerne vernebelt, indem die „schönere Einheit" als Bezug genommen wird.

Schaut man jetzt auf eine Welt im Jahr 2030 mit Wärmepumpen-Heizung und -Warmwasserbereitung, dann stellt man fest, dass bei einer optimistisch günstigen Erzeugung der 13.500 kWh Wärme mit etwa 5000 kWh Strom und 8500 kWh Beitrag des „Außenmediums" die Kosten für Heizung und Warmwasser davon abhängen, welcher Strompreis dann 2030 gilt. Die reinen Strom-Erzeugungskosten könnten bei nur 25 % aus Wasserstoff-Speichern für die Wiederverstromung für Warmwasser und Heizung leicht weit mehr als doppelt so hoch sein wie heute.

Zudem werden auch die gestiegenen Netzkosten (für E-Ladesäulen, Wärmepumpen, ...) von den Strom-Verbrauchern zu bezahlen sein. Sollte auch noch eine nur schwach gesunkene EEG-Umlage hinzukommen, könnten die Strompreise faktisch auch dadurch zusätzlich stark ansteigen. Dann nützt auch eine Abschaffung der sehr geringen Stromsteuer gar nichts. Alleine für den Heizungs- und Warmwasser-Strom betrügen die Kosten dann bereits rund 5000 € jährlich, was in realer Rechnung gegenüber der Erdgasheizung von heute mehr als eine Verdoppelung bedeutet.

Diese großen Mengen anderer Energieträger innerhalb von etwa 20–25 Jahren durch EE-Strom, EE-Wasserstoff o. ä. zu ersetzen, erforderte eine hohe Vervielfachung der EE-Kapazitäten sowie riesige Wasserstoff-Speicherung, enorme Wiederverstromungskapazitäten mit Brennstoffzellen für Dunkelflaute- und Winterzeiten etc. Auch diese großen Kapitalkosten werden natürlich auf die Verbraucher – nach welchem Verfahren? – umgelegt. Derartige unangenehme Fakten will heute erst recht keiner wahrhaben.

Bei allen Preisen der Nutzer in Deutschland kommen neben den üblichen Produktionskosten (inkl. branchenüblichen Gewinnaufschlägen) neben der generell erhobenen Mehrwertsteuer auch einige spezielle Verbrauchssteuern zum Einsatz. Bisher verschaffen diese einerseits dem Staat wertvolle fiskalische Einnahmen, andererseits sind sie ein Ersatz für anderweitig bisher verwaltungsmäßig zu aufwendig und damit zu teuer erhebbare „Nutzergebühren" dienen.

Dafür wurde im Straßenverkehr die Mineralölsteuer (inzwischen in die „Energiesteuer" integriert, welche 2019 immerhin ein Aufkommen von 41 Mrd. € hatte) als Ersatz für eine aufwendig zu erhebende „Straßenbenutzungsgebühr" erhoben. Für Benzin liegt diese bei 65,5 Cent/l ($\approx$ 7,4 c/kWh) und zusätzlich einige c/kWh $CO_2$-Steuer, für Diesel bei 47 Cent/l ($\approx$ 4,8 c/kWh) zuzüglich $CO_2$-Steuer, was vorrangig für den Bau und Betrieb von Straßen und Brücken verwendet werden soll. Dass diese Besteuerung des Kraftstoffs inzwischen drei verschiedene Namen hatte, nämlich Mineralölsteuer, Ökosteuer und seit 2021 noch $CO_2$-Steuer dient effektiv nur der Verschleierung einer dramatischen Größenordnung. Verbrauchssteuern erfahren faktisch jeweils immer noch eine zusätzliche Erhöhung, da die umgangssprachlich „Mehrwertsteuer" genannte Umsatzsteuer von heute 19% auf den gesamten Nettowarenwert inklusive der Verbrauchssteuern erhoben wird.

Beim derzeitigen Kraftstoffpreis für SUPER-Benzin E5 von 1,64 € entfallen also rund 26 Cent/l auf die Mehrwertsteuer und 73 Cent auf die so benannte Energie- und $CO_2$-Steuer. Damit sind im Kraftstoffpreis heute rund 58 % Steuern enthalten: Bei einem Verbrauch von 7 Litern hat der Autofahrer über 6,90 € für 100 Kilometer Fahrt staatliche Abgaben bezahlt. Detaillierte Begründung: Bei einem Preis von 1,64 € für einen Liter Benzin ist der Nettopreis (also ohne Mehrwertsteuer) rund 1,38 €, denn $1,38 \cdot 1,19 = 1,64$. Davon die obige Energiesteuer abgezogen, ergibt ca. 65 Cent/Liter netto = 4,55 €/100 km. Darin sind Rohölkosten, Transport- und Raffineriekosten (inkl. $CO_2$-Preis für die dort jeweils verbrauchten Energiemengen) und Gewinnmargen für Mineralöl- und Tankstellenunternehmen enthalten. An den Staat fließen insgesamt fast 7 € der brutto 11,48 € für 100 Kilometer Fahrt.

Wenn heute ein E-Autofahrer an einer Ladesäule für 100 km mit rund 30 kWh nötiger Erzeugung von Strom zuzüglich Netzkosten je 33 Cent/kWh bezahlen muss, i. e. rund 10 €/100 km, dann stellt er sich etwas besser als ein Autofahrer mit Benzinmotor, der 7 l/100 km verbraucht. Wie Tab. 19.2 zeigt, trägt der E-Autofahrer

## 19 Ökonomische Größenordnungen – Ist „die Ökonomie" Schuld am Elend …

somit insgesamt mit 2,21 €/100 km eine recht bescheidene fiskalische Last, welche nur rund 32 % dessen ist, was die Verbrenner-Autos an staatlichen Einnahmen erbringen.

Der Autofahrer mit Benzinmotor bezahlt anders als der E-Autofahrer jedoch seinen Anteil an der „Straßenbenutzungsgebühr" im Benzinpreis schon mit. Damit das bisherige fiskalische, insbesondere der Ersatz für das Mineralöl-Steueraufkommen substanziell erhalten bliebe, müsste der E-Autofahrer pro 100 km 4 € zusätzlich entrichten: Dies ergäbe immerhin einen erheblichen Aufschlag auf den heutigen Strompreis als „Straßenbenutzungsgebühr"! Das E-Auto kostete dann bereits 14,00 € auf 100 km. Oder die Politik schafft diese Form der „Straßenbenutzungsgebühr" völlig ab und ersetzt es durch eine komplettes elektronisches Mautsystem:

Dann stünden an jeder Straßenecke Mess-Stationen zur Registrierung, welches Autokennzeichen daran gerade vorbeifährt, um die gefahrenen Kilometer auszurechnen und die anteiligen Mautzahlungen auszurechnen, oder man wird von Satelliten registriert. Der ehemalige Chef der „Stasi" in der DDR Erich Mielke würde sich dann dreimal im Grabe umdrehen, weil er diese perfekte technische Lösung einer Bürger-Überwachung zu seiner Zeit noch nicht hatte.

Bis dahin subventioniert ein VW-POLO- derzeit den Tesla- oder Elektro-Mercedes-Fahrer. Wer grübelt denn darüber, wenn es doch dem Klima hilft! Langfristig werden somit die Mobilitätskosten gegenüber den heutigen Werten sehr deutlich ansteigen müssen, um die Verkehrsinfrastruktur in Form von Autobahnen, Straßen, Brücken, Tunneln etc. auch auf Dauer zu gewährleisten. Da die obigen

**Tab. 19.2** Fiskalische Beiträge Benzin-Motor versus E-Auto auf 100 km. (Quelle: eigene Berechnungen)

| 100 km | Liter<br>Benzin-Motor | kWh<br>Erzeugung: E-Auto direkt | gesamt kWh<br>Erz. Auto + Strom aus Speichern |
|---|---|---|---|
| Verbrauch | 7 Liter | 30 kWh | 45 kWh |
| Nettopreis | 0,65 € | 0,26 € | 0,32 € |
| Verbr.Steuern | 0,73 € | 0,02 € | 0,02 € |
| Netto-gesamt | 1,39 € | 0,28 € | 0,34 € |
| 19,0 % | | | |
| MWSteuer | 0,26 € | 0,05 € | 0,06 € |
| Brutto-Preis | 1,65 € | 0,33 € | 0,41 € |
| *Für 100 km* | *11,50 €* | *10,01 €* | *12,16 €* |
| **davon fiskalisch:** | 6,90 € | 2,21 € | 3,83 € |

Rechnungen mit einem gegenüber heute unterdurchschnittlichen Kraftstoffverbrauch gerechnet wurden – was natürlich auch das Mineralöl- und Mehrwertsteuer-Aufkommen tangiert – ist faktisch das bisherige fiskalische Aufkommen nur bei einer Verdreifachung des bisherigen Steueranteils der E-Autos (für 100 km auf eher $\approx 7$ €) – gegeben.

Wenn nur 20 % des Stroms aus wiederverstromtem Wasserstoff stammt (rechte Spalte in der Tab. 19.2), erhöhen sich bereits zusätzlich die Stromkosten des E-Autos weiter recht drastisch. Zusätzlich müssten die zusätzlichen privaten Kosten für eine gesonderte auf höhere Leistungen ausgelegte Stromleitung in die Garage + Wallbox etc. hinzugerechnet werden: Dies kann je nach örtlichen Gegebenheiten einige Tausend € gesondert kosten.

Der bisherige normale Autofahrer mit Verbrenner-Motor bekommt diese „Tankinfrastruktur" immerhin bereits an der Tankstelle bereitgestellt, und deren Kosten wie auch anteilig die der beliefernden Tankfahrzeuge sind natürlich im heutigen gesamten Kraftstoffpreis mit enthalten.

**Modellrechnungen: Populär – aber wie genau?**
Derartige oben beschriebene Diskussionen detaillierter Einzelaspekte werden von Modellierern als „bottom-up" bezeichnet. Für auch notwendige aggregiertere Betrachtungen werden hingegen große Modellrechnungen in sogenannten „top-down"-Modellen genauer betrachtet.

Vorab eine Anmerkung zu den populären $CO_2$-Rechnern, welche den „ökologischen Rucksack" eines Produkts erfassen sollen. Deren Zuverlässigkeit und Aktualität ist bestenfalls eine sehr grobe und teils sogar systematisch verzerrte Schätzung. In der EU werden nämlich einheitlich alle 5 Jahre 2010, 2015, ... neue Input-Output-Tabellen mit etwa 60 Sektoren für die Länder erstellt. Als „Getränke" gelten somit Mineralwasser, Apfelsaft, Bier, Likör und Schnaps gleichermaßen; dabei zählen Getränke in der sektoralen Aggregation der meisten Input-Output-Tabellen gemeinhin nur als Lebensmittel: Schnaps, Milch, Brot und Biogemüse werden somit als gleich behandelt. Als „Kraftfahrzeuge" gelten Kleinwagen (VW-Up) ebenso wie SUVs, Pick-ups, Liefer- oder Lastwagen oder Omnibusse, aber auch Motorroller.

Das Zurückrechnen ist somit umso problematischer, je mehr der von der Politik ja gerade erwünschte Strukturwandel bei Fahrzeugen oder Konsumgütern schon teilweise stattgefunden hat: Genau dann ist nämlich der „ökologische Rucksack" mit 4–5 Jahre alten Durchschnittsbranchenwerten an Energieeinsatz für die heutigen Verhältnisse längst nicht mehr angemessen.

Bei Welthandelsmatrizen sieht die jeweils aktuelle Datenlage und die Grobheit der Aggregation noch schlechter aus. Beide Rechendaten in möglichst feiner sektoraler Untergliederung und Verknüpfung mit den Energiebilanzen (welche für Deutschland vom Statistischen Bundesamt geliefert wird) sind für so genannte $CO_2$-Rechner nötig.

Deren Datenbasis ist 2021 tendenziell um etwa 5–7 Jahre veraltet und der Rechner übertreibt damit die für spezielle Maßnahmen ermittelten fiktiven „$CO_2$-Einsparungen" von heute, weil ein deutlich zu hoher Kohleanteil in der Stromerzeugung (wie etwa 2014 oder 2015) auch noch für heute 2021 unterstellt wird. Andere internationale Daten sind noch unzuverlässiger. Eine weitere aktuell noch offene Frage ist, ob für die für 2020 geplante EU-weite Input-Output-Tabelle aus Sicht der Statistiker noch wirklich zuverlässig erstellt werden kann, oder ob nicht schon zu starke systematische CORONA-Verzerrungen bspw. für die Tourismus-Branchen oder für andere einzelne Sektoren wirkten, so dass ein anderes Basisjahr sinnvoller wäre? Somit ist der scheinbar gute $CO_2$-Rechner bezüglich tatsächlicher $CO_2$-Einsparungen vielfach sehr beschönigend und teils systematisch sachlich falsch.

Mit großen grob disaggregierten Modellen wollen Ökonomen eine Vorstellung über groben Strukturwandel oder andere die ganze Volkswirtschaft betreffenden Politikmaßnahmen gewinnen. Ökonomische AGE-Modelle[2] verwenden zu 98 % „geschachtelte" CES-Funktionen, d. h. in der Fachsprache: „Constant elasticity of substitution" σ, was ungefähr ein Maß für die „relative Leichtigkeit der Substitution ist" oder in der Ökonomen-Sicht „die Krümmung der Isoquante" einer Produktionsfunktion ist.

Eine Isoquante heißt auf Deutsch: „Linie gleicher Produktionsmenge" und wird als „Höhenlinie" wie in einem „Nord-Süd-Diagramm" aufgetragen: Dabei geht es nicht um Himmelsrichtungen wie im Atlas, sondern um Einsatzmengen von produktiven Faktoren wie Sachkapital oder Energieträger in Süd-Nord oder West-Ost-Richtung und die damit erzielbare Produktion, welche im Diagramm durch die „Höhenlinien" wie bei einem Gebirge dargestellt werden.

Beschreibt $r_1$ den Sachkapitaleinsatz (Dicke der Dämmung, solides Dach, moderner Brennwertkessel, …) bei meinem Wohnhaus und $r_2$ den Erdgasverbrauch, dann bezeichnet die „Linie gleicher Raumtemperatur" die technisch auch möglichen Punkte ohne gute Dämmung und alter Technik ($r_1$ kleiner), aber mehr Erdgaseinsatz $r_2$, solange ich $r_1$ gegen $r_2$ ersetzen kann und dennoch die gleiche Raumtemperatur bekomme (Abb. 19.1).

---

[2] Abkürzung für Applied General Equilibrium Model, was also mit dem „Alter" (= age) nichts zu tun hat.

164  19 Ökonomische Größenordnungen – Ist „die Ökonomie" Schuld am Elend …

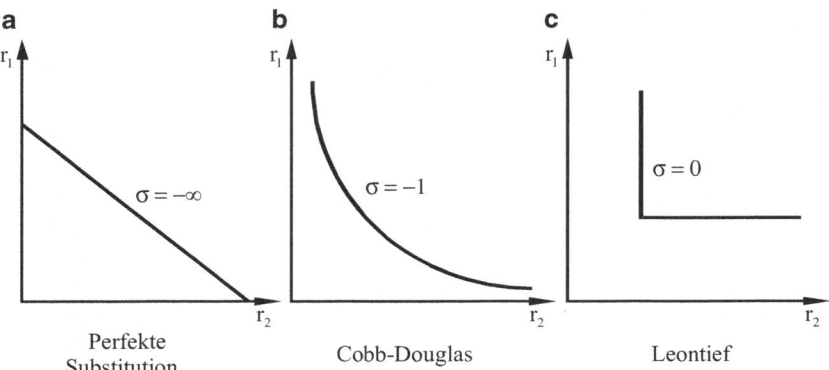

**Abb. 19.1** Sonderfälle von CES-Funktionen: (**a**)–(**c**) unterschiedlicher Substitutionsmöglichkeiten

Wenn ich die zwei Inputs gar nicht gegeneinander ersetzen kann, sondern immer ein festes proportionales Verhältnis benötige (wie bei einem Paar Schuhe: linker und rechter Schuh) ist der Maßparameter für die Substitutions-, d. h. „gegenseitige Ersetzungsmöglichkeiten" $\sigma = 0$. Wenn es extrem leicht ist, auf eine der Input-Größen schon bei mäßiger Verteuerung fast zu verzichten, wäre $\sigma = -100$, $-250$ o. ä. Für „Energie" als Inputfaktor wäre dies der Wunschtraum vieler Ökologen: Leider scheitert er an der Physik, die mit der Thermodynamik beschrieben ist.

Ich kann mein bisher schlecht gedämmtes Haus durch zusätzliches Sachkapital $r_1$ (Fenster, Dach-Dämmung, …) im ersten Jahr noch zu einem Rückgang des Heizenergieverbrauchs $r_2$ um x % bringen, wobei ich das „Substitution von Heizöl durch bessere Wärmedämmung = Sachkapital" nennen kann. Dies gelingt mir vielleicht im zweiten Jahr mit dem gleichen Investitionsbetrag (Decke, Heiztechnik, …) noch einmal mit etwas weniger als x %.

Wenn es jedoch im vierten Jahr plötzlich extrem teuer wird, diese Energieeinsparung von weiteren etwa x % zu erreichen, dann ist der relevante anfangs „schöne" und angenehme Substitutionsparameter jedoch nicht konstant geblieben, sondern wurde recht plötzlich viel schlechter. Auf jeden Fall muss beim Input von „Energie" $\sigma$ früher oder später aus thermodynamischen Gründen gelten: $-1 < \sigma < 0$, also Absolutbetrag ($\sigma$) bspw. = 0,5.

Die in der Abb. 19.1 exemplarisch gezeigten Fälle einer CES-Funktion (a) und (b) sind für die Inputs Sachkapital $r_1$ und Energie $r_2$ völlig irrelevant, da sie gegen thermodynamische Gesetze verstoßen müssen: Im Falle $\sigma = -\infty$ könnte man das Haus bei $-10\,°C$ Außentemperatur ohne Erdgaseinsatz heizen. Dementsprechend müssen realistische Varianten zwischen der Cobb-Douglas- und der eher zu starren Leontief-Funktion liegen. Selbst dann wäre aber die unterstellte Konstanz von $\sigma$ für reale Probleme fragwürdig.

Anfangs bei hohem Erdgaseinsatz $r_2$ kann die Substitutionselastizität $\sigma$ zwischen Sachkapital und Energie betragsmäßig durchaus bei „fantastischen" $-10$ liegen, dann auf „noch schöne" $-3$ gehen, dann plötzlich recht schnell auf „unangenehme" $-0{,}75$ und schließlich auf „eklige" $-0{,}5$, so dass anfängliche Träume über weiter gute Substitutionsmöglichkeiten an der letztlich thermodynamischen Realität scheitern. Sollte ein Modellierer als Durchschnitt aus 25 Jahren Vergangenheitsdaten $\sigma = -0{,}95$ schätzt, erzeugt diese Kalibrierung angesichts in der Realität langsam strukturell immer schwereren Möglichkeiten, weiter Energie zu ersetzen, gravierende Verzerrungen: Heute könnte bspw. schon seit längerem der Wert $\sigma = -0{,}4$ gelten. Langfristige Prognosen mit konstantem $\sigma$ könnten optimistischen Unsinn erzeugen.

Dies ist jedoch nur für einen langjährig geübten Modellierer mit gutem theoretischen Hintergrundwissen zu erkennen. Wer testet schon beim Kalibrieren in drei Schritten à zehn oder fünfzehn Jahre seine Daten auf immer schlechter werdende Parameter, zumal technische Grenzen und normale Zeitverzögerungen durch fehlende Facharbeiter schwer statistisch zu trennen sein könnten?

Auch die CES-Funktionen sehen formal sehr imposant aus, sind jedoch ein sehr spezieller Funktionstyp, der insbesondere für Energiefragestellungen bestenfalls für lokale Approximationen geeignet ist und bei dramatisch größeren Veränderungen wie bei steil ansteigenden $CO_2$-Preisen sehr bald unpassend oder fehlspezifiziert sein kann.

Selbst die „seriöseste Wissenschaft" arbeitet zwingend mit begrenzt aktuellen und aus Modellierungsgründen immer nötigen Vereinfachungen. Zudem bekommt sie selten hinreichend differenzierte gute zuverlässige Daten über längere Zeiträume. Unterschätzt man diesen Effekt für faktisch unvermeidbare Ungenauigkeiten und denkbare Einseitigkeiten, sobald der Bereich der bisherigen Datenbasis um mehr als 20–30 % verlassen wird, hat schon seinen ersten möglichen Fehler gemacht: Man kann höchstens grob abschätzen, wie groß dieser sein könnte.

**Fazit**
Auch Wissenschaft und Computer-Rechnungen haben Grenzen.

Selbst sehr gute Wissenschaftler leben mit teilweise starken notwendigen Vereinfachungen. Sie sollten aber deshalb auch diese Grenzen der Analyse gut kennen, bevor sie voreilige weitreichende „alternativlose" Politikempfehlungen für die Realität daraus ableiten.

Insbesondere die populären $CO_2$-Rechner sind systematisch verzerrt, da generell veraltet. Zudem beruhen sie auf sehr hoch aggregierten Daten, lassen präzise Aussagen für einzelne Techniken damit gar nicht zu.

Ein Preissignal für Gut A wirkt umso besser, je mehr Ausweich- oder Substitutionsmöglichkeiten für A bestehen.

# Medien: Breite Fachinformation oder „Fake News" 20

Die Rolle der Medien (Fernsehsender, Rundfunk, Zeitungen, …) lässt heute ebenfalls zu wünschen übrig. Seit Jahren wird regelmäßig in verschiedenen Medien über neue Erzeugungsanlagen berichtet, die angeblich „1500 Kilowatt jährlich" lieferten und vergleichbare sinnlose Formulierungen. Bestenfalls in speziellen Sendekanälen oder guten Zeitungen kommen ab und zu einige seriösere Experten zu Wort und beschreiben dort real existierende Probleme genauer. Diese werden aber eher von unter 10 % der Bevölkerung gesehen oder gelesen.

In sehr vielen Talkshows werden hingegen die oft genug eher dritt-klassigen „Expert*innen" und eher als Filmschauspieler oder Comedians „berühmte" Leute teils über Parteikanäle derart geschickt ausgesucht, dass ein ernsthaftes seriöses Gegenargument gar nicht erst Thema werden kann: Stattdessen werden oberflächliche „Schaukämpfe" – im wahrsten Sinne des Wortes – bevorzugt. Wenn die „GRÜNEN" schon 2040 klimaneutral werden wollen, fordern Politiker*innen der „LINKEN" noch besser die „Klimaneutralität Deutschlands" schon 2035: Alles ohne jegliche Erläuterung, wie das denn genau in so kurzer Zeit von statten gehen soll. Einige positive Ausnahmen sind manchmal Markus Lanz (ZDF: bisher spät abends) oder auch Frank Plasberg (ARD, bisher montags), die wenigstens eine substanzielle Diskussion verschiedener Sichtweisen zulassen und auch energisch nachfragen.

Auch die Redaktionen mancher Zeitungen sind oft nicht besser. Ein Beispiel: Zahlreiche Presseartikel 2020/2021 berichteten wiederholt über neue „fantastische Schnell-Lademöglichkeiten" für E-Autos der Oberklasse mit deutlich über 125 kW Lade-Leistung. Im Jahr 2030 strebt die Bundesregierung neuerdings 10 Millionen E-Autos in Deutschland an. Selbst wenn dann nur 5 % davon, d. h. 500.000 E-Autos mit einer durchschnittlichen Ladeleistung von nur 50 kW abends im Jahre

2030 gleichzeitig laden wollen, wären dies bereits 25 GW zusätzliche Leistungsanforderung abends. Sollten es vor Feier- oder Ferientagen sogar 7,5 % der E-Autos sein, dann stiege für einige Zeit die abendliche Last um rund 37,5 GW gegenüber heute an. Es kommt aber aus Sicht der E-Autofahrer nicht nur auf ausreichende Anzahl E-Ladesäulen an. Alleine 10.000 Autos mit gleichzeitig 125 kW Ladebedarf verursachen bereits 1250 MW zusätzlichen Bedarf an elektrischer Leistung – dies entspricht einem ganzen Kernkraftwerk! Woher diese zusätzlich benötigten verfügbaren elektrischen Leistungen in MW und die benötigten großen Strommengen in kWh bei 10 % von zwei Millionen derartiger Luxusautos an längeren Winterabenden kommen sollen, wenn auch für zwei Tage der Wind sehr schwach ist, interessiert allerdings kaum eine Redaktion.

Falls 2030 nur an „normalen" Ferienwochenenden gleichzeitig nur eine Millionen E-Autos in Urlauberströmen in die Alpen in den Ski-Urlaub fahren (davon 20 % mit „schnellem Wiederauflade-Bedarf" von 75 kW), ergäbe dies zusammen mit weiteren auch anderswo „normal" unterwegs befindlichen 3 Millionen E-Autos, von denen ab 15 Uhr bis 21 Uhr rund 15 % gleichzeitig aufladen müssen, insgesamt angeforderte Ladeleistungen von zusätzlich um 37.500 MW ($\approx$ Leistung von 30 Kernkraftwerken à 1250 MW) für die Dauer von mehreren Stunden.

Ab und zu soll es ja auch vorkommen, dass es an solchen Tagen auch länger anhaltenden Schneefall und Bewölkung und an den Gebirgspässen auch den einen oder anderen Stau geben kann. Fotovoltaik kann man dann schon ab 14 Uhr vergessen. Wenn die Ladesäulen wegen schwachem Wind unzureichend mit Strom versorgt werden können, dauert die Urlaubsanreise lediglich zehn bis zwölf Stunden länger. Der Autor war mehrfach mit Familie per Auto im Winterurlaub und freute sich stets über funktionierende Scheibenwischer, Beleuchtung und auch die Heizung des Verbrenner-Autos mit eigener „Lichtmaschine" bei Schneetreiben und eher grauem Tageslicht.

Über die Bereitstellung der nötigen Strommengen für derartige Schlechtwetter-Situationen mit E-Autos berichten diese „AUTO-Redaktionen" der meisten Zeitungen sicherheitshalber erst gar nicht. Offensichtlich benötigen wir ja nach deren Journalisten-Meinung nur Ladesäulen! Für stets ausreichenden Strom haben andere zu sorgen – und das bitte am besten nur als „grünen Strom", jederzeit verfügbar und auch für wenig Geld! Nichts über derartige potenziell „sehr enge" Situationen mit schwankenden Frequenzen kommt in den meisten Medien vor! Stattdessen wird vager „Schönsprech" bevorzugt. Dank der „guten Absichten" wird es bestimmt schon klappen.

Der Autor erinnert sich dankbar an die Mittwochs-Beilage der FAZ namens „Natur und Wissenschaft" in den 1970er- und 80er-Jahren. Dort berichtete ein erstklassiger Journalist namens Kurt Rudzinski über absehbare Probleme der

## 20 Medien: Breite Fachinformation oder „Fake News"

Kernenergie und des geplanten Brüters auf eine sachlich vorbildlich fundierte Art. Und die Chefredaktion ließ ihn machen, weil es seriös begründet und gut recherchiert war. SO sah exzellenter Journalismus mit Mut aus!

Dagegen ist heute die angeblich seriöse Internet- und zum „Lexikon-Ersatz" für viele Menschen avancierte Plattform Wikipedia bei bestimmten, vor allem politisch recht brisanten Themen längst keine verlässliche Quelle für Informationen mehr.

Das gilt in verschärftem Maß auch und insbesondere für Energiethemen. Zu heiklen Punkten werden gerne zur Vernebelung von schon heute absehbar erkennbaren Problemen weiterhin historische längst veraltete Daten über angeblich noch lange verfügbare „Reservekraftwerke" zitiert, auch wenn derartige Aussagen durch inzwischen erfolgte weitreichende politische Beschlüsse wie Kernenergie- oder schrittweiser Kohleausstieg längst hinfällig geworden sind – wie jeder Zeitungsleser weiß.

Derartige Angaben über schrittweise reduzierte konventionelle Kraftwerkskapazitäten finden sich natürlich nur an anderer Stelle des Internets: Was nützt mir aber ein angeblich gutes Lexikon ohne derartige Verweise?

Andererseits werden von „grünen" (auch zumindest in der Lokalpolitik aktiven Mitgliedern dieser Partei) Administratoren und Schreiberlingen eigenmächtig völlig neue Definitionen jenseits aller Wissenschaft und des Stands der Technik frei erfunden und verbreitet.

Dafür gäbe es zwei alternative Erklärungen: Entweder sind diese Autoren bei Wikipedia grundsätzlich sachkompetent und führen uns „ahnungslose" Leser um der guten Sache willen mit manipulativen Absichten in die Irre, oder alternativ erweisen sich die Autoren stattdessen schlicht als eine Ansammlung fachlich recht ahnungsloser, als Ausgleich für diese sachliche Ahnungslosigkeit jedoch mit umso „strammerer Haltung" versehener selbst ernannter „Experten". Bei einem doch sehr wichtigen Thema wie Energieversorgung für alle Bürger könnte man ja etwas Sachkompetenz erwarten. Oder würden Sie sich von einem Pförtner eines noch so renommierten Krankenhauses ihre Hüftprothese einsetzen oder den Blinddarm operieren lassen?

Exemplarisch wird das in diesem Buch benannte Problem der „Dunkelflaute" und Kälte und deren Konsequenzen für die tatsächliche Verfügbarkeit erneuerbarer Stromerzeugung bei Wikipedia wie folgt behandelt: „Als Dunkelflaute werden *mehrere Tage* anhaltende Phasen geringer Wind- und Solarstromeinspeisung bezeichnet, die nicht mehr alleine durch Einsatz von Kurzfristspeichern und Lastmanagement ausgeglichen werden können."[1] Die kursiv und fett geschriebenen Textteile wurden von mir derart hervorgehoben. Die Verfasser verlieren kein Wort darüber, dass es abends in den Wintermonaten eventuell schon in wenigen Minuten, mit großer Sicherheit jedoch nach zwei – drei Stunden „Dunkelflaute" trotz des Lastabwurfs von einigen Tausend Megawatt extrem gefährlich werden kann. Und diese Situation tritt regelmäßig immer wieder in den Wintermonaten mindestens für einige Stunden auf. Was soll im Wikipedia-Text die willkürliche Bedingung: „*… mehrere Tage*"? Sie ist schlicht frei erfunden!

Stattdessen werden einige angeblich „längst verfügbare" technische Möglichkeiten aufgeführt, die entweder bei Weitem nicht ausreichend oder gar völlig sinnlos wären. Als Beispiel folgendes Zitat: „*Die Lasterhöhung (Zuschalten der Last bei Stromüberschüssen beispielsweise per Power-to-Heat) entspricht der Ladung eines Speichers, die spätere Lastminderung der Speicherentladung. Daher fungiert Lastverschiebung als virtueller Speicher.*" Power-to-heat impliziert in der Realität, dass mit „überschüssigem" EE-Strom ein Wärme-Speicher, also keineswegs ein „Strom-Speicher", aufgeladen wird. Einerseits gibt es auch zusammenhängende 30 Stunden mit keinerlei „überschüssigem" EE-Strom selbst bei Verdopplung der EE-Kapazitäten. Und selbst wenn es diesen im Winter für einige Stunden gegeben hätte, könnte dieser dann für lokale Wärmeversorgung genutzt werden, jedoch nicht für Stromerzeugung einige Stunden später.

Sachlich ist es keinesfalls anzuzweifeln, dass „überschüssiger" Strom bei viel Wind und gleichzeitig Sonnenlicht anfallen kann. Das betrifft vor allem die Zeiten

---

[1] Stichwort DUNKELFLAUTE Wikipedia – Download vom 08.06.2021, 11:00 Uhr: „*BEGRIFF:* Satz 1 wie oben zitiert. *Problematisch sind insbesondere sog. „kalte Dunkelflauten", als Situationen im Winter, wenn zum einen wegen Flaute und Dunkelheit wenig Strom aus Wind- und Solarenergie erzeugt wird, aber aufgrund kalter klimatischer Bedingungen eine besonders hohe Stromnachfrage vorhanden ist.*" Die beiden wichtigsten AUTOREN mit insgesamt zu über 75 % Anteil: „ANDOL" und „ALKAB". Ersterer ist ein sachlich nicht besonders für Energiesysteme oder -technik qualifizierter Kommunalpolitiker der „GRÜNEN" aus Franken; er ist Administrator für Themen der „Energiewende" und heißt mit bürgerlichem Namen Andreas L. aus einer nordbayrischen Kleinstadt. Ob ALKAB ein Parteifreund oder sonstiger „Kumpel" oder gar er selbst unter einem zweiten Pseudonym ist, lässt sich in Ermangelung einer Klarnamensliste nicht feststellen.

Der Autor dieses Büchleins hat zwischen 1987 und 2004 mehrfach zu diversen Stichwortgruppen Beiträge für Lexika verfasst (bspw. Vahlens Wirtschaftslexikon, Brockhaus, Moderne Industrie, Gablers Wirtschaftslexikon, …) und musste jedes Mal alle Beiträge mit seinem Namenskürzel kennzeichnen, was dann hinten mit Klarnamen und Universitätsadresse genannt wurde: Jeder Mensch, der fachliche Fehler entdeckt hätte, konnte somit beim Verlag oder bei mit selbst intervenieren. Ein diesbezüglicher Versuch des Autors bei Wikipedia Deutschland scheiterte: Niemand fand sich dafür zuständig! Diesbezüglicher E-Mail-Verkehr ist nachweisbar.

von 10–14 Uhr im Sommerhalbjahr; jedoch nicht die oben beschriebene Wetterlage mit Schneefall und Windstille: Dann herrscht nämlich Strommangel! Die Autoren benutzen eine Möglichkeit der Verwendung überschüssig erzeugten Stroms für eine Konstellation, in der starker Kapazitätsmangel vorliegt. Das ist genauso logisch wie Aussage: „Nachts ist es kälter als draußen!", was bezüglich des Inhalts der Aussage schlicht sinnloser Quatsch ist.

Und das euphemistische Wort „Lastverschiebung" bedeutet ganz real, dass ich bei der Urlaubsreise in die Alpen an der Raststätte mit 50 E-Ladepunkten mit hunderten anderen betroffenen Autofahrern über 10 Stunden an einem dämmerigen und bewölkten Wintertag mit Kälte und Schneefall und wenig Wind auf bessere Stromverhältnisse mit mehr Wind warten darf. DAS macht man doch gerne, vor allem mit Kindern im Auto – wenn es doch die Welt rettet! Kein Wunder, dass die mutigen Autoren solcher „Informationen" anonym bleiben wollen: Sie bekämen sehr bald nicht nur Schadenersatzklagen!

Die Liste solcher Punkte zum Thema „Energiewende" bei Wikipedia ist derart unerfreulich verzerrt, dass von der Nutzung der zu einer Pseudo- oder teilweise sogar puren Propaganda-Quelle herunter gekommenen Wikipedia-Plattform für brisante Themen dieser Art dringend abgeraten werden muss. Dort ist zu vieles inzwischen sachlich falsch oder vernebelnd dargestellt, wobei man als Laie den jeweiligen Anteil an völlig unsinnig, belanglos oder sachlich teilweise sogar zutreffend, aber dann falsch auf das konkrete Problem angewendet, hinter dem teils weitestgehend sinnfreien Gelabere nicht immer sofort als solchen erkennt.

Was man aber als fachkundiger Energie- und Umweltökonom hingegen klar erkennt, ist der Versuch, die Leser*innen einseitig zu manipulieren und nicht primär sachlich zu informieren.

**Fazit**
Als Fazit bleibt die recht traurige Tatsache, dass viele Zeitungen, Fernsehsendungen und auch vermeintlich zuverlässige Internet-Quellen eher vagen „Schönschwätz" verbreiten, wenn nicht sogar noch viel schlimmer: Manchmal wird ganz einfach sachlicher Unsinn dargestellt.

Die armen Zeitungsleser und Fernsehzuschauer können sich kaum dagegen wehren; Internet-Nutzer erst recht nicht, weil bei Wikipedia die deutsche Zentrale „nicht zuständig" ist.

# Resümee in drei Teilen: Was können wir wie sicher wissen? 21

Jeder Mensch, ob ein neunjähriges Kind, beruflich sehr gut qualifizierte Person mittleren Alters oder über 70-jähriger mit diversen Erfahrungen, kann generell nur solche Punkte und Aspekte als besonders ernstes oder weniger wichtiges Problem bewusst im Sinne von tieferem inhaltlichen Verständnis wahrnehmen, wozu sie oder er über strukturiertes Hintergrundwissen zu diesem Bereich verfügt. Wer beim Fußballspiel keine „Abseits-Regel" kennt, versteht schon deshalb manchen Schiedsrichter-Pfiff nicht. Wer noch nie von komplexen Zahlen gehört hat, muss beim Fundamentalsatz der Algebra notwendigerweise passen. Und da ich als Mathematiker, Programmierer und ab Herbst 1981 Professor für Volkswirtschaftslehre keine Ahnung von medizinischen Vorgängen im Detail habe, muss ich mich auf sehr gute Experten der Medizin mit jahrelanger Erfahrung verlassen können, wenn ich gesundheitlich ein größeres Problem habe.

Kein Mensch oder ein Team von zehn Menschen kann heute nur annähernd umfassend vieles sehr gut wissen. Und selbst gutes scheinbar gesichertes „Expertenwissen" muss durch den Prozess des ständigen Nachdenkens über mögliche Irrtümer grundsätzlich überprüfbar und korrigierbar sein: Das ist die Basis jeder seriösen Wissenschaft! Der Physik-Professor und Wissenschaftsjournalist Harald Lesch nannte diesen selbstverständlichen wissenschaftlichen Prozess zu Recht ein ständig ablaufendes „Empor-Irren" des jeweils unsicheren Wissens.

Man denke bspw. an Alfred Wegener, den 1880 geborenen Geo-Wissenschaftler und Polarforscher, der bereits in den 1920er-Jahren die Theorie der Plattentektonik formulierte, die jedoch erst ab Ende der 1950er-Jahre allgemein anerkannt wurde. Seine längere Zeit nicht akzeptierte Theorie liefert heute die Erklärungen für so unterschiedliche Ereignisse wie Vulkanismus, Erdbeben, Auffaltung der Gebirge oder Entstehung von längeren Grabenbrüchen. Da er zu seiner Zeit die damaligen

„Experten" mit seinen immerhin „guten Indizien" mangels verfügbarer besserer Nachweistechniken letztlich nicht überzeugen konnte, starb er im Alter von 50 Jahren auf einer Grönlandexpedition, ohne dass er die Anerkennung seiner Theorie erleben konnte.

Es fehlte damals einfach das heute verfügbare und wiederholt durch neue Techniken überprüfte Wissen um den „Antriebsmotor" der durchschnittlich sehr langsamen Plattenverschiebungen, was heute in Form der extrem heißen sehr zähen Konvektionsströmungen im Erdinnern anerkannt ist. Auch diese spezielle Theorie Wegeners wurde nachfolgend zwar im Prinzip akzeptiert, jedoch in der weiteren Forschung bezüglich vieler Einzelheiten weiter präzisiert und damit schrittweise noch verbessert.

Bei derart komplexen Themen bilden sich so genannte Paradigmen – im besten Fall hundert- oder tausendfach empirisch oder in der praktischen Arbeit bestätigte „Denkschulen" – in einer Wissenschaftsdisziplin heraus, welche umgekehrt auch gerne zeitweilig „Schutzwälle des Denkens" um sich herum aufbauen. Sie werden erst korrigiert, wenn die bisherige dominante Sichtweise gründlich versagt und es eine alternative „bessere" Theorie gibt. Deshalb musste Wegeners Plattentektonik über 30 Jahre auf ihre Anerkennung als bessere Erklärung warten.

In diesen 30 Jahren waren die meisten Wissenschaftler jedoch von der bisherigen unzureichenden und falschen Sichtweise – wie man heute seit etwa 60 Jahren weiß – fälschlicherweise in ihrer „bewährten Wahrnehmung" ehrlich sehr überzeugt. Ähnliche „Erfahrungen" mussten Brückenbau-Ingenieure machen, die anfangs bis in die 30er-Jahre die Gefahr einer zerstörerisch wirkenden Resonanz-Schwingung unterschätzten. Selbst bei aktuellen Bauwerken, wie eine völlig neue Fußgängerbrücke in London, die auch daraufhin bereits vorher „gut durchgerechnet" worden war, unterschätzte man einen nicht berücksichtigten gesonderten quasi-automatischen natürlichen „Synchronisierungsmechanismus" einiger hundert menschlicher Fußgänger, so dass die Brückenkonstruktion modifiziert werden musste und erst nach zwei Jahren Ergänzungen freigegeben wurde.

Erst recht bei Aberglauben, merkwürdigen Überzeugungen oder schlichter Unwissenheit mancher Gemeinschaften nimmt man die Realität durch eine derart verzerrende Brille wahr, so dass man auf besonders glorreiche Ideen kommt wie eine „Teufels-Austreibung" mit Hilfe drakonischer Maßnahmen oder wie der „Kommunisten-Verfolger" McCarthy, der praktisch überall „anti-amerikanische Umtriebe" witterte und der Anfang der 1950er-Jahre in den USA etwa den dorthin emigrierten Thomas Mann als „Verteidiger Stalins denunzierte": Dümmer geht's nimmer! Dennoch waren auch diese „blinden Aktivisten" felsenfest von der „Gerechtigkeit ihrer Sache" überzeugt. Es überrascht deshalb manchmal, wenn eine Person heute besonders stolz darauf ist, „Aktivist*in" zu sein. Historisch ist deren

Rolle nämlich durchaus als sehr gemischt und größtenteils teils auch äußerst übel zu sehen. Deshalb braucht demokratische Politik neben dem Zuhören auf die Probleme und Sorgen der Bürger auch eine differenzierte sachlich möglichst breit und gut fundierte Beratung mit offener Diskussion strittiger Fragen zu den jeweiligen Sachthemen. Zu etwa Fragen einer Steuerreform sollte man keine Virologen befragen, sondern die finanzwissenschaftlich gut geschulten Experten in Ministerien, Universitäten und Forschungsinstituten. Die Virologen benötigt man dagegen dringend bei Pandemien wie COVID 19. Auch wenn es die Öffentlichkeit irritiert: Sowohl die verschiedenen Finanzwissenschaftler als auch Virologen haben manchmal nicht die gleiche Bewertung, was natürlich einerseits an der Komplexität der Sachfragen liegen kann, andererseits auch an unterschiedlicher subjektiver Gewichtung der jeweils als wichtig grundsätzlich akzeptierten Sachargumente hinsichtlich ihrer zwar grob abschätzbaren, aber immer noch unsicheren Auswirkungen.

Zumindest kann man dann jedoch bei jeweils ähnlich kompetenten Fachleuten die sachlichen Grundlagen präziser auseinandernehmen und erörtern. Schon dabei können eventuell für beide Seiten bisher unterschiedliche Sichtweisen, neue Gemeinsamkeiten und auch daraus resultierend erhellende Erkenntnisse für die Bewertung durch Politiker entstehen. In diesem Sinne ist eine auf allen Seiten möglichst offene Diskussionskultur ohne grundsätzliche „moralische" Voreinstellungen auf Grund von Vorurteilen wünschenswert für eine demokratische Gesellschaft.

Selbst dabei gibt es natürlich auch Risiken und Nebenwirkungen: Einen angeblichen „Energie-Spezialisten", welcher 85 % seines Wissens aus Wikipedia hat, als gleichwertig mit einem Elektroingenieur-Professor einer renommierten Technischen Universität (RWTH Aachen, ETH Zürich, …) in einer Diskussionsrunde vorzustellen, wäre gelinde gesagt, weniger fair! Die Frage ist dann nur: Erkennt das normale Medien-Publikum tatsächlich den Unterschied oder fällt es auf den charmanten „Schönsprech" lieber herein als auf harte, aber gute Sachargumente?

Besonders wenig konstruktiv für den Fortschritt von Wissenschaft und Technik sind deshalb Beiträge von sich selbst als „besonders schlau" einschätzenden, faktisch aber eher drittklassigen „Expert*innen" zu sehen, die leider in der heutigen Medienlandschaft gerne auch politisch gefärbte Interessen bedienen. Es geniert die um Aufmerksamkeit heischenden Medien heutzutage leider nicht einmal, lautstarke „Wissenschaftler*innen" oder gar Schauspieler und ähnliche fachlich angeblich kompetente Personen mit überwiegend lauen Sprüchen zu präsentieren. Deren Selbstgewissheit ist zwar bei ihren Wortbeiträgen phänomenal, was das in komplexen Sachfragen eher mager informierte breite Publikum beeindruckt, vor allem, wenn die Lösung aller realen Probleme als „einfach" oder „schon längst verfügbar" hingestellt wird. Dies wiederum spricht beliebte Vorurteile gegenüber der „störrischen" Politik an, trägt jedoch selten zum Erkenntnisgewinn bei.

Leider fehlt dann im Weiteren jegliche nötige Konkretisierung. Es bleibt bei allgemeinem Gelabere, was nur ein wenig höflicher auf Englisch als „Cheap Talk" bezeichnet wird! Das wiederholte Medieninteresse sichert zum einen weitere Aufträge von interessierten Parteien, Lobbygruppen oder NGOs für ihre jeweiligen „Forschungs-Institute" oder „Stiftungen", zum anderen die auch erwünschte Aufmerksamkeit von in der Sache ahnungslosen Jüngern. Für deren seelisches Wohlergehen und weiter gute Gefühle benötigen diese ja die Heilsverkündungen der „engagierten" Wissenschaftler*innen.

Die oftmals bitter nötige sachliche Differenziertheit der wirklich erstklassigen Expert*innen kommt hingegen häufig als eher „dröge" oder gar mangels ausreichend Hintergrundwissen der Zuschauer*innen als fast „unverständlich" in der Wahrnehmung herüber. Wie hätten etwa 10 Millionen Fernsehzuschauer oder eine Facebook-Gemeinde über die Gültigkeit von Wegners Theorie der Plattentektonik „abstimmen" können: Es fehlte den meisten schon das kleine Einmaleins der Geophysik und -grafie und ebenso detaillierte Kenntnisse über Tiere, Pflanzenarten oder auch nur ähnliche Sedimentgesteine in Südamerika und Afrika.

Ein tendenzielles „Abwehren" auf harmloserer Ebene habe ich selbst schon wiederholt bei ansonsten sehr netten Menschen aus dem durchaus bunt, aber in der Regel gut informierten Bekanntenkreis erlebt: Sobald etwas kompliziertere Energiethemen differenzierter angesprochen wurden, war deren individuelle Wahrnehmungsfähigkeit für etwas komplexere Sachargumente, nicht zuletzt auch wegen simpler Probleme mit den Dimensionen „Mega", „Giga" o. ä. schnell erschöpft.

Denn wer hat schon parat, dass normale Jahre 8760 Stunden haben, Schaltjahre natürlich 24 mehr; das sind über 35.000 Viertelstunden? Das gehört jedoch zum Grundwissen der meisten Energiefachleute, denn es gibt jährlich 35.040 verschiedene Erzeugungspreise an den Strombörsen. Auch wissen die meisten Menschen gar nicht so genau, wo und wieviel Kilowattstunden Erdgas, Strom, Benzin usw. sie jährlich verbrauchen. Sie ahnen nur, dass ihre Energiekosten heute im Bereich Benzin (1500 €), Heizung und Warmwasser (1350 €) und Strom (750 €) mit insgesamt rund 300 € monatlich recht hoch sind: Eher diese manchmal etwas unangenehme Tatsache ist Ihnen vielleicht in der Größenordnung bewusst.

Differenzierte Sachdiskussion ist eben schwerer! Oder wie es eine ZEIT-Redakteurin in einer Fernsehdiskussion einmal von sich gab: „Mit den Millionen und Milliarden habe ich es nicht so!" Dann erscheinen real große Probleme als besonders leicht lösbar, wenn man sie einfach um das Tausendfache verkleinert, denn es erscheint jetzt alles ganz easy!

Und wenn fantastische Zahlen über 80 „Billionen" Watt installierter Leistung der Wasserkraftstromerzeugung in den USA (aus US-Quellen) präsentiert werden, vergessen manche Leute vor lauter Begeisterung, dass in US-amerikanischer Zählweise die Zehnerpotenz $10^9$ als „Billion", in Mitteleuropa hingegen als „Milliarde" bezeichnet wird. Nachrechnen ergibt: $80 \cdot 10^9$ W = $80 \cdot 10^6$ kW = 80.000 MW, was dann nur etwa dem 15-fachen der installierten Leistung aller Wasserkraftwerke in Deutschland entspricht – also keineswegs außerordentlich viel für ein Land wie die USA, was 27,5-mal so groß ist wie Deutschland.

Der Autor selbst gehörte vor über 40 Jahren in recht jungen Jahren bis 1980 der Energiekommission einer damals großen Partei im Landtag eines Bundeslandes an. Zu den Mitgliedern der Kommission gehörten ebenfalls fachliche Spezialisten, die damals noch als „leicht Verrückte" angesehen wurde, wie ein damals schon sehr kompetenter TU-Ingenieur als Windenergiebefürworter. Ebenso war auch ein Vorstandsmitglied eines großen Stromversorgers mit mehreren Kernkraftwerken mit seinem fundiertem Ingenieurwissen dabei. Den dortigen sehr sachbezogenen und niemals den anderen wegen „schlechter Absichter." diffamierenden Stil habe ich noch viele Jahre später rückblickend als vorbildlich für gute offene sachbezogene Beratung empfunden.

Die Aufgabenteilung zwischen uns Sach-Beratern einerseits und Politikentscheidern andererseits wurde respektiert und auf Grund eines 80–90 % gemeinsamen Sachwissens um die fachlichen Grundlagen konnten jeweils sachbezogen die wichtigen Punkte diskutiert werden, dass die Landtagsabgeordneten gezielt die sie speziell interessierenden Fragen stellen oder mitdiskutieren konnten. Und auch die eine oder andere knifflig erscheinende energiepolitische Entscheidung konnte wegen des weitestgehendem Konsenses in den Sachgrundlagen einvernehmlich besser vorbereitet werden.

Angeblich haben heute das Internet und die neuen asozialen Medien mehr breite „Information" und damit Demokratie befördert, was man am Beispiel diverser Shitstorms gegenüber stets höchst ehrenvollen Personen des öffentlichen Lebens inzwischen sehr bezweifeln muss.

Teilweise verbreiten anonyme Hetzer oder Personen, welche mangels Denkvermögens nicht einmal gute Satire begreifen können, sehr dumme oder gar aggressive Kommentare. Es sieht fast so aus, dass der „Trumpismus" und das Leben in isolierten Blasen der jeweils „guten oder überlegenen Absichten der eigenen noch so kleinen Gruppe" das Diskutieren, den sachlichen Meinungsaustausch und auch Faktenwahrnehmung zunehmend immer mehr behindern. Auch „Fake News" blühen inzwischen häufig: Fundierte und offene Sachdiskussionen mit Austausch normaler Pro- und Contra-Positionen werden somit deutlich schwieriger.

**Energiewende-Politik**

Vorbemerkung: „Politik ist die Kunst der Ausführung.", sagte Anne Hidalgo, Bürgermeisterin der französischen Hauptstadt Paris, in einer Kritik zu Macrons Politik. Dies könnte auch für wichtige Teile derzeitiger deutscher Politik in den zehn Jahren von etwa 2011–2021 gelten.

1. Die Energiewende-Politik in Deutschland verfolgt nach eigenen Verlautbarungen zwei große „edle" Hauptziele, die jedoch nach meiner Einschätzung mit einigen Jahrzehnten Erfahrung als „Energieökonom" mit auch etwas naturwissenschaftlichem Hintergrund durch Studium der Experimentalphysik und häufiger Kooperation mit Ingenieuren absehbar in den nächsten zwei Jahrzehnten in große Probleme geraten werden. Der Grund ist einfach:

    Statt in den Mühen der Ebene schrittweise umsetzbare und mit Ingenieurwissen abgesicherte Konzepte als Ausgangsbasis zu nehmen, bevorzugt die sichtbare Politik die Betonung „guter Absichten". Dabei ignoriert sie viele Risiken und Nebenwirkungen ihrer praktizierten Politik.

    a) Die Energiewende soll als erstes einen wichtigen Beitrag im Einsatz Deutschlands gegen den weltweiten „Klimawandel" erbringen. Selbst wenn dieser hypothetisch zu rund 75 % durch anthropogene Treibhausgase verursacht wäre, betrüge Deutschlands Anteil an den weitweiten jährlichen THG-Emissionen spätestens ab 2025 deutlich unter 1,6 %, also bei deren 75 % Ursachen-Anteil unter 1,2 % realem Beitrag.

    Ein sehr wichtiger Treiber für weiter ansteigende $CO_2$- und Lachgas-(Dünger) und Methan-Emissionen ist nämlich das absehbar weiter anhaltende Wachstum der weltweiten Bevölkerung. Wenn durchschnittlich die noch in diesem Jahrhundert fast sicher zuwachsenden 2,2 Mrd. Menschen nur die Pro-Kopf-Emissionen eines Inders im Jahre 2020 auslösten und ansonsten gäbe es kein weiteres Wachstum der Weltemissionen (trotz des massiven Zubaus von vielen Kohlekraftwerken in den 2020er-Jahren etwa in Südost-Asien), würde alleine dadurch schon das Sechsfache der heutigen deutschen jährlichen $CO_2$-Emissionen zusätzlich freigesetzt: Alle unseren nationalen Anstrengungen hinsichtlich des Weltklimas würden somit wirkungslos verpuffen und nützten dem Klima nichts.

    Zudem ist wäre eine Betrachtung des Klimawandels einseitig und dominierend von der Emissionsseite für $CO_2$ her sehr fragwürdig: Demnach würde eine Badewanne namens „Atmosphäre" ohne jegliche Abflüsse sukzessive mit $CO_2$ gefüllt. Bis vor etwa 250 Jahren verarbeiteten funktionierende Ökosysteme mit großen Wäldern, Mooren etc. fast alles auch zusätzliche $CO_2$ in einem riesigen natürlichen Kohlenstoffkreislauf, so dass ein großer Teil langfristig gespeichert wurde. Weiteres Umpflügen der Erde würde die Abflüsse der Badewanne durch Beeinträchtigung der Ökosysteme sukzessive „verstopfen". Damit würde eine eigene separate Ursache des Klimawandels ausgeblendet.

Auch wenn es für Politiker schwer zu begreifen ist: Eine weiter über 10 Mrd. Menschen wachsende Welt hat in einigen Jahrzehnten deutlich mehr an großen Problemen zu lösen, als ihr lieb sein kann – und keineswegs nur die Verringerung von THG-Emissionen, sondern auch die Bewahrung großer bisher noch einigermaßen intakter Ökosystemgebiete vor dem „Umpflügen", bzw. sogar deren schrittweisen Rückbau.

Mit nationalen Maßnahmen ist die „Weltrettung" weder für unser kleines Land noch für die Europäische Union selbst bei extrem geringen THG-Emissionen bei global verursachten Problemen bzw. teilweise auch natürlichen Prozessen nicht möglich.

b) Als vermeintliche „Patentlösung" auch dieses Problems kommt das zweite Ziel der Energiewende ins Spiel: Sie soll für die vielen anderen Länder eine überzeugende Vorbild-Rolle in der Umsetzung überzeugender neuer technischer Lösungen für die gesamte Bandbreite der bisher stark mit fossilen Energieträgern bedienten Bereiche Stromerzeugung, Mobilität, Heizung und Warmwassererzeugung, Industrieprozesswärme etc. darstellen.

Deutschland könnte damit der übrigen Welt beispielhaft demonstrieren, dass viele energetische Funktionen auch auf der Basis erneuerbarer Energien stets zuverlässig auch in „Engpass-Situationen" und zudem kostengünstig funktionieren können. Dank einer derart „gelungenen Energiewende" gäbe es ein neues, diesmal sehr friedliches „Erfolgsmodell" aus Deutschland, das andere Länder dann begeistert nachmachen könnten: Welch eine schöne vorbildliche Idee – wer könnte da widersprechen! Sie muss halt nur noch funktionieren.

Die Schlüssel-Frage für das zweite Ziel lautet: Kann die bisher praktizierte Energiewendepolitik in den nächsten zwei Jahrzehnten überhaupt eine positive Vorbild-Rolle für die Welt spielen? Dazu bräuchte es sehr bald nämlich eine realistische Einschätzung von Größenordnungen und innerhalb von zwölf bzw. 24 Jahren überhaupt erreichbaren „Energieeinsparmaßnahmen" und neuer technischer Lösungen.

Riesige „grüne" Stromerzeugung und Elektrolyse und andere Wasserstoff-Gewinnung samt Wasserstoffspeicher und auch Wiederverstromungskapazitäten via Brennstoffzellen o. ä. wären sehr bald nötig, um auch bei drohenden ungünstigen Wetterlagen mit nur sehr gering verfügbaren

EE-Stromerzeugungskapazitäten keinen Zusammenbruch der Stromversorgung zu erleben. Derartige Umstrukturierungen brauchen wahrscheinlich faktisch deutlich mehr Zeit als bisher gehofft!

Und für die „Weltrettung" nach der erfolgreichen Demonstration bleibt erst recht wenig Zeit!

Die Politik will dagegen nur ungern einige „störende" Fakten wahrhaben:

- dass schon heute die nötige Stromerzeugung im E-Winter um rund 20 % höher ist als im E-Sommer, wo hingegen ausgerechnet die Fotovoltaik mit 52 % ihrer Jahreserzeugung die besten Erträge hat. Im Winter hingegen bringt PV mit unter 12 % massiv weniger ihres Jahresertrags an Strom und dies hauptsächlich für wenige Stunden um die Mittagszeit. Dagegen ist Windenergie extrem volatil – auch über längere Zeiten betrachtet.
- Dies wirkt sich noch krasser in den kommenden Wintermonaten November bis Februar aus, wenn Wärmepumpen im großen Stil die Gebäudeheizung übernehmen und 12 Millionen E-Autos mit Batterien an kalten Winterabenden deutlich mehr Strom benötigen als heute. Auch die regelmäßig auftretenden Lastspitzen von nur wenigen Minuten Dauer müssen in jedem Augenblick durch verfügbare Kapazitäten abgedeckt werden: Sonst droht der Black-Out!

Black-Outs oder andere Defizite könnten die Vorbild-Rolle schnell ad absurdum führen. Zudem können die Gesamtkosten dieser Pfade derart unangenehm hoch werden, so dass einige Branchen abwandern oder deren Produkte durch Importe ersetzt werden, was natürlich das „Weltklima" auch nicht rettet – und die „Vorbild-Funktion" ist auch für längere Zeit futsch.

2) Die Akteure der deutschen Politik produzieren gerne publikumswirksame Sprüche: So wurde im Jahr 2018 und auch 2019 mehrfach im Bundestag die längst überfällige Einführung eines $CO_2$-Preises gefordert.

Entweder geschah dies auf Grund von völliger Unkenntnis des längst bestehenden EU-$CO_2$-Emissionshandels, wo seit Januar 2005 ein $CO_2$-Preis gerade für energieintensive Industrien und mit fossiler Energie befeuerte Kraftwerke gilt: Dort wurde der jeweils maximal für die Gesamt-EU zulässige Zielwert der Mengenobergrenze für $CO_2$ für jede Handelsperiode genau zu 100 % eingehalten. Oder geschahen derartige Politik-Manöver eher aus nur taktischen Gründen und eine faktische Wählertäuschung wurde deshalb hingenommen oder sogar bewusst veranstaltet?

Wenn die Kanzlerkandidatin der „Grünen", Frau Baerbock in der Sendung „Wahlarena" 2021 die Frage gestellt bekommt, wie sie die Stromversorgung bei

## 21 Resümee in drei Teilen: Was können wir wie sicher wissen?

Dunkelheit und Flaute sichern will, dann sind die angepriesenen Ausbauten von Fotovoltaik und Windanlagen ohne gleichzeitig auch verfügbare große Wasserstoffspeicher und Wiederverstromungskapazitäten genau unzureichend und deswegen ihre Antwort ohne Betonung der parallel auch dringend nötigen Instrumente sachlich unsinnig.

Allen mit konkreter Klimapolitik nicht vertrauten Bürgern werden somit wiederholt faktisch schlicht schöne Märchen über etwas angeblich „völlig Neues" erzählt. Ja, wenn man damit doch „etwas Gutes tun" und zudem vielleicht auch noch Wahlen gewinnen kann!

Auch die bereits bestehende Mineralölsteuer im Verkehr, welche ohnehin seit 10 Jahren nicht an die mäßige Inflation angepasst wurde, somit real etwas gesunken war, hätte man ohne größere Probleme auch stärker am $CO_2$-Ausstoß orientieren können: Dieser Verbrauchssteuer und auch interessierten oder betroffenen Bürgern ist es völlig „egal", ob sie „Mineralöl- oder $CO_2$-Steuer oder Energiesteuer" heißt.

Nur hätten dann viele Bürger die positive Botschaft „Klimarettung" nicht sofort verstanden, sondern wohl eher die für sie zunächst unangenehme Steuererhöhung gesehen.

Die Mehrzahl der in Verantwortung stehenden Politiker*innen bevorzugt angesichts der großen teils selbst verursachten Komplexität[1] vieler Sachfragen eher einen vernebelnden Stil mit Demonstration der „guten Absichten" statt offener Sachdiskussionen: Letztere wäre auch viel mühsamer, für die Öffentlichkeit komplizierter und kurzfristig angesichts der riesigen Größenordnungen etwa von benötigtem Wasserstoff offenbar weniger populär.

Aus der Summe vieler kurzfristig verständlicher Punkte entsteht jedoch keineswegs immer etwas langfristig Vernünftiges!

**Praktizierte Politik**
1) Technischer Fortschritt und dessen großtechnische Umsetzung benötigt neben Gründlichkeit auch genügend Zeit zur ausreichenden Erprobung und schrittweisen Absicherung gegen „ungünstige Entwicklungen": Kein Automobilhersteller brachte in den letzten 20 Jahren ein völlig neues Fahrzeug auf den Markt, das nicht vorher unter diversen Wetterbedingungen und unterschiedlichen Anforderungen von speziellen Testfahrern ausgiebig getestet wurde.

---

[1] Man denke bspw. an das „recht unübersichtlich" gewachsene System der Einkommensteuer mit 27 Sonderregelungen und Freibeträgen – die aber im Inflationsprozess selbst nach zehn Jahren selten angepasst werden. Im Sozialsystem gibt es teilweise solche Anpassungen. Das EEG ist auch nicht besser.

Man kann Politik natürlich auch dadurch machen, dass man wie Cäsar nach dem Überschreiten des Rubikons die Brücken hinter sich abbricht: Dann gibt es nur noch Sieg oder Niederlage! Dies wäre jedoch in einer Demokratie damit verbunden, dass es auch bei unerwarteten oder aus schlichter Unwissenheit nicht rechtzeitig vorhergesehenen Problemen nur noch den Weg gäbe: „Augen zu und durch – Opfer müssen gebracht werden!" Jede Regierung mit Verantwortungsgefühl gegenüber dem Land sollte solche Konstellationen nicht nur wegen des gefährdeten Wohlergehens der meisten Bürger, sondern tunlichst auch aus Eigeninteresse vermeiden; die empörten Bürger könnten sie nämlich gegen ganz andere politische Kräfte bei der nächsten Wahl austauschen.

Einem solchen Beschluss zum „Brückenabriss" kam das Gesetz zum „Kohleausstieg" von August 2020 in Deutschland schon sehr nahe. Damit wurde der schrittweise Ausstieg aus der Kohleverstromung bis 2038 beschlossen. Zusammen mit dem Kernenergieausstieg bis Ende 2022 fallen in kurzer Zeit immerhin bis Beginn 2023 insgesamt über 12.000 MW konventionelle Kapazitäten aus. Da dieser „Ausstiegsweg" gesetzlich vorgegeben ist, droht spätestens ab Mitte der 2020er-Jahre in den vier Wintermonaten mit dank Wärmepumpenausbau und E-Mobilität bald über 30 % höherem Stromverbrauch als im Sommer bei „unglücklichem" Wetter eine gravierende Engpass-Situation in der Stromversorgung vor allem für die abendlichen Spitzenlasten.

Selbst wenn Deutschland noch Ende der 2020er-Jahre noch über 65.000 MW konventioneller Kraftwerke verfügte, reichten die verfügbaren Kapazitäten bei Dunkelflaute und einer dank E-Mobilität und Wärmepumpen erreichten Abendspitze der zu erzeugenden Last von etwa 100.000 MW nicht mehr aus. Nach großtechnischen Maßstäben sind es bis dahin mit etwa 7–8 Jahren nur noch sehr kurze Zeit: Nicht einmal ein neues Großkraftwerk könnte bis dahin geplant, genehmigt und gebaut sein.

Der manchmal gerne gegebene Hinweis auf Importstrom wäre natürlich etwas dubios, wenn er tschechische oder polnische Kohlekraftwerke beträfe. Keine Sorge: Soviel freie verfügbare Kapazitäten gibt es dort gar nicht. Hingegen könnten uns ja vielleicht immer noch unsere Nachbarn im Westen, Frankreich und Belgien mit etwas Kernenergiestrom helfen? Frankreich hat jedoch bei stärkerer Kälte heute schon große Probleme mit seiner Stromerzeugung, und ein Teil der belgischen Atom-Kraftwerksblöcke werden Ende der 20er-Jahre kaum mehr am Netz sein. Angeblich ständig verfügbare große freie Import-Kapazitäten erweisen sich somit insbesondere in einem strengen kalten Winter als Fehlanzeige. Sind das Fehleinschätzungen, schlichte Unkenntnis oder gar Beratungsresistenz der Politik?

Gottseidank wurde eine 1400 MW-Leitung mit Verbindung zwischen Norwegen und Schleswig-Holstein mit Namen „NORDLINK" fertiggestellt. Sofern dort auch bei strengerer Kälte reichlich Wasserkraft verfügbar ist, könnte diese immerhin die Leistung eines größeren Kernkraftwerks anbieten. Dennoch verbliebe immer noch ein regionales Problem: Selbst die bereits 2011/2012 versprochenen Leitungen aus Schleswig-Holstein mit Anschluss bspw. an das NORDLINK-Kabel aus Norwegen in den Süden Deutschlands könnten nach heutigem Stand bis Herbst 2022 absehbar noch nicht fertiggebaut sein.

2) Für denkbare bessere Wege in die Zukunft ist erstens eine gründliche und umfassende Check-Liste von möglicher Gebäudemodernisierung, Umbau der Infrastruktur, günstigen und ungünstigen Bedingungen für wetterabhängige Systeme, Verfügbarkeit von ausreichend Fachkräften und Ressourcen zu erstellen. Wie will man bspw. in einer historischen Altstadt, wie sie viele deutsche Städte noch haben, etwa Fernwärmeleitungen verlegen, und woher bekommen diese Leitungen dann hinreichende Mengen sehr heißes Wasser oder ähnliche Wärmequellen in den Wintermonaten? Auch 150 vorbildliche Modellhäuser sind noch keine Lösung des Gesamtproblems für viele Millionen Gebäude über 25 Jahre.

3) Als zweites muss im neu geplanten Stromsystem eine umfassende Gesamtsystem-Betrachtung mit jahreszeitlich wechselndem Strombedarf, notwendigem Leitungsausbau und abendlichen Winterspitzen erfolgen, welche erst die sachlichen Grundlagen der realen Bedingungen und Möglichkeiten und neuen Verantwortlichkeiten ergäbe. Die dann nötigen und überhaupt auch wie schnell möglichen Veränderungen müssen am Anfang jeder Energie- und Umwelt-Politik der 20er- und 30er-Jahre stehen.

Oder auch auf dieses Thema angewendet, wie es der Tübinger OB Boris Palmer ausdrückte: „Erst die Fakten, dann die Moral!" Die Politik muss dazu die Realitäten wahrnehmen und nicht Wunschträumen anstelle konkreter Strategien nachhängen. Um einen Gründervater der SPD im 19. Jahrhundert, Ferdinand Lasalle in der Tradition Fichtes zu zitieren: „Alle große politische Aktion besteht in dem Aussprechen dessen, was ist, und beginnt damit. Alle politische Kleingeisterei besteht in dem Verschweigen und Bemänteln dessen, was ist."

Es ist ja durchaus möglich, dass die bisher bevorzugte Politik der Schönrednerei – was auf schwäbisch „Schönschwätz" heißt – zur Energiewende bald aufgegeben und durch stärkere Wahrnehmung und Berücksichtigung von Ingenieurwissen ersetzt wird, auch wenn es hier und da den schmerzhaften Abschied von „ganz leicht zu erreichenden" Lösungen bedeuten kann.

Mit etwas Glück wird ohne allzu schreckliche Erfahrungen die bisher als kaum erfolgversprechend für künftig funktionierende Lösungen praktizierte

Energiewende-Politik durch einen pragmatischen und mehr am technischen und auch energiewirtschaftlichen Denken längerfristig orientierten Ansatz verdrängt und bspw. notfalls auch bei Bedarf eine größere konventionelle fossile oder gar auch nukleare Kapazität länger als geplant am Netz belassen.

**Fazit**
Im Interesse der Menschen in Deutschland ist nur zu hoffen, dass dieses Umdenken auf das ökologisch schrittweise Vernünftige und technisch Realisierbare noch rechtzeitig geschieht. Wenn ich von einem neuen Haus mit schönem Dachgarten träume, muss ich zur Realisierung beim Fundament und der Statik des Hauses beginnen. Es gibt keinen anderen Weg, und eine gute Absicht ist noch keine gute Politik.

# Schlussfolgerungen 22

1) Die bisherige Kommunikation der gesamten Politik (bspw. Bundesregierung) zu Fragen des „Klimaschutzes und der Energiewende" war recht dürftig. Den Bürger*innen wurde weder die globale Dimension des Projektes „Klimaneutralität" und dessen politische Konsequenzen erklärt, noch die Vielzahl der Treibhausgase insgesamt[1] und auch nicht die für weitere Jahre unvermeidlichen „deutschen" $CO_2$-Emissionen, wollte man nicht den Strom- oder Heizungsausfall riskieren. Auch über 100 Kohlekraftwerksneubauten zu Anfang der 20er-Jahre (bspw. in Südostasien) wird nicht öffentlich gesprochen, so dass absurde Diskussionen um die Inbetriebnahme eines einzigen sehr modernen Kohlekraftwerksblocks in Datteln entstehen konnten, welcher immerhin längerfristig eine schlechtere Anlage mit höheren $CO_2$/kWh ersetzen sollte.

Leider beteiligten sich bisher auch zahlreiche Medien an schlichtem „Schönschwätz". Offenkundige „Fake News" wie Frau Baerbocks „Stromspeicherung im Netz" (Deutschlandfunk-Interview vom Januar 2018) oder beim Stichwort „Dunkelflaute" bei Wikipedia sollten öffentlich klar als technischer Unsinn bzw. sachlich unzutreffend durch Politiker und Redakteure beurteilt werden.

Auch Umwelt- und Klimaorganisationen wie „FFF" könnten bei ihren Forderungen mitbedenken, welche Ressourcen wie Arbeitskräfte unterschiedlicher Qualifikation, Energie, Rohstoffe, … über die nächsten Jahrzehnte benö-

---

[1] Man könnte ja einmal eine Umfrage unter allen Bundestagsabgeordneten machen (natürlich ohne jede Nachschlagemöglichkeit), ob sie drei wichtige Treibhausgase (wie $CO_2$, Methan und Lachgas) spontan nennen können. Diese dürfte nur gering besser ausfallen als bei der normalen Bevölkerung.

tigt würden, um Modellrechnungen in die Realität umzusetzen. Dies gilt verschärft dann, wenn selbst „grün-gesinnte" Gutachter auf sehr große Umsetzungsprobleme ihrer Szenarien-Rechnungen hinweisen. In einer Gesellschaft, in der fast 10 % der Schüler ohne Schulabschluss abgehen und bestimmte Berufswünsche leider an wichtigen Handwerks- und Ingenieurberufen fast vorbeigehen, sind evtl. große Energiewende-Aufgaben kaum in 20 Jahren zu schaffen: Einerseits genügend „Youtuber" oder andere wichtige „Kulturberufe", andererseits zu wenig Bauhandwerker und Monteure für die eher technischen Aufgaben wie millionenfache energetische Gebäudesanierung, Wasserstoffspeicher- oder Windkraftwerke-, Stromleitungsbau- und -Wartung

Bei allen Fragen der Energiewende sollte es künftig deutlich weniger um das „Wünschenswerte", sondern vorrangig um sachlich analysierte Chancen und Risiken bestimmter Strategien gehen. Sachlich explizit begründete und durch Experten auch außerhalb der bisher üblichen „Beratungszirkel"[2] überprüfbare und diskutierbare Stellungnahmen der Politik müssen regelmäßig die Öffentlichkeit gehaltvoll informieren. Beliebte Aussagen wie: „Das ist alles gut durchgerechnet und in wenigen Jahren machbar" ohne nähere Erläuterung gehören nicht in diese Kategorie.

2) Zur Umsetzung braucht man einen realistischen mit Elektroingenieuren und Systemexperten sowie anderen Fachleuten (bspw. kompetente Planungsteams von Ingenieuren, Netzplantechnikern und Ökonomen für Großprojekte) abgestimmten Fahrplan für die schrittweisen Maßnahmen in der Übergangszeit.

Will die Politik zukünftig gleichzeitig jährlich hunderttausende Wohnungsneubauen, energetische Sanierung von Millionen Gebäuden und große Baumaßnahmen für Windenergie- und Fernwärmeausbau anstreben, müssen natürlich rechtzeitig die benötigten Facharbeiter, Ingenieure und weiteren Ressourcen verfügbar sein. Ein bisher planloses Nebeneinander von zwar wünschenswerten Schnell-Ladesäulen, regionalem und lokalem Netzausbau, Kraftwerksstilllegungen und anderen nur als System zu sehenden Komponenten führt hingegen bald in ein vorhersehbares Chaos.

3) Spezielle historische Erfahrungen mit ausreichend verfügbarer nuklearer oder fossiler Stromerzeugung sind zukünftig nicht weiter relevant (z. B. „billiger

---

[2] Erstaunlich, dass in Talkshows sowie auch bis in die praktizierte Politik drittklassige Energieökonom*innen großen Spielraum für sachlich weitestgehend oberflächliche Beratung ergänzt um „Experten" wie Kabarettisten oder Schauspieler*innen bekommen. Leider werden mit dieser Methode weder Politiker*innen noch Bürger*innen in der Sache wirklich klüger.

## 22 Schlussfolgerungen

Nachstrom", einsetzbare positive und negative Regelenergie, ...); dagegen ganz neue Erfahrungen mit volatiler Stromerzeugung.

Gegenüber dem heutigen System mit noch ausreichend positivem Regelenergieangebot und „Winterreserve" ist deshalb mittel- und längerfristig ein ganz anderes System mit riesigen (z. B. Wasserstoff-)Speicher- und Wiederverstromungskapazitäten erforderlich. Das Marktdesign für das neue System und die Übergangsphase ist rechtzeitig vorzubereiten und bald zu diskutieren.

4) Schöne Erfahrungen aus den Sommermonaten mit einer Mittagsspitze der Last nützen leider gar nichts im Winter, wo es neben der Mittagsspitze auch eine zweite vergleichbar große Abendspitze gibt. Ohne riesige Speicher und Wiederverstromungskapazitäten ist die Kombination aus Kälte und Dunkelflaute der geborene Todfeind der EE-Stromerzeugung. Auch auf einige Tage andauernde „ungünstige Wetterbedingungen" mit Kälte, Schnee und längerer Windstille muss das neue System mit hinreichend großen Wasserstoffreserven zur Wiederverstromung vorbereitet werden.

Dafür sind neue Engpassfaktoren wie fehlende Stromspeicher oder unzureichend ausgebaute Transport- und Verteilnetze für absehbar hohe Spitzenlasten über 100.000 MW dank der zusätzlichen E-Mobilität oder Heizens mit elektrischen Systemen (wie Wärmepumpen) zu identifizieren und erfolgreich abzuarbeiten.

5) Diskussionen über schöne Durchschnittswerte beim Strom sind wie alberne Witze zu sehen: Wenn man die rechte Hand in 80° heißes Wasser, die linke hingegen in Eiswasser mit 0 °C hält, ist im Durchschnitt eine angenehme Temperatur von 40° erreicht. Es nützt wenig, wenn zeitweise 75 % und später 125 % der nötigen Systembausteine einsetzbar sind: Das elektrische Gesamtsystem verlangt an jedem Tag und bei jeder Wetterlage eine 99,99 % Funktionsfähigkeit mit etwas Sicherheitsreserve.

6) Die bisherigen mathematischen Methoden zur Ermittlung der Stromversorgungssicherheit, d. h. dem Ausfallrisiko von Kraftwerken sind für die volatilen erneuerbaren Quellen (Fotovoltaik, Wind, teils auch Wasser) um einerseits zwar „zufällig eintreffende", andererseits dann aber systematisch länger dauernde Großwetterlagen gemäß ihrem Anteil an der Stromerzeugung und spezifischen Risiken dringend zu überarbeiten.

7) Die denkbaren Möglichkeiten für neue Lösungen (Mobilität elektrisch per Batterie oder per Wasserstoff + Brennstoffzelle oder gar synthetischen Treibstoff, ...) sind technikoffen für längere Zeit zu prüfen und erproben.

8) Planungen für große Wasserstoffimporte aus anderen Ländern (wie etwa Nordafrika oder den arabischen Ländern des Nahen Ostens) sind zügig einzuleiten. Dies betrifft nicht nur den Bau riesiger Wind- und Fotovoltaik-

Kapazitäten, sondern auch Meerwasserentsalzungssysteme, Elektrolyseure und Speicher- und Transportsysteme in riesigem Ausmaß für mehrere Millionen Tonnen $H_2$ jährlich. Derartige Mengen werden schon bald bei praktisch jeder Variante einer Lösung benötigt.

9) Die deutsche Politik sollte bei künftigen Klimakonferenzen darauf dringen, dass bei internationalen Klimakonferenzen die Wiederherstellung bzw. Erhaltung funktionierender Ökosysteme sowie eine sehr bald wirksame Politik zur raschen Abflachung des Bevölkerungswachstums vorankommt. Ansonsten führt ein weiteres Wachsen der Weltbevölkerung mit einem $CO_2$-Ausstoß von nur 1,8 t/a pro Kopf bei zusätzlichen 2,2 Milliarden Menschen zu rund 4 Mrd. t $CO_2$-Äqivalent pro Jahr: Das Fünffache der heutigen deutschen jährlichen Werte.

Und ohne verbesserte bzw. intensiver geschonte Ökosysteme lässt sich auf unserer Erde auch nicht langfristig gut leben.

10) Angesichts der abzuarbeitenden Punkte ist davon auszugehen, dass man deutlich mehr Zeit als 12–15 Jahre für eine realistische Strategie „fast alles erneuerbar" benötigt: Mit Glück kann es vielleicht bis 2040 oder 2045 gut gehen. Auch dies ist der deutschen Bevölkerung vermittelbar: Weder sind andere Länder schneller, noch kann die „Energiewende" ansonsten ein Vorbild abgeben.

**Gesamtfazit**
Es sind sehr große Aufgaben vor einer „gelungenen Energiewende" von Politik, Bürger*innen und von kompetenten Ingenieur*innen erfolgreich zu bearbeiten. Wenn das nicht gelingt und stattdessen die „Energiewende" eher dank der edlen Absichten funktionieren soll:
Dann gute Nacht!

# Erratum zu: Energiewende einfach erklärt

**Erratum zu:**
**W. Ströbele, *Energiewende einfach erklärt*,**
**https://doi.org/10.1007/978-3-658-36691-9_23**

Aufgrund eines Fehlers in der Produktion wurde das Buch zunächst ohne den Schlussteil veröffentlicht. Die Abschnitte *Literatur -zitiert bzw. zur Vertiefung und Datenquellen für aktuelle Energiedaten um 2019/2020 wurden* nachträglich eingefügt. Der Verlag entschuldigt sich bei den Lesern.

---

Die korrigierte Version des Buches ist erhältlich unter:
https://doi.org/10.1007/978-3-658-36691-9

© Der/die Autor(en), exklusiv lizenziert durch Springer Fachmedien Wiesbaden GmbH, ein Teil von Springer Nature 2022
W. Ströbele, *Energiewende einfach erklärt*,
https://doi.org/10.1007/978-3-658-36691-9_23

# Literatur – zitiert bzw. zur Vertiefung

Die meisten Angaben in obigem Buch sind über Jahrzehnte langer Arbeit im Studium, für Promotion und Habilitation sowie zahlreicher Forschungsarbeiten (16 davon als Projekte mit Förderung der DFG bzw. Stiftung Volkswagenwerk oder 20 teilweise auch externe Gutachteraufträge) als **„fortgeschrittenes Allgemeinwissen eines Mathematikers und Ökonomen"** entstanden und in zahlreichen Vorlesungsskripten oder Publikationen des Autors niedergeschrieben. Dieses Wissen beruht natürlich auch auf einer Vielzahl von im Folgenden nicht explizit genannten Quellen und auch Diskussionen mit Fachkollegen und Praktikern oder deren Referaten. Einige Zahlen-Größenordnungen dienen vor allem der Veranschaulichung der Dimensionen und Schwankungen. Dazu ein Beispiel:

Die eine einzige korrekte Datenbasis bspw. zur **Ölpreis**entwicklung kann es gar nicht geben: Es gibt verschiedene Handelsplätze für Öl, verschiedene Qualitäten, Transportkosten und verschiedene Währungen und regional unterschiedliche Arbitrage-Möglichkeiten: Am Beispiel der Preisdifferenz der Ölsorte BRENT (Nordsee) zu WTI (West-Texas.intermediate) mit physischem Handelsplatz mitten in Oklahoma (Cushing) erkennt man die vorübergehende „Überflutung" mit sehr gutem US- und kanadischem Rohöl, was zu Preisverfall führte. Mangels ausreichend billiger Transportmöglichkeiten zu einem Hafen am Golf von Mexiko konnten kaum Exporte erfolgen. Damit war das höherwertige WTI an der Börse in

New York zeitweise deutlich billiger als die qualitativ etwas einfachere Ölsorte Brent. Dieses Wissen muss ein Ölspezialist haben, nicht jedoch die Leser, die an den grundlegenden Fakten interessiert sind.

Als nützlich und im Buch verwendet seien hier erwähnt:

Annalena Baerbock-Interview mit dem Deutschlandfunk, 18. Januar 2018, Internet-Quelle: www.deutschlandfunk.de/kandidatin-fuer-den-parteivorsitz-der-gruenen-ich-bin.868.de.html?dram:article_id=408793.

Bauerschmidt, R., & Ströbele, W. (1977). Strategien einer alternativen Energiepolitik. *WSI-Mitteilungen, 03*, 159–172.

Braun, M. (1979). *Differentialgleichungen und ihre Anwendungen*. Springer-Verlag.

Der offizielle Bericht ... (1979). *Der Störfall von Harrisburg*. Erb Verlag.

Goeller, H. E., & Weinberg, A. M. (1978). The age of substitutability. *The American Economic Review, 68*(6), 1–11.

Diamond, J. (2005). *Kollaps*. Fisher-Verlag.

Mesarovic, M., & Pestel, E. (1974). *Menschheit am Wendepunkt*. 2. Bericht an den Club of Rome zur Weltlage, Deutsche Verlagsanstalt (an diesem Bericht wirkte der Autor zu Ökonomie- und Energiefragen mit).

Löschel, A., Rübbelke, D., Ströbele, W., Pfaffenberger, W., & Heuterkes, M. (2020). *Energiewirtschaft – Einführung in Theorie und Politik* (4. Aufl.). de Gruyter/Oldenbourg-Verlag.

Myrdal, J. (1967). *Rapport från kinestisk by*. PAN/Norstedts.

Rahmstorf, S. (2012). *Am Puls der Klimakrise* (Vortrag 2012). Internet: https://scilogs.spektrum.de/klimalounge/am-puls-der-klimakrise-vortrag-rahmstorf-zum-klima/.

Ströbele, W. (2016). *Wirtschaftswissen für Jedermann – möglichst einfach erklärt*. BoD-Verlag (sehr elementare Einführung in Wirtschaftsfragen).

Tu, P. N.V. (1994). *Dynamical Systems* (2nd rev. ed.). Springer-Verlag. Umweltbundesamt: https://www.umweltbundesamt.de/tags/agee-stat.

Wuppertal Institut. (2020). $CO_2$-neutral bis 2035: Eckpunkte eines deutschen Beitrags zur Einhaltung der 1,5-°C-Grenze. Bericht des Wuppertal-Gutachtens im Auftrag von Fridays for Future, Okt. 2020 (2. korr. Aufl.). Im Internet auf der Wuppertal-Seite als PDF-Download verfügbar.

# Literatur – zitiert bzw. zur Vertiefung

## Datenquellen

### für aktuelle Energiedaten um 2019/20

a) Bundesnetzagentur, Programm SMARD, EXCEL-Tabellen: viertelstündliche Stromerzeugungsdaten für Deutschland, ebenso auch Stromverbrauchsdaten u. ä. Download frei möglich. Die monatlichen Daten sind etwa ab den ersten 5–8 Tagen des nachfolgenden Monates verfügbar.
https://www.smard.de/home.
*Umrechnung auf „durchschnittliche Leistung" (Multiplikation mit „4") und Auswertung nach verschieden Kriterien durch den Autor.*

b) BMWi, Zahlen und Fakten – Energiedaten, EXCEL-Tabellen mit nationalen und internationalen Energiedaten
https://www.bmwi.de/Redaktion/DE/Artikel/Energie/energiedaten-gesamtausgabe.html.
*Prozentuale Anteile und ähnliche Datenauswertungen durch den Autor.*

### für Öl- und Gasdaten

BP: Statistical review of world energy, erscheint jährlich. Als PDF- oder EXCEL-Dateien verfügbar.
https://www.bp.com/en/global/corporate/energy-economics/statistical-review-of-world-energy.html.

The manufacturer's authorised representative in the EU is Springer Nature Customer Service Centre GmbH, Europaplatz 3, 69115 Heidelberg, Germany. If you have any concerns regarding our products, please contact ProductSafety@springernature.com

Printed and bound by CPI Group (UK) Ltd, Croydon, CR0 4YY

26/03/2026

02078853-0003